邓咏秋◎著

中国出版业现代化研究

1800—1919

国家圖書舘出版社

图书在版编目（CIP）数据

中国出版业现代化研究：1800～1949 / 邓咏秋著 .——北京：国家图书馆出版社，2016.8

ISBN 978-7-5013-5908-0

Ⅰ.①中…　Ⅱ.①邓…　Ⅲ.①出版事业－文化史－研究－中国－1800－1949　Ⅳ.① G239.295

中国版本图书馆 CIP 数据核字（2016）第 193655 号

书　　名	中国出版业现代化研究：1800～1949	
著　　者	邓咏秋　著	
责任编辑	王亚宏	
助理编辑	王锦锦	
出　　版	国家图书馆出版社（100034 北京市西城区文津街 7 号）（原书目文献出版社 北京图书馆出版社）	
发　　行	010-66114536　66126153　66151313　66175620 66121706（传真）　66126156（门市部）	
E-mail	nlcpress@nlc.cn（邮购）	
Website	www.nlcpress.com →投稿中心	
经　　销	新华书店	
印　　装	河北三河弘翰印务有限公司	
版　　次	2016 年 8 月第 1 版　2016 年 8 月第 1 次印刷	
开　　本	880×1230 毫米　1/32	
印　　张	9.5	
字　　数	202 千字	
书　　号	ISBN 978-7-5013-5908-0	
定　　价	38.00 元	

目 录

图表目录

第一章 绪 论

第一节 问题的提出

中国古代出版业在世界出版史上曾长期占有重要的地位。中国书写和出版的历史悠久，科学文化发展水平长期在世界居于领先地位，教育有着悠久的传统，"读书人"受到普遍的尊重，读书人口众多，藏书历史悠久，中国人对世界文明的伟大贡献——四大发明中有两项即造纸和印刷术都与出版业直接相关，官刻、家刻、坊刻成为互相补充的三大出版体系，15世纪末，中国抄写和印刷的书籍，超过了世界上所有其他国家的总和①。皇室藏书、书院藏书、私人藏书和寺院藏书并称为四大藏书系统，出版物的生产在数量和质量上都罕有其他国家可与匹敌。在许多方面，中国出版业具有早熟的特性，似乎预示着它将迅速达到高度现代化水平。然而，与中国社会现代化进程的延缓相一致，它自19世纪或更早便呈现了落后的景象，随着西方传教士东来，以及鸦片战争失败迫使中国国门洞开，中国出版业才开始了迈向现代

---

① 钱存训:《中国纸和印刷文化史》，桂林:广西师范大学出版社，2004年，13页。

化、融入现代世界的缓慢步伐。

19世纪以来的中国出版业无疑发生了重大的变化。铅印、石印、机器动力、新的装帧形式、古代的"润笔"发展成为稿费制度、先后颁布了几部著作权法、民营出版机构崛起、出现了规模很大的股份制出版企业、出版物种类空前增长、比较畅销的图书可以达到数万册的销量、出版社分销机构遍布全国……还可以更多地罗列下去。这些变化主要是在外力的影响下发生的，如何看待这些变化？它与中国传统出版业有什么样的继承或替代的关系？外来的影响如何与内在的需要相结合，从而使中国出版业的面貌逐渐地发生着变化？19世纪以来中国出版业的发展与世界出版业的发展有着怎样的联系？当时社会的大变革，如经济的发展、识字率的提高、城市化的发展、思潮的涌动、阅读观念的变化等，对中国出版业发展有着怎样的影响力？已有的研究成果很少对以上这些问题做深入的研究。现有出版史著作，通常将19世纪以来的历史分为几个时期，如古代、近代和现代（或者还加上一个当代），这种分期研究往往忽视了不同时期之间的连续性，尤其对近代和现代的分期标准及分期意义众说纷纭。出版史研究遇到的上述问题在文学史等专门史学研究中也存在，并已经受到了质疑："把鸦片战争以来的中国文学切成'近代''现代''当代'三段，这种史学格局显然存在着根本性缺陷：一是分割过碎，造成视野窄小褊狭，限制了学科本身的发展；二是以政治事件为界碑，与文学本身的实际未必吻合（如小说的发展，在鸦片战争前后变化并不显著，真正给小说带来重大影响的，倒是上世纪末兴起的维新思潮，而它迄今又未被人们视作分期的依据）；如此等等。""二十世纪是中国文学在东西方文化交汇、撞击下发生大变革，走向现代化的时期。"[①] 我认为，19 世纪以来中国出版业的重大变化正是中国出版业走向现代化而呈现的特点。因此，我尝试以现代化视角来考察 19 世纪以来的中国出版史，探讨中国出版业现代化的主要标志以及这些标志是如何在中国逐渐形成和确立的，揭示中国出版业现代化的动因、内涵、成败及其与中国社会现代化的相互作用。

第二节　本课题研究的意义

中国出版业现代化是中国出版业发展过程中的一个重要环节，直到现在，中国的出版业仍处在现代化进程之中。所以，本课题的研究对于当前中国出版业的发展具有较强的现实意义。

到 20 世纪 30 年代，中国出版业的现代性已经初步具备。1949 年以后，随着中国进入新的时期，中国朝着社会主义计划经济迈进。国家对出版社的管理和出版社的组织形式发生了很大变化。1978 年中国实行改革开放政策以后，尤其是 1992 年，中国正式提出要建立社会主义市场经济，以及中国加入 WTO 以后，中国的经济体制逐渐市场化，中国出版业改革大幕缓缓拉开：出版社由事业体制向经营性企业体制转型、建立现代出版企业制度、培育和重塑新型市场主体、

---

① 严家炎：《〈二十世纪中国小说史〉前言》，陈平原：《二十世纪中国小说史》第一卷（1897～1916），北京：北京大学出版社，1989 年，1～2 页。

建立全国统一的出版物大市场、减少出版物流通领域的准入限制、鼓励各种社会资本投入出版物流通领域……这些改革目标都是出版业现代化的要求，出版业的许多现代性因素在 20 世纪头几十年已经初步形成或得到重视。"现代化的过程将会无限期地持续下去。"① 当时代的车轮驶入 21 世纪，我们看到的是，中国出版业现代化的过程尚未完结，中国当前的出版业存在许多需要改进的地方，在本书中讨论过的出版业现代化的诸多问题，如现代出版体制、法律、现代出版管理制度、现代出版观念等问题，在当前需要再一次讨论和重新得到关照。我对这个问题的思考和研究，会给这种讨论以借鉴和启迪。这正是本书的现实意义所在。

　　中国出版业现代化，作为理论研究，也是非常重要的。中国出版业现代化进程研究是出版史研究的一个重要理论问题。它为认识中国出版业发展的阶段性、确立阶段划分标准，提供理论依据。中国出版业的现代化，不是由单一因素构成的过程，而是一个由多方面因素构成的过程。然而，现在研究界和出版业界对于中国出版业现代化的认识还很不足，比如有些人就把出版业的现代化等同于出版的革命化或技术化，本书试图提出新的标准来认识中国出版业的现代化。与此同时，我根据这个标准，从几方面系统地梳理中国传统出版业向现代出版业转型过程的这段历史（重点讨论 19 世纪到 1949 年），彰显那些具有现代出版业特征的标志性因素是如何在中

---

　　① ［美］布莱克（C. E. Black）著，周师铭等译：《日本和俄国的现代化：一份进行比较的研究报告》，北京：商务印书馆，1984 年，22 页。

国出现并发展起来的。它在丰富中国近现代出版史的研究领域、研究中国出版业现代化的标志、树立认识中国出版业现代化水平的价值体系等重要理论问题方面具有探索性的意义。

第三节　现代化的含义

中外学术界对于"现代化"（Modernization）并没有一个标准的定义，政治学、经济学、社会学和历史学等学科的学者从不同的角度对现代化有不同的理解。

中国现代化研究的著名学者罗荣渠指出：

> 由于现代化是一个包罗宏富、多层次、多阶段的历史过程，很难一言以蔽之，因此从不同的角度研究现代化，自然形成不同的流派。从历史的角度来透视，广义而言，现代化作为一个世界性的历史过程，是指人类社会从工业革命以来所经历的一场急剧变革，这一变革以工业化为推动力，导致传统的农业社会向现代工业社会的全球性的大转变过程，它使工业主义渗透到经济、政治、文化、思想各个领域，引起深刻的相应变化；狭义而言，现代化又不是一个自然的社会演变过程，它是落后国家采取高效率的途径（其中包括可利用的传统因素），通过有计划的经济技术改造和学习世界先进，带动广泛的社会改革，以迅速赶

上先进工业国和适应现代世界环境的发展过程。[①]

　　罗兹曼等在《中国的现代化》一书中对"现代化"所下的定义是:"一个在科学和技术革命影响下,社会已经或正在发生着变化的过程。"[②] 这些变化主要包括政治、经济、社会一体化、文化教育等方面。

　　在介绍了现代化的含义之后,还有必要区分和辨别一些似是而非的用语。在本书中,我将使用"现代化"这个词而不使用"近代化"这个词,尽管许多汉语文献对这两个词不加区分。因为汉语中"近代"所指的历史时期已经结束,那么用"近代化"来翻译modernization,就词不达意了,因为modernization是一个长过程,许多国家现在正处在这个过程之中[③]。

　　"现代化"不等同于"工业化"。"工业化指的是制造业方面的发展,包括重工业和轻工业,当然这是发生于现代化社会里的一个过程,但只是许多过程中的一个。"[④]

　　"现代化"也并不等同于"西方化"。由于率先实现现代化的国

---

　　① 罗荣渠:《现代化新论: 世界与中国的现代化进程》,北京: 北京大学出版社,1993年,16～17页。

　　② 〔美〕罗兹曼(Gilbert Rozman)主编,陶骅等译:《中国的现代化》,上海: 上海人民出版社,1989年,3～4页。

　　③ 罗荣渠在其著作《现代化新论》开篇对这两个词做了详细的辨析,认为由"现代化"一词衍生而来的"近代化"在概念上含糊不清,难以作为学术术语成立,且易造成混乱。参见该书3～8页。

　　④ 〔美〕罗兹曼(Gilbert Rozman)主编,陶骅等译:《中国的现代化》,上海: 上海人民出版社,1989年,6页。

家如英国、法国和美国属于西方世界，现代化进程中的后来者往往要借鉴它们的现代化模式，因此有人认为"现代化"就是"西方化"。但事实上，现代化的思想和制度在西方也不是从来就有的，也并非所有西方国家都已经高度现代化。现代化之所以在世界范围内具有吸引力，并非因为它们是西方的，而是因为它们是现代的，"现代化的吸引力是无法抵御的。不管人们怎样评价现代化，反正它在物质生产力上的无可否认的勇猛之势，给一切有物质兴趣的人（没有这种兴趣的人是绝少的）突然打开了希望之门"①。

现代化研究是 20 世纪 50 年代末和 60 年代中迅速兴起的，这一研究吸引了历史学、社会学、政治学与经济学等领域专家们的兴趣。其重点是研究现代化的根源、较晚进行现代化的国家的问题和现代化社会的前途②。

第四节　中国近现代出版史研究的新视角：现代化

我以现代化这个新视角来研究中国出版史，借鉴了历史学研究的思路。

罗荣渠在他的《现代化新论续篇》中写道："长期以来，革命史一直是中国近现代史研究的中心和主题。所有一切其他研究如经济

---

① ［美］罗兹曼（Gilbert Rozman）主编，陶骅等译：《中国的现代化》，上海：上海人民出版社，1989 年，636 页。

② ［美］布莱克（C. E. Black）著，周师铭等译：《日本和俄国的现代化：一份进行比较的研究报告》，北京：商务印书馆，1984 年，16 页。

史、社会史、文化史、国际关系史都是围绕这个中心来进行的。革命史是中国近现代史研究的唯一'范式'，即唯一的解释模式。"①"按照革命史的传统范式，中国近现代以来的历史发展被概括为'两个过程'论，即一个是帝国主义与封建主义相勾结把中国变为半殖民地半封建的过程；另一个是中国人民反对帝国主义侵略与封建主义压迫，把中国引向独立民主的过程。"②受这种解释模式的影响，再加上过分强调出版与意识形态的关系，革命史和阶级斗争史理所当然成了中国近现代出版史研究的"范式"，中国近现代出版史的历史过程被概括为：进步阶级运用出版武器与反动阶级进行斗争的历史。

　　"当前中国近现代史研究中的新进展就是在'革命'的传统范式之外出现了'现代化'这个新范式。"③"两个过程"论在国内学术界被提出疑义并引起一些争论。20 世纪 80 年代以来，"我国史学界以至整个社会科学界都开始关注现代化，应看作是具有重大现实意义的价值观转变。对历史学来说，这一转变是从'现代化'的新视角对中国走向现代世界经历的社会巨变进行深刻的历史反思"④。罗荣渠还认为，开拓现代化这个新的研究领域，"把我们的历史研究从长期以来只注重阶级斗争与生产关系方面转移到注意社会变革

---

① 罗荣渠：《现代化新论续篇：东亚与中国的现代化历程》，北京：北京大学出版社，1997 年，99 页。

② 同上，101 页。

③ 同上，99 页。

④ 同上。

的动力学方面，无疑具有重大的理论意义和现实意义"[①]。

19世纪以来中国出版业发生的一系列重大变化，正是中国出版业走向现代化而呈现的特点，因此，我认为，从现代化视角来观察19世纪以来的中国出版史，是合适的。现代化视角并不排斥和否认出版史中的政治内容，但是用现代化视角来观察中国近现代出版史，有自己的侧重点，即侧重于出版史中的现代化内容。我的目的并不是写作一部新的面面俱到的中国近现代出版史，而是选择一个新的角度即现代化的角度来观察中国近现代出版史，围绕19世纪以来中国出版业现代化的几个主要方面来展开，材料的取与舍都是围绕这一主题。因此它与一部全面的近现代出版史是有区别的。

第五节　资料准备与研究现状

一、资料准备

要从事中国出版业现代化研究，我首先对相关资料进行了一次普查。主要包括以下几个方面：

（一）史料集。研究中国近现代出版史，必不可少的一套史料集是20世纪50年代出版的张静庐辑注《中国近代出版史料》（初编、二编）、《中国现代出版史料》（甲、乙、丙、丁共四编）、《中国出版

---

① 罗荣渠：《现代化新论续篇：东亚与中国的现代化历程》，北京：北京大学出版社，1997年，29页。

史料补编》共八册。宋原放等主编十卷本《中国出版史料》（山东教育出版社、湖北教育出版社 2001～2011 年）也是重要的研究资料。

此外，还有不少专题性或地方性资料集收录了相关的出版史料。如《近现代出版新闻法规汇编》（刘哲民编，上海学林出版社 1992 年）收 1906 年至 1949 年历届政府颁布的有关出版、新闻的法令法规，包括有法律约束力的咨文、释疑等。《中国版权史研究文献》（周林、李明山主编，中国方正出版社 1999 年）收录从宋代到当代的版权史研究资料，共分四编。20 世纪 80 年代以来，出版了一大批地方性出版史料，如 200 万字的《上海出版志》（宋原放、孙颙主编，上海社会科学院出版社 2000 年）。在各地纂修出版史志的活动中，中国共产党的出版史料征集工作受到特别重视，出版了《新民主主义革命时期云南革命出版史料选编》《延安出版的光辉》（赵晓恩著，中国书籍出版社 2002 年）、《中国共产党晋察冀边区出版史资料选编》（河北人民出版社 1991 年）、《战争年代的山东新华书店》（王益等著，山东人民出版社 1990 年）、《华北区新华书店编年纪事：1937～1954 年》（曹国辉、李俊杰著，中国盲文出版社 2000 年）、《新华书店六十年纪事：1937～1997》（许起盈总撰稿，海洋出版社 2001 年）等。

（二）日记、书信、年谱、回忆录、传记等。出版业从业人员的日记、书信、年谱、回忆录、传记等，可以为我们提供许多生动的资料，那些与出版业有关系的其他人员，他们的日记、书信、年谱、回忆录等，也包含部分出版业的史料，这些都是值得我们重视的。如《马礼逊回忆录》（马礼逊夫人编；顾长声译，广西师范大学出版社 2004 年）、《张元济日记》（商务印书馆 1981、2001 年）、《张元济书札》（商务印书馆 1981 年初版，1997 年增订版）、《胡适日记全编》（安徽教育出版社 2001 年）等。

（三）社史资料。《中华书局三年的纪略》（中华书局 1915 年）、《商务印书馆志略：创立三十年》（商务印书馆 1926 年）、《大东书局十五周年纪念册》（大东书局 1931 年）、《商务印书馆人事管理概况》（商务印书馆 1935 年）、《世界社世界书局与世界学典》（世界书局 1946 年）等，为研究这些出版社的历史留下了宝贵的资料。二十世纪八十年代以来，出版社社史资料又出版了一批，多采用回忆录的形式。作为中国现存出版社中历史最久的出版社，商务印书馆历来非常重视馆史资料的收集和整理。商务印书馆在 1987 年、1992 年、1997 年，先后推出纪念文集《商务印书馆九十年》《商务印书馆九十五年》《商务印书馆一百年》，商务印书馆的馆史资料已出版的还有《商务印书馆百年大事记》（1997 年）等。1973 年，曾在民国期间担任商务印书馆（上海）总经理长达 16 年的王云五在台湾出版《商务印书馆与新教育年谱》（台湾商务印书馆股份有限公司），洋洋百万言，资料丰富，并详细公布了他保存的商务印书馆的各种营业数字。此外，其他出版社社史资料已出版的有《回忆亚东图书馆》（汪原放著，学林出版社 1983 年）、《回忆中华书局：1912～1987》（中华书局 1987 年）、《开明书店纪事》（山西人民出版社 1991 年）、《生活书店史稿》（生活·读书·新知三联书店 1995 年）、《我与中华书局：中华书局成立九十周年纪念论文集》（中华书局 2002 年）、《中华书局大事纪要：1912～1954：私营时期》（钱炳寰编，中华书局 2002 年）等。但是，能将社史资料出成专书的毕竟只有少数重要出版社，要查寻中国出版业现代化过程中一些小社的历史，诸如《近现代上海出版业印象记》这样的书是非常有用的。朱联保所编《近现代上海出版业印象记》（学林出版社 1993 年），收录鸦片战争后至 1949 年前后上海近 600 家出版机构，分别记述其简史，并按出版机构名称排列，可以说是一部上海出版机构名录。

（四）报刊。当时报刊上登载的各种出版界新闻报道、出版业统计资料，甚至是出版业广告等，都为我们研究中国现代出版业的形成提供了第一手资料。与出版界关系比较密切的刊物有平心主编、生活书店发行的《读书与出版》、新书推荐社编辑的《出版月刊》等，这些刊物除刊登各种业界消息以外，还经常登载对当时出版业进行总结或批评的文章。另外，《申报》广告也反映着当时出版界的方方面面。如 1935 年读书运动中，各大书局竞相登报表示以半价售书"赞助全国读书运动"云云。

当代报刊。20 世纪 80 年代以来，学术复苏，出版史研究也逐渐得到重视。1982 年，上海市出版工作者协会创办《出版史料》丛刊，学林出版社出版，主要搜集、刊载自鸦片战争以来，特别是"五四"运动至 1949 年间的出版史料。《出版史料》1982 年创刊，在出版了 32 期后于 1993 年中停刊，该刊比较集中地收录了许多出版史料，价值很高。时至 2001 年，在北京，《出版史料》丛刊宣布复刊，由开明出版社出版。复刊后的《出版史料》仍以收集、整理、抢救与研究中国出版史料为宗旨。事实上，复刊后的《出版史料》与复刊前的《出版史料》并非一家，不过它有心要继承已停刊的《出版史料》的事业，这的确是一件好事。以书代刊连续发行的还有《北京出版史志》《江苏出版史志》等地方性出版史志。当代出版类报刊一般都设有出版史专栏，这也是本研究的资料来源。

（五）各种相关书目索引。书目对于研究出版史是非常重要的。如1880年傅兰雅编撰的《江南制造总局翻译西书事略》所附江南制造局翻译馆已出版书目，1896年梁启超为门人和弟弟编辑的推荐书目《西学书目表》，朱士嘉编《官书局书目汇编》（1933年），1935年生活书店请平心编辑的《生活全国总书目》，商务印书馆、中华书局编制各时期的本馆（局）书目，等等，都是研究中国出版业现代化的重要资料，它可以为我们提供许多信息，比如书价、图书数量和种类等。

索引、文摘也是各类学术研究工作的基础。中国出版史资料散见于纷繁的书报刊中，尤其是近现代书报刊常常不为一家图书馆所收藏，而是散见于各地图书馆。因此，研究者要想更好地了解自己所从事的课题还有多少现存于世的、可获得的资料，就需要借用作为研究基础的书目、索引、文摘等工具。遗憾的是，这项学术基础工作并没有得到足够的重视，涉及近现代出版史的书目索引产品寥寥。姬贵林和张克江曾在《江苏出版史志》1992年第3期上发表《建国前出版史料篇目索引》，下了许多功夫收集散见于1949年前的报刊上的出版史料。邓咏秋编有《20世纪图书出版业研究论文索引》（见《中国新图书出版业初探》，武汉大学出版社1998年），收论文4142篇，其中有不少出版史的资料。此外，武汉大学图书情报学院所编《图书馆学、情报学、档案学、出版发行学论文索引：1949～1985》（科学技术文献出版社1991年），也提供了一些相关线索。刘洪权、邓咏秋与陈幼华主要依据《民国时期总书目》《全国总书目》（1949～1990）、《中国国家书目》（1991～1994）等编制出《20世纪中国出版学书目》（未公开出版），收录图书1200余种，是一部反映出版学研究成果的书目。

其他相关资料还有许多，诸如历史学、经济学、社会学、文学史、文化史、新闻史等方面的研究成果和资料，如《中国近代教育史资料》（舒新城编，人民教育出版社1961年）、《中华民国史档案资料汇编》（中国第二历史档案馆编，江苏古籍出版社1997年）、《剑桥中国晚清史》（费正清编，中国社会科学院历史研究所编译室译，中国社会科学出版社1993年）、《剑桥中华民国史》（费正清编，杨品泉等译，中国社会科学出版社1994年）、《中国工商行会史料集》（彭泽益主编，中华书局1995年）等，也是本研究的重要资料来源，这里不一一列举。

比较方法是本课题研究的一个重要方法，包括把中国现代前的出版业与现代化阶段的出版业进行比较，将中国的情况与外国的情况进行比较，这样，有关前现代时期的中国出版史、外国出版史的资料等都可以为本课题服务。

二、研究现状

要了解中国出版业现代化的研究现状，我们可以从以下几方面来着手：

（一）现代化史学专著

这方面的著作很多，它们虽然不直接研究中国出版业的现代化，但是它们为后者提供了思路。罗荣渠的《现代化新论》一书"从宏观历史学的角度，把现代化作为一个全球性大转变的过程，从传统农业社会向现代工业社会转变的大过程，进行整体研究"①。在该书第八章"中国走向现代化的艰难历程"中，罗荣渠所讨论的中国现代化进程是 19 世纪 60 年代到 20 世纪 40 年代。罗兹曼等所著《中国的现代化》也是这方面的重要著作，通过考察国际环境、政治结构、经济结构和增长、社会一体化、知识和教育这五个领域的变革，来探讨中国的现代化。中外学者所进行的一系列有关现代化的研究是综合研究社会的现代化进程，中国出版业的现代化进程是中国社会现代化进程中的一部分，这些现代化理论和研究成果可以为我的研究提供宽广的研究视野和重要的研究基础。

（二）中国出版业现代化研究的现状

出版史分期研究的新思路把"中国出版业现代化"这个概念提了出来，并且引起了热烈的讨论。王余光先生在其博士论文《论中国新图书出版业的文化贡献》（华中师范大学历史文献学研究所 1993 年博士学位论文，1998 年修订成《中国新图书出版业初探》出版，

---

① 罗荣渠：《现代化新论：世界与中国的现代化进程》，北京：北京大学出版社，1993 年，"序言"，2 页。

武汉大学出版社）中，打破了前人使用得最多的古代、近代和现代出版史的分期方法，将中国出版史划分为两个大阶段：传统出版业和新出版业。他指出，"手工操作是传统出版业的特征之一"①；新出版业的主要特征有：机器操作逐渐代替手工操作、出版的行业组织和立法开始确立等。新出版业阶段是从 1840 年到现在。这样，新出版业阶段就能将模糊难分的近代和现代出版阶段都包容在内，强调1840 年以来的出版史是一个完整而相对独立的时期。王余光先生在划分中国出版史时，强调新出版业与传统出版业在许多方面的区别，提出了新出版业有别于传统出版业的一些新特征，可以看作是在对现代前的中国出版业和中国出版业进入现代化阶段以后的问题进行探讨和研究，就是在讨论中国出版业现代化问题。

　　1999 年，魏玉山发表《关于中国现代出版业诞生的几个问题》（载《出版发行研究》1999 年第 5 期），讨论了中国现代出版业诞生的时间、现代出版业的标志等关于中国出版业现代化的基本问题。他指出，"现代出版诞生的标志，不是某一环节具备了现代因素，而是指整个出版行业的现代化"，因此，使用铅活字、印刷机械不等于现代出版；西学书刊的大量翻译出版不等于现代出版；教会出版机构不等于现代出版。他认为，中国现代出版业的诞生应具备以下几个方面的条件：首先，蒸汽动力运用于图书出版有关的环节，如印刷、装订、造纸等，特别是用于印刷；其次，现代管理文化和观念运用于出版；第三，出版物的现代化；第四，现代图书发行体系的建立；第

---

① 王余光：《中国新图书出版业初探》，武汉：武汉大学出版社，1998 年，3 页。

五，现代版权制度开始确立。关于中国出版的现代化过程，他认为，
（1）中国出版的现代化过程是一个漫长历史过程，它开始于19世纪
末20世纪初，延续至今，直到今天我们出版现代化的任务远未完成。
（2）中国出版的现代化过程是一个复杂的、系统的过程，现代出版
的诞生不能归结于某一个方面的现代化，它首先在图书的印刷领域
萌芽，然后扩展到出版物的形态、出版物的发行、出版管理领域的
现代化，到20世纪初期，现代出版才基本形成。（3）出版的现代化
过程不是孤立的，而是与社会政治、经济、文化的现代化密切相连
的，没有整个社会的现代化，如交通运输、邮政等的现代化，也谈
不上出版的现代化。

2000年，汪家熔在《中国现代出版起源散议》（载《出版发行
研究》，2000年第4、5期）一文中，不赞成使用"现代出版"的名词，
他采用了茅盾在晚年评价张元济时提到的"新出版"一词，他认为，
新出版与旧出版相对，新出版的起源是在19世纪70年代，最早从
事新出版的是王韬，新出版在甲午战争以后迅速发展起来。他指出，
新出版的特点有：出版开始为他人做嫁衣裳；新型知识分子成为自觉
出版人；知识分子成为经营者，出版成为产业；书商与知识分子合
作；合股制；政府、政党、集团的介入。新出版与旧出版（古代出版）
的区别在于形式，而不在于内容，他强调出版工具为不同的人使用，
便被赋予了不同的性质（进步的或落后的），进步的出版和落后的出
版是同时并存的，但"现代出版"这样的词应该是指无产阶级出版，
具有明显的意识形态属性，事实上不存在这样单纯的现代出版阶段，
所以，他不赞成使用"现代出版"这样的概念。这篇文章对于"现

代出版"的理解，并不符合现代化研究的实际，忽略了现代化是一种国际性的潮流，单从过去中国研究者的一些积习推断：一提到"现代"，"人们自然而然地和无产阶级相联系"[1]，"现代出版"，就会被认为是无产阶级的出版，并且对于中国新出版业受到的外来影响很少涉及，也不涉及西方传教士在华出版活动的示范作用，这样来观察"新出版"，视野显得并不开阔。文中所谈到的新出版的特点也有许多值得商榷的地方，如知识分子在出版业中的作用在新出版业和古代出版业中有其继承和连续性，把古代就有的合伙制而不是现代产权制度作为新出版业的特点，并不能真实地反映两个阶段出版业的实质变化。

王清发表在《出版发行研究》2000 年第 4 期的文章《论现代出版业起源的决定因素》，是从世界出版业的发展角度来考察出版现代社，认为决定出版业从传统向现代变革的关键因素有三个：图书潜在消费市场的扩大；专业化分工；出版商与书商（销售商）和印刷商的角色分离；作者群体的崛起。关于中国现代出版业的起点，王清认为，始于 1901 年[2] 张元济主持商务印书馆编译所，因为这标志着商务印书馆完成了从印刷商向出版商的转变。

2001 年，史春风、李中华发表《晚清出版业的近代化历程》一文（载《滨州教育学院学报》2001 年第 2 期），该文的主要观点是：1840 年以后，中国的出版业（主要是指图书出版业）开始

---

① 汪家熔：《中国现代出版起源散议》，《出版发行研究》2000 年第 5 期。

② 张元济投资商务印书馆是在 1901 年，但是商务印书馆设立编译所、张元济担任第一任所长是在 1902 年。参见《商务印书馆百年大事记：1897～1997》。

向近代化转型，晚清出版业的近代化以维新运动为界，前期为传统出版业向近代的转型时期；维新运动之后，中国的出版业才真正迈向近代化。维新运动后中国出版业向近代化迈进，主要表现在以下五个方面：一、维新运动之后，中国知识界在出版业中逐渐占据最主要地位，西方传教士已无法像维新运动以前那样控制中国出版业。二、出版者开始确立起自己深沉的文化使命感，认识到出版者在国家政治生活中的责任。三、出版界的出书内容也有了较大改变。四、出版数量与以前相比有了极大增长。五、出版印刷技术有了更进一步的改进，而且这种改进并非被动受人影响，而是主动谋求。

陈阳凤的《中国出版现代化进程探析》［载《湖北大学学报》（哲学社会科学版）2002 年第 4 期］，讨论偏重于出版技术的现代化。陈的文章指出，纸和印刷术的发明，说明中国是较早和较有实力实现出版现代化的国家，但是清末民初，随着现代化出版物的需要，其出版技术和出版用纸的选择，不得不大批量地从域外进口，陈的文章讨论了阻碍中国出版现代化进程的原因，主要有：中国封建统治者的政策取向是影响中国出版现代化的主要原因；以农立国，安于现状，不思进取的小农心态，是中国出版现代化难以实现的又一原因；编辑职业难以独立、编辑职业化滞后是中国出版现代化滞迟的再一原因。类似的文章还有王清的《技术因素对现代出版起源的作用与评价》（载《新闻出版交流》2001 年第 2 期）。

张积玉《编辑出版现代化综论》（载《北京大学学报》2002 年第 4 期）对编辑出版现代化与社会现代化的关系、编辑出版现代化的基本内容、编辑出版现代化的基本特征等问题进行了理论探讨, 认为, "真正世界范围内的编辑出版现代化必须依赖于一定的社会物质技术条件之成熟"①。18、19 世纪欧洲工业革命以后, 以编辑出版工业化、商品化为表征的世界范围内的编辑出版现代化才真正迈开步伐, 中国编辑出版现代化的艰难历程从鸦片战争以后才在欧风东渐的影响下真正开始。因此, 张积玉认为, 从世界范围来考察, 编辑出版现代化的时间, 应定为 18、19 世纪欧洲工业革命以来至今的时期, 这与整个世界现代化的时限相符合。张积玉为编辑出版现代化下的定义是: "由前现代的 (或传统的) 编辑出版业向现代的编辑出版业的变革过程, 它强调的是淡化前现代传统, 实行改革开放, 使欠发达的社会通过学习追赶获得较发达社会编辑出版所共有的特征。""编辑出版现代化以社会现代化运动为基础, 以编辑出版技术手段的现代化为支撑和前提, 以编辑出版主体——人的现代化为关键, 以编辑出版管理的现代化为保证, 以编辑出版物的现代化特征为结果; 它是一个影响较巨的全面、系统、长期、复杂的变革过程: 从技术到管理, 从主体到客体, 从思想到物质, 无一不包含在现代化变迁的大框架之内, 无一不互相牵动、扭结、交织, 构成一个有机的整体, 并纳入到统一的世界现代化运动之中, 经受其洗礼和塑造而显现现代性色彩。"②

　　王建辉的《中国出版的近代化》[载《华中师范大学学报》(人

---

①　张积玉:《编辑出版现代化综论》,《北京大学学报》2002 年第 4 期。

②　同上。

文社会科学版）2002 年第 5 期〕所指的"近代化"其实就是"现代化"①。他指出："中国出版的近代化，是指近代中国出版具有了许多不同于传统出版的新质，从而形成近代形态的新出版。"② 新出版的新质即出版近代化的内容是什么？王建辉认为：一、近代出版的物质基础变革。中国出版的近代化建立在新的物质基础上。这个物质基础就是西方机器文明，它为中国出版的近代化创造了必要的条件。二、知识分子的职业化。三、西方出版观念的介入。四、近代出版的转型。

陈昌文《都市化进程中的上海出版业：1843 ～ 1949》（苏州大学博士论文 2002 年）将研究地域锁定为上海这个中国近现代史上重要的出版中心城市，把上海出版业一百多年的发展史放在都市化进程的背景中，着重从都市与出版业的互动关系这方面对上海出版业做了较为全面和深入的考察，该文通过研究上海开埠前在全国出版业中的地位，都市的集聚效应与教会出版、官办出版、民办出版三大出版系统的形成，出版现代性的增强与民族出版业的崛起，出版业与都市社会，出版业与都市文化的互动与整合等方面，分析了近现代上海出版业迅速崛起的动力因素和发展轨迹。陈昌文从都市与出版业的互动关系对上海出版业进行的研究，涉及中国出版业现代

---

① 罗荣渠在《现代化新论》一书中对"近代化"和"现代化"这两个词做了详细的辨析，认为由"现代化"一词衍生而来的"近代化"在概念上含糊不清，难以作为学术术语成立，且易造成混乱。参见该书 3 ～ 8 页。

② 王建辉：《中国出版的近代化》，《华中师范大学学报》（人文社会科学版）2002 年第 5 期。

化的一些重要内容，但是因为研究视角的差异，他的研究并不能代替中国出版业现代化研究。

外国学者对出版业现代化的研究，对中国出版业现代化研究有借鉴意义。尾崎秀树在《出版的近代化和日本与中国的文化交流》中指出，日本出版的近代化是明治维新以后的事。"明治维新堪称出版革命的时代。""内容方面无须赘言，在出版形成方面也出现了全新变化。由木版印刷变为铅字印刷；手工印刷变为机器印刷；日本纸被西洋纸所取代；书籍的装订也由日本式变成了西洋式。始自江户时代的日本式印刷完全换成了西洋式。当时，教育得到普及，录用人材摆脱了封建的身份制，加之吸收海外新知识的需要，读书阶层的人数剧增。出版业由原来的家庭作坊改换成大批生产、大量贩卖的企业，发生了显著的变化。""当然，日本的西洋化并非是在一夜之间完成的。大约明治十年（1877）前后，西洋式书籍在日本初具雏形，出版业发展为近代化企业应该说是在一八八七年博文馆创立以后。"①这里尾崎秀树所指的日本出版的近代化，实际上也就是日本出版的现代化，在他看来，日本出版的近代化基本上可以说就是出版的"西洋化"。

（三）本课题研究的相关成果：中国近现代出版史研究的主要领域

由于直接讨论中国出版业现代化的研究成果还非常少，我们不

---

① 〔日〕尾崎秀树：《出版的近代化和日本与中国的文化交流》，《鲁迅研究月刊》1995 年第 11 期。

妨来看一下中国近现代出版史研究的主要领域分别取得了哪些成果，这些成果都可以成为本项研究的基础。目前，中国近现代出版史研究的领域主要反映在综合性出版史和出版史专题研究两个大的方面。

1. 综合性出版史著作

中国第一部出版通史要算 1946 年上海永祥印书馆出版的杨寿清著《中国出版界简史》。该书在略述中国古代至五四运动前的出版简史之后，重点介绍了五四以后中国出版业的情况，书末附《对于中国出版界之批判与希望》一文。该书对民国出版史有较多的涉及，并针对当时出版界的弊病，提出了一些意见。全书篇幅不到四万字，虽然过于简略，但出版于半个多世纪前，却也难能可贵。

20 世纪后半叶撰修出版通史的工作是从 80 年代开始的。这时出现了一批出版通史著作，如张召奎的《中国出版史概要》（山西人民出版社 1985 年）、吉少甫的《中国出版简史》（学林出版社 1991 年）、张煜明的《中国出版史》（武汉大学出版社 1994 年）、肖东发的《中国编辑出版史》（辽宁教育出版社 1996 年、辽海出版社 2002 ～ 2003 年[1]）、黄镇伟的《中国编辑出版史》（苏州大学出版社 2003 年）等。姚福申的《中国编辑史》（复旦大学出版社 2004 年修订版）不仅是一部中国编辑活动的历史，也是一部中国编辑出版通史。在这些通史著作中，近现代出版史研究往往成为重要的内容。2002 年，曾创办和主编《出版史研究》丛刊的叶再生出版《中国近代现代出版通

---

[1] 辽宁教育出版社 1996 年出版的《中国编辑出版史》共 1 册，2002 ～ 2003 年辽海出版社出版了该书增订本，上册仍由肖东发主编，下册由肖东发、方厚枢主编。

史》（华文出版社 2002 年）。这部近 400 万字的巨著是作者历时 20 年研究的产物，分 4 卷 21 篇，系统论述自清末到 1949 年的出版历史。这部出版史不仅研究图书出版的历史，同时还以相当篇幅从出版角度对这一时期中国的报刊史进行了研究，并包含大量出版物一览表，资料丰富。另外，在前面已经介绍过的王余光先生《中国新图书出版业初探》从新图书出版业的概念、特征及分期，新图书出版业形成，译书与西学引进，古籍出版与古籍整理，教科书与教育发展，丛书、工具书与文化普及等方面，着重研究了 1840 ～ 1949 的中国图书出版史。这些著作提供了比较丰富而且系统的中国近现代出版史研究成果，它为开展更专深的研究奠定了基础。

2. 出版史专题研究

出版社的个案研究　到目前为止，出版社专题研究进行得比较多。对商务印书馆的研究最为热门，相关论文数量很多，已出版的专著有法国戴仁《上海商务印书馆：1897 ～ 1949》（商务印书馆 2000 年）、李家驹《商务印书馆与近代知识文化的传播》（商务印书馆 2005 年）、杨扬《商务印书馆：民间出版业的兴衰》（上海教育出版 2000 年）等。王余光、吴永贵、阮阳合著《中国新图书出版业的文化贡献》（武汉大学出版社 1998 年）对 20 世纪上半期中国三大出版社（商务印书馆、中华书局、世界书局）、亚东图书馆等进行了研究。

编辑家出版家的个案研究　外国来华传教士是中国出版业现代化过程中第一批从业者，马礼逊、林乐知、麦都思、伟烈亚力、傅兰雅等是其中的代表人物，对他们的研究已经产生了一批成果，如王立新著《美国传教士与晚清中国现代化：近代基督新教传教士在华社会文化和教育活动研究》（天津人民出版社 1997 年）、王扬宗著《傅兰雅与近代中国的科学启蒙》（科学出版社 2000 年）等，顾长声的《从马礼逊到司徒雷登：来华新教传教士评传》（上海人民出版社 1985 年）是一部来华新教传教士的传记集，对教会出版人物马礼逊、傅兰雅、林乐知、李提摩太等有较详细的介绍。对出版业现代化历程中的中国出版家的研究，张元济无疑是最大的热点，主要成果有王绍曾《近代出版家张元济》（商务印书馆 1984 年）、叶宋曼瑛《从翰林到出版家：张元济的生平与事业》（商务印书馆香港有限公司 1992 年）等。对王云五的研究有王建辉的博士论文《文化的商务：王云五专题研究》（章开沅、罗福惠指导，华中师范大学 1999 年），这部论文后来由商务印书馆于 2000 年出版。此外，对邹韬奋、叶圣陶、茅盾、徐伯昕等编辑出版家也有从出版角度的专门研究著述。丁景唐编著《中国现代著名编辑家编辑生涯》（中国展望出版社 1990 年）与王建辉的《老出版人的肖像》（江苏教育出版社 2003 年）对中国出版业现代化进程中的许多重要编辑家出版家分别做了研究。

出版史学术讨论会论文集 中国出版科学研究所召开过几次近现代出版史学术研讨会，推出的论文集有《中国近代现代出版史学术讨论会文集》《新民主主义革命时期出版史学术讨论会文集》《近现代中国出版优良传统研究》等。

区域性的出版史 已出版的有篇幅达 200 万字的《上海出版志》（上海社科院出版社 2000 年）、以江苏出版史为主要内容的《出版史志丛书》（江苏人民出版社）、《浙江出版史研究：民国时期》（寿勤泽著，浙江大学出版社 1994 年）、熊复主编《中国抗日战争时期大后方出版史》（重庆出版社 1999 年）、《中国共产党晋察冀边区出版史》（河北人民出版社 1991 年）、《延安时代新文化出版史》（陕西人民出版社 2001 年）等。

出版与思想学术文化关系研究　近年来，主治文学研究的学人也加入到出版史研究队伍中来，他们着重从出版与文学的关系着手来研究出版史。公开出版的有刘纳《创造社与泰东图书局》（广西教育出版社 1999 年）、复旦大学陈思和指导、孙晶完成的博士论文《文化生活出版社与现代文学》（广西教育出版社 1999 年）等。此外，同属陈思和指导的博士论文《〈晨报副刊〉与中国现代文学》（张涛甫著，复旦大学 2001 年）、《1910～1920 年间的〈小说月报〉研究》（柳珊著，复旦大学 2000 年）以及由北京大学钱理群指导、叶彤完成的硕士论文《新文学传播中的开明书店》（北京大学 1996 年），也都是从"出版与文学"的角度来研究中国近现代出版史的。

吴永贵的博士论文《中华书局与中国近代教育：1912～1949》（王余光指导，武汉大学 2002 年）从出版与教育的关系角度着手，既从宏观角度论述了近代教育和近代出版同步发展、互为因果的关系，又以中华书局作个案，通过一个具体出版机构的出版活动，印证教育与出版之间的互动关系。

基督教在华出版事业在中国近现代出版史上也有特殊的地位。何凯立著《基督教在华出版事业：1912～1949》（陈建明、王再兴译，四川大学出版社 2004 年），从新教在华出版活动的历史和组织，及其出版物（图书和期刊）等方面，对民国期间新教在华出版事业的特点、存在的不足和影响进行了深入的研究。

　　印刷史　贺圣鼐于 1931 年发表《三十五年来中国之印刷术》[①]，详细介绍了 19 世纪初以来，现代凸版印刷术、平版印刷术、凹版印刷术传入中国的时间和相关事件，反映了中国传统印刷术向现代印刷术转变的大致历史过程。钱存训的《中国科学技术史：纸和印刷》[②]探讨了纸和印刷在中国和世界文化史中的地位、作用和影响，着重研究中国传统的造纸术和印刷术。张秀民《中国印刷史》（上海人民出版社 1989 年）讨论了雕版印刷术的发明与发展，活字印刷术的发明与发展，历代写工、刻工、印工生活及其事略，中国印刷术对亚洲各国与非洲、欧洲的影响等，上起 7 世纪唐代贞观年间，下至 1911 年，对于西方现代印刷术传入中国的历史也进行了研究。另外，张树栋等《中华印刷通史》（印刷工业出版社 1999 年）对近现代印刷史有更为详细的论述，是一部比较全面系统的中国印刷通史。肖东发《中国图书出版印刷史论》（北京大学出版社 2001 年）侧重于研究中国传统印刷术的发展史，分源流篇、系统篇和流布篇三篇。在源流篇重点讨论了雕版印刷、活字印刷和套版印刷的起源及发展脉络；在系统篇，不仅研究官刻、私刻和坊刻三大系统，而且对前人研究得比较少的佛教寺院刻书、书院刻书也做了较多的研究；在

　　[①]　原载商务印书馆出版的《最近三十五年之中国教育》，1931 年。又载张静庐辑注：《中国近代出版史料初编》，北京：中华书局，1957 年，278 ～ 279 页。

　　[②]　钱存训为李约瑟主编《中国科学技术史》丛书撰写《纸和印刷》分册，原书是用英文写成，1985 年由剑桥大学出版社出版。该书汉译本已经有三个，2004 年广西师范大学出版社的译本，名为《中国纸和印刷文化史》。

流布篇，对中国印刷术的东传和西传进行了研究，并分析总结了中国古代的图书出版印刷文化的总体特点，论述了中国传统图书出版印刷文化对现代化的影响。

版权史　研究现代版权观念和制度在中国确定的历史，最重要的代表作是李明山主编的《中国近代版权史》（河南大学出版社2003年）。该书上起19世纪末西方现代版权观念开始引入中国，下至1949年，对现代版权制度在中国确立的历史以及它给中国出版界和著作界带来的变化，进行了全面的研究，资料详实，是关于近现代版权史的集大成之作。鲁湘元著《稿酬怎样搅动文坛：市场经济与中国近现代文学》（红旗出版社1998年），以现代稿酬制度在中国的确立和发展为切入点，研究了市场经济与中国近现代文学作品出版的关系，研究时限上起19世纪70年代《申报》免费刊登文学作品，下至20世纪20年代，对于现代稿酬的起源、文学作品稿酬的标准、稿酬对文学样式兴衰的影响、版权观念的确立等进行了探讨。

译书史　马祖毅著有《中国翻译简史："五四"以前部分》（中国对外翻译出版公司1984年、1998年）、《汉籍外译史》（与任荣珍合著，湖北教育出版社1997年）、《中国翻译史（上卷）》（湖北教育出版社1999年）等，从外籍汉译史、汉籍外译史、少数民族译书史等角度对译书史做了比较全面的研究，史料丰富，充实了中国出版史研究的内容。熊月之著《西学东渐与晚清社会》（上海人民出版社1994年）以西学东渐与晚清社会的关系作为研究对象，具体来说，西学传播涉及的传播主体（中外译员、学校教习、报刊编辑）、传播机构（译书机构、新式学校）、传播内容、传播方式、传播过程、受传对象、受众反映等，都是此书的主要研究对象，晚清译书活动及其影响在这本书中占有相当份量，对晚清西书出版机构和西学出版物的研究颇见功底，所以，这本书也可以说是一部有关晚清译书史和出版史的重要著作。钱存训著《译书对中国现代化的影响》[①] 对 16 世纪末以来至 20 世纪 40 年代中国的翻译图书分时期、分类进行统计，重点研究 19 世纪中叶以来的译书状况，研究和分析译书在中国近代史上所反映出来的西方文化，对中国现代化所产生的影响。研究晚清西书翻译、出版和传播的论文还有邹振环《晚清西书中译对中国文化的影响》（载《出版史研究》第 2 辑，1994 年）、张晓灵《晚清西书的流行与西学的传播》（载《档案与史学》2004 年第 1 期）等。

发行史 李瑞良著《中国古代图书流通史》（上海人民出版社 2000 年）对中国历代图书生产和流通（包括图书贸易和传播）的发展脉络进行了研究，对图书流通方式、图书流通的社会影响和文化效应等进行了研究，研究下限至清代前期，不涉及 19 世纪以来图书流通体系的现代化变革。郑士德著《中国图书发行史》（高等教育出版社 2000 年）是中国第一部图书发行通史。其研究从文字起源开始，直至 20 世纪末，对各代官营和民营书业、政府的书业政策、图书市场、图书贸易中心等进行了较详细的叙述，史料比较丰富。肖东发《中国编辑出版史》（辽宁教育出版社 1996 年）对历代图书贸易和发行的历史给予了相当的重视，对发行体系的发展、书价、营销手段

---

① 原文以英文发表于《远东季刊》（*The Far Eeatern Quarterly*）第 14 卷第 3 期（1954 年），原题为《译书对中国现代化的影响》，刊于《文献》1986 年第 2 期时，标题改为《近世译书对中国现代化的影响》，戴文伯译。

等进行了研究。刘大军的硕士学位论文《中国古代图书发行体系及其在近代的剧变》（肖东发教授指导，北京大学 1994 年）从图书发行渠道、发行方式、定价与付款方式、图书发行宣传等方面对古代图书发行体系和近代图书发行体系进行了比较，并简要分析了图书发行体系在近代发生剧变的原因和意义。袁逸《中国历代书价考》（载《编辑之友》1993 年第 2～5 期）、谢彦卯《中国古代书价研究》（载《图书与情报》2003 年第 3 期）等对历代书价进行了研究，潘建国《明清时期通俗小说的读者与传播方式》[载《复旦学报》（社会科学版）2001 年第 1 期]、宋莉华《明清时期说部书价述略》[载《复旦学报》（社会科学版）2002 年第 3 期]对明清时小说类图书的价格进行了研究。日本学者大木康《关于明末白话小说之作者与读者》（汉译本载《明清小说研究》1988 年第 2 期）、《明代江南出版文化之研究》（载《广岛大学文学部纪要》第 50 卷特辑 1 号，1991 年）都曾对明代的书价进行研究。

　　综上，我们可以看到关于中国出版业现代化研究，已经取得一些研究成果。这些研究成果做出了一些开创性的努力和初步的尝试，但是总的看来，这种探讨尚处于起步阶段，系统性的研究很少，中国出版业现代化的研究框架和体系还处在探讨之中，缺少系统深入的论证。已有的一些相关成果，主要是为数不多的论文，主要探讨中国出版业现代化标准和主要内容等基本问题，虽然这些文章对中国现代出版业形成的标志等问题提出了一些自己的看法，但是缺少系统的论述和充分的证明，已经产生的一些观点仍处在争论之中，缺乏更进一步的研究。主要的不足之处表现在以下几方面：

（一）就研究视野来说，现在的研究成果往往偏重于某一方面，研究视野比较狭窄。缺少综合深入的研究：有些研究过于重视技术因素，而没有能够把中国传统出版业向现代出版业转型期间的时代背景、技术、法制、观念、读者大众等方面的问题放到综合的视野中来讨论中国出版业的现代化；已有的研究成果比较重视出版的文化属性或出版的意识形态属性，但是对出版业的经济属性还缺少深入的研究。

另外，有些研究者把研究视角过分偏重于近现代出版史上一些重要出版机构和出版人，而对当时其他出版机构和出版人却给予较少的关注，这样做出的一些结论难免会有挂一漏万的可能，比如魏玉山在《关于中国现代出版业诞生的几个问题》一文中，提出的一些关于现代出版业形成的标志的观点都很有见地，但是他最后得出的结论是把1897年商务印书馆的建立作为中国现代出版业的开端，这种结论就显得比较粗略了。商务印书馆虽然是中国现代出版业中历史最悠久和最成功的出版机构之一，但在它成立之前，中国已经出现采用现代技术的出版社，而且，商务印书馆在成立之初，主要是一个印刷机构。因此，把商务印书馆作为现代出版业的开端，并不是很恰当的。

（二）从已经开展的许多中国出版史研究看来，目前的研究主要是以史实辨析与澄清为主，在有史识的分析与结论这方面，显得不足。或者有些研究或课题对现代出版业的起源等重要理论问题比较宏观地抛出了自己的框架，但是缺少深入的探讨和论证。

（三）从研究方法来看，目前中国出版业现代化研究所使用的研究方法比较简单，文献查考和归纳总结方法用得比较多，然而，中国出版业现代化研究与社会的各个方面都是紧密相连的，综合运用历史学、社会学、传播学、经济学等多学科的研究方法就显得非常重要。

（四）有些子课题还缺少深入的研究。比如发行体系、书业公会、现代出版业的读者大众等。或者由于研究思路未能拓展，或者由于目前发掘的资料不够，限制了对它们的研究。

第六节　本书创新之处

本书以世界出版业发展趋势和中国传统出版业的特征为参照系统，提出中国出版业现代化（始于19世纪初）的标准，并深入探讨这些标准是如何在中国逐渐产生和确立的。

在前人研究的基础上，我试图在以下方面有自己的创新或发展：

（一）现在研究界和出版业界对于中国出版业现代化的认识还很不足，比如有些人就把出版业的现代化等同于出版的革命化或技术化，本书试图提出中国出版业现代化的标准，以此为基点来认识和评价中国出版业现代化的过程。

（二）将中国出版业现代化视为一个连续的过程，注意到它与前现代和现在的联系，而不是把它放在若干阶段进行孤立的研究，这样更有利于把握出版业发展的脉络，研究过去被忽略的若干重要问题。

（三）对中国出版业现代化的各个标准（现代化研究的各个子课题）进行深入研究，并运用多学科的研究成果和方法，试图以更宽广的研究视野来展示中国出版业现代化的过程。其中有些子课题，如出版同业公会、书价等，在以往的研究中还没有受到重视。

第七节　本书主要内容

本书以现代化这个视角来研究 19 世纪以来的中国出版业。广义的出版业包括图书、报纸、期刊出版等。本书所论及的出版业系指图书出版业，研究中也涉及少量报纸和期刊出版，只因为各类出版业发展时在许多环节上相互影响，不能绝对地分开，故在研究中一并论及，以究其本源。故此，本研究呈现一定的开放性。

以前的出版史研究者，受史学界一般历史分期方法的影响，大都强调中国古代出版业与近现代出版业以 1840 年鸦片战争为分界点。但是，我认为中国出版业现代化进程的开端可以追溯到 19 世纪初。1840 年鸦片战争只是加速了中国出版业现代化的变革，但中国现代出版业却肇始于 1840 年以前。1807 年马礼逊来到中国，揭开了新教传教士来华的序幕，他们为了传教的需要往往从事出版活动。他们来自出版业正处于现代化阶段的国家，从客观上，他们为中国出版业带来了现代化的因素，这些现代化的因素后来与中国内在的需求相结合，得到了进一步发展，中国出版业的面貌逐渐得到改变。可以说，19 世纪初传教士的新式出版活动是中国出版业现代化的先声序曲。鸦片战争这样的重大历史事件只是起了一定的推动作用，如鸦片战争失败以后清政府被迫开放上海等商埠，允许传教，这为上海现代出版业的发展带来了契机。上海现代出版业的发展可以看作19世纪初广州、澳门等地外国传教士出版活动的延续。我们还应该看到，在19世纪大部分时间里，在中国出版业的机体内，现代因素的发展是很缓慢的。1840年鸦片战争对中国原有出版体系的冲击微不足道，新式出版机构主要仍由外国传教士主持，中国传统的出版机构仍然按自己的方式运营，图书最主要的购买者"读书人"对新式出版物不感兴趣。既然1840年前外国传教士在中国的新式出版活动已经存在，1840年前后中国的前现代出版体系并未发生根本性的变化，所以用1840年作为中国出版史分期的一个大分割点，并不合适。

也许有人会因为19世纪初具有现代意义的出版活动在中国还只是零星出现，反对将19世纪初看作中国现代出版业的开端。虽然在19世纪初，具有现代意义的出版活动还没有占到主流地位，但任何新技术、新方法、新理念的传入，离它的普及都还需一段时间，以它的首先进入作为一个时期的开端，有助于把握中国出版业现代化的全局，有助于我们研究新的变化是怎样在中国出版业中一步步产生、发展、被接受和被阻挡的。

为了更好地了解中国出版业现代化在各时期的特点，我们不妨将它做一个阶段性的划分。19世纪初到1840年是第一阶段，即中国出版业现代化的萌芽阶段，在这一阶段，由于中国政府实行闭关自守政策，禁止外国人在华传教，西方传教士在中国的活动包括出版活动受到很大的限制，只能在广州、澳门和境外的马六甲等地从事出版活动，影响较小，为中国出版业所能带来的现代化因素并不多。1840 年到 20 世纪初是第二个阶段，这是中国出版业现代化初步发展阶段。1840 年鸦片战争爆发，随后，清政府战败，国门被迫打开，开放通商口岸，允许传教等，这些都对中国出版业现代化产生了较大的影响，西方传教士纷纷在中国通商口岸设立出版机构，自强运动倡导者办起了新学堂和翻译出版机构，大量翻译出版西学图书，上海迅速成长为中国出版业的中心城市，随着铁路邮政的现代化，新的全国性发行网络开始形成，等等。

20 世纪初到 1949 年，是第三个阶段，即中国出版业现代化的全面发展阶段，在 19 世纪末以前，中国出版业现代化还谈不上全面发展，大多数的印刷工作是由手工操作完成的，现代版权观念没有形成，现代出版同业组织尚未建立，现代出版企业制度也没有受到重视，图书最大的市场仍然是为科举考试服务，翻译图书销量很小，这种情况一直到 1895 年以后才发生较大的改变。甲午战争（1894～1895）中国负于受中国文化影响深远、同样是较晚进行现代化的日本，这比鸦片战争带给中国人更大的震动，唤醒了中国朝野上下。一些有识之士意识到了中国与现代世界的差距，努力谋求发展和改革，随后发生的维新运动进行了一场广泛的现代化思想启蒙，影响之深远前所未有。在这样的背景下，20 世纪以后，中国出版业迈向现代化的步伐大大加快了，进入全面发展的新阶段：机器操作代替手工操作成为主流，一批具有现代企业制度的大规模出版企业成长起来，第一部《著作权法》颁布，现代版权观念逐渐建立起来，现代稿酬制度得到确立等等。本书的研究将下限定为 1949 年。

　　在章节安排上，第一章《绪论》主要讲述现代化的含义、中国出版业现代化研究的意义和主要研究内容、资料准备、研究现状、本书创新之处等。第二章《中国出版业现代化的背景》主要讨论中国出版业现代化启动的重要前提和政治、经济、文化教育背景：中国社会被迫逐步对外开放，城市化步伐加快，新式教育的普及使阅读人口增加进而为出版业开拓了新的市场，现代图书馆事业的开展增加了有阅读能力的人口，同时它本身也成为出版业的重要顾客，汉语的现代化使阅读材料更易于理解和阅读，为出版业开拓了新的市场。第三章《出版业主体从传统向现代转型》，讨论中国传统的三大出版系统——官刻、家刻和坊刻在中国社会对外开放的背景下，分别是怎样转型的，西方传教士和商人在华办的出版机构对中国人起到了示范和激励作用，19世纪后期中国民营出版机构逐渐崛起，成为中国现代出版业的主体。

　　从第四章开始，讨论中国出版业现代化的主要标志。《图书流通体系的现代化》研究的是现代化的全国性图书流通网络是如何形成的，有别于传统营销手段的新的营销手段有哪些，图书流通网络中的书价和发行量有什么变化等。《出版技术的现代化》把出版技术作为出版业现代化的一个方面来研究，这一章主要讨论西方现代印刷技术（如铅印术和石印术等）引进后对中国出版业带来的冲击，并分析出版技术现代化的内在动力，也论述了出版技术现代化对书籍制度带来的影响。《现代出版法律的形成》包括现代出版法律立法的进程，现代稿酬制度是怎样建立起来的，职业作家群因稿酬制度而生，现代版权观念的形成等。《现代出版企业制度的形成》主要研究出版企业产权制度的历史演变。《出版业同业组织的现代化》，出版业同业组织作为一种行业自律和自治组织，在前现代时期就已经产生，但是它在 19 世纪末 20 世纪初经历了一个现代化的演变过程，在这一章，主要从组织、功能等方面来研究它在转型前后的变化。《现代编辑出版家的形成》，主要研究出版业的主要从业人员编辑和出版者，在出版业现代化过程中的变化，涉及他们的出版理念、生存状况等。《出版业现代化对出版物的影响》，中国出版业现代化直接影响到出版物的数量、类别等，不仅现代化进程中出版物在数量上较前现代时期增长很快，而且类目的剧烈消长导致了中国传统分类法和现代分类法转变，在这一章，作者对出版物进行了统计、分析和比较。

以上就是本书的主要内容和基本框架。

第二章　中国出版业现代化的背景

第一节　中国社会逐步开放

　　许多学者强调是传教士和西方现代印刷技术开启了中国出版业的现代化进程。然而，这个观点却忽略了中国社会对外开放以及中国人对西方印刷技术产生需求这个重要前提。

　　国外学者如费正清等在研究 19 世纪以来的中国史时，非常重视研究这一时期中国对世界的看法。中国在世界知识上的弱点及其他因素严重阻碍了中国对现代西方挑战的响应速度，延误了更早地走向现代化的时机。简而言之，中西方的相遇，在广义上是一场文化冲突[①]。中国人传统的世界观是建立在中国是世界中心基础上的，中国与外国政府之间建立的是一种朝贡制度，对外关系只不过是中国国内社会和政治制度诸原则的扩大[②]。罗兹曼等的《中国的现代化》首先便考察中国对世界的看法。外国人被轻蔑地

---

　　① ［美］费正清（John King Fairbank）编，中国社会科学院历史研究所编译室译：《剑桥中国晚清史：1800 ～ 1911 年》下册，北京：中国社会科学出版社，1993 年，177 页。

　　② 同上，168 页。

视为"蛮夷"，"外来文化从来也没有被中国人看作是更高度文明的产物"，文化上的优越感使他们往往故意不欣赏，或不追求外国思想及物产 ①。这方面有一个著名的例子，1793 年，值乾隆八十大寿之际，英国使节马嘎尔尼出使中国，希望与中国建立正式的双边对外关系。马嘎尔尼带来了许多英国最新的工业品和机械模型，但乾隆皇帝只是把这视为英国对大清王朝的一种朝贡行为，他收下了礼物，拒绝了英国政府的要求，乾隆在敕书中写道："天朝抚有四海，惟励精图治，办理政务，奇珍异宝，并无贵重。尔国王此次赍进各物，念其诚心远献，特谕该管衙门收纳。其实天朝德威远被，万国来王，种种贵重之物，梯航毕集，无所不有。尔之正使等所亲见。然从不贵奇巧，并无需尔国制办物件。"②中国失去了对外开放、了解西方的良机。在这样的情况下，西方的知识和技术很难对中国社会产生广泛的影响。

　　所以我们考察中国出版业现代化的时候，必须注意考察中国社会对外开放的程度以及中国人对现代知识和技术的需求情况。

　　在 19 世纪中叶，英国人用武力把现代化的挑战送到中国面前，中国人对外来知识和技术的需求是非常有限的，从当权者到一般民众，他们生活在一个理想的"天朝上国"的美梦里。清政府实行闭关自守政策，只开放广州一地通商，严格限制中国商人造船、出海，

---

　　①　[美] 罗兹曼（Gilbert Rozman）主编，陶骅等译：《中国的现代化》，上海：上海人民出版社，1989 年，29、33 页。

　　②　梁廷枏：《粤海关志》卷二三《贡舶三》，转引自冯天瑜等：《中华开放史》，武汉：湖北人民出版社，1996 年，509 页。

对外贸易在政府的严格约束下，发展非常缓慢。中国闭关自守政策造成了中国与世界的隔绝，在繁荣背后隐藏的巨大危机便也在情理之中。

清政府在 1840～1841 年第一次鸦片战争中战败，被迫与列强签订了中英《南京条约》（1842 年 8 月）等一系列不平等条约。这些条约打破了中国闭关自守的格局，迫使中国开放了五个通商口岸：广州（1843 年 7 月 27 日）、厦门（1843 年 11 月 2 日）、上海（1843 年 11 月 17 日）、宁波（1844 年 1 月 1 日）和福州（1844 年 6 月），列强实现了与中国部分地区的自由通商，获得了沿海贸易权、内河航行权和内地通商权，并取得了领事裁判权与片面最惠国待遇。就这样，中国被迫开始对外开放，对外开放的程度随着西方列强侵略的加剧而不断加深。在条约的保护下，口岸城市迅速发展，出现了现代化的光景，为传教需要，以传教士为主力开展的翻译出版活动也在那里发展起来。而在此之前，马礼逊等传教士早期的出版活动却步履维艰，只能在广州、澳门和马六甲一带开展，影响非常有限。

外来的侵略往往被看作是危机和挑战，一旦适时把握这种机会，便可以为国家自强创造条件，比如日本采取的现代化变革。但鸦片战争在中国朝野上下引起的实际影响被后来的史学家过分夸大了。事实上，据费正清主编的《剑桥中国晚清史》中的说法，"虽然在 1840～1860 年间已开始虚心地研究西方，但是中国人关于西方关系的观点仍受到误解和思想及制度上的惰性这两者的限制。由于拒不考虑外国的现实情况，中国没有形成一种全国规模的紧迫感，直到更强烈的震动使之大吃一惊时才有所改变"。鸦片战争以后,清政府继续做着"天朝上国"的残梦,并没有采取积极的变革措施。从民间来看,对中国面临的情况普遍缺少警醒。据费正清主编的《剑桥中国晚清史》,1840～1860年间,只有扬州秀才黄钧宰在1844年《金壶七墨》中明确提到,西方人的到来是大变局。但是在1861～1900年,至少43个人评论了这种巨大变化的意义。罗荣渠认为19世纪60年代开始的自强运动是中国现代化的起点①,他注意到清政府领导层在经历了两次鸦片战争与太平天国运动之后,对西方冲击和西方先进兵工技术有了更清醒和现实的理解,从而产生了应变的思想,从思想和行动上对西方现代化冲击做出了回应。

　　距第一次鸦片战争十多年后,更严重的侵略战争爆发了。第二次鸦片战争(1856～1860年)伴随着沙俄对中国东北一百多万平方公里的占领,以及太平天国运动,使清王朝朝野震动,所以1860年以后,帝国面临的危机被统治者和一些文人学者意识到。于是,开办新式学校、派遣留学生出国学习、设局译书以便了解西方,学习现代科学技术等方面的计划得以进行。但是这些改革措施遭受到的阻力也是非常巨大的。少数新式学校招收学生非常有限,而大多数读书人追求的仍是"学而优则仕"的传统道路,刻苦研读传统的儒学教材。早期留学国外的学生容闳和严复归国以后因为没有科举功名而面临尴尬处境,不仅大多数读书人对西学不感兴趣,

---

　　① 罗荣渠:《现代化新论:世界与中国的现代化进程》,北京:北京大学出版社,1993年,271、342页。

而且这些读书人口占全国人口的比重也没有显著的变化（详见本章第 4 节）。

　　现代教育成绩不佳阻碍了出版业的发展。这一点从当时中国最大的译书机构——江南制造局译书的销量上便可见一斑。江南制造局翻译馆自 1871 年正式出书到 1879 年 6 月底，共销售图书 31,111部，83,454 册[①]。对照中国当时有 4 亿多人口，可以发现国人对这些西学图书的需求状况是微不足道的。而当时日本福泽谕吉介绍西方文明的启蒙书《西洋事情》（1866～1877 年）出版后很快便发行了25 万册（包括私印本）[②]，当时日本人口约 3500 万，依此推算，日本国民中每 140 个人就有一个人拥有一册《西洋事情》[③]。这反映了中国和日本，同样作为现代化的后来者，在接受西方现代科学知识上的需求程度有很大的差别。

　　从 1842～1894 年，清政府与外国签订了 171 个条约，大大损害了中国的主权。《南京条约》签订后，英国政府又强迫清政府于1843 年 7 月和 10 月，先后签订了《五口通商章程》和《虎门条约》，通过这三个条约，英国不但强占了香港和夺取了其他特权，还强迫中国开放广州、厦门、福州、宁波、上海五个通商口岸，准许英国人在通商口岸划定居住地区，这就是所谓的"租界"。以后，各国殖

---

　　① ［英］傅兰雅：《江南制造总局翻译西书事略》，《格致汇编》，[1880 年]，第 5～ 8 卷。

　　② ［美］费正清（John King Fairbank）编，中国社会科学院历史研究所编译室译：《剑桥中国晚清史：1800～1911 年》下册，北京：中国社会科学出版社，1993 年，315 页。

　　③ ［日］福泽谕吉著，群力译：《劝学篇》，北京：商务印书馆，1984 年，1 页。

民者纷纷仿效，也在上海和其他一些城市开设租界。从《南京条约》到 1895 年《马关条约》签订的前夕，各不平等条约规定开辟的通商口岸达 43 个[①]。

据罗兹曼《中国的现代化》对通商口岸与中国的现代化的关系的评论，"从教育、出版、工商业和思想界来看，口岸是现代化的中心"[②]。通商口岸犹如中国通向现代化世界的窗口，口岸城市展现了现代化的光景，现代经济、教育和出版业的影响，以这里为中心，向周围地区和中国内陆地区逐渐渗透和发展。这方面，上海是一个最显著的例子。1843 年 11 月 17 日，上海正式开埠。在此后的 100 余年中，上海由一个县城一跃而成为东亚最大的城市之一、中国最重要的经济中心，其发展速度之快在中国城市发展史上是绝无仅有的。什么因素促使上海迅速崛起呢？上海的地理位置、港口条件确实是优越的，不过这一有利的自然条件在开埠前后并没有发生重大变化。"由此可见，导致上海近代迅速崛起的关键因素是对外开放，尽管这一开放对清政府来说是被迫的、不情愿的，对英国殖民者来说是为了他们的商业利益。"[③]上海开埠后，麦都思立即（1843 年底）赶往上海筹办墨海书馆，另一个著名的传教士出版机构美华书馆原来先后设在澳门和宁波，在上海开埠以后迁至上海。19 世纪中叶至 20 世

---

① 周谷城：《中国近代经济史论》，上海：复旦大学出版社，1987 年，51 ～ 57 页。

② ［美］罗兹曼（Gilbert Rozman）主编，陶骅等译：《中国的现代化》，上海：上海人民出版社，1989 年，46 页。

③ 宁越敏等：《中国城市发展史》，合肥：安徽科学技术出版社，1994 年，478 页。

纪初，教会在中国的许多口岸城市开办了出版机构①。

　　1895 年 4 月签订的《马关条约》主要内容包括：增开通商口岸，中国解除机器进口的禁令，在中国取得筑路权，允许外国人在中国就地设厂，从事各项工艺制造。"《马关条约》以中国人无法接受的方式迫使中国全方位地对外开放。"②《马关条约》给外国资本进入中国提供了合法的机会。在以后几年，形成了西方国家对中国基础设施投资的热潮，中国的铁路等基础设施得到发展，"因为任何地区要转化为殖民地，都要通过铁路连接各地，从而刺激贸易，形成消费需求与生产供给，进而带动整个国民经济的改造和建设，形成一种新的经济格局"③。

　　出于开埠成本收益上的考虑，清政府自 1898 年开始，主动对外开放了一批商埠。因为在那些被迫开放的商埠，中国政府丧失了税收征收权，但是在主动开放的商埠，中国政府不仅可以保留对本国工商经济的征税权，而且还可以拥有对在这些商埠从事经营活动的外国公司的征税权④。到清王朝灭亡时，清政府一共开设了 36 处商埠，

---

　　①　叶再生：《现代印刷出版技术的传入与早期的基督教出版社》，《中国近代现代出版史学术讨论会文集》，北京：中国书籍出版社，1990 年，53～69 页。

　　②　许纪霖、陈达凯主编：《中国现代化史·第一卷：1800～1949》，上海：上海三联书店，1995 年，175 页。

　　③　同上，176 页。

　　④　杨德才：《中国经济史新论：1840～1949》，北京：经济科学出版社，2004 年，236 页。

民国成立后，中国政府又自主开放22处[①]。自主开放商埠反映了中国政府对外政策上的巨大变化，促使这些城镇现代工商经济取得较快发展，对全国经济的开放和发展也有推动作用。

随着外来侵略的加剧，对外开放程度的与日俱增，外国资本进入中国，出于民族危机的考虑，以上种种"变局"激发了中国人对现代科学知识的需求，传教士的翻译出版活动也为中国培养了一批自己的翻译出版人士，并为中国人自己开展现代出版活动起到了示范作用。

不仅如此，中国出版业现代化的进一步发展，还依赖下列一些因素：识字人口的增长以及现代经济的发展带来民众购买力的增长等。

第二节　中国出版业现代化的经济背景

19世纪以前到过中国的西方旅行者曾记录下当时中国令他们羡慕的富裕。但是到了1900年左右，欧洲人笔下的中国却已经变得贫穷和落后。中国传统经济发展到19世纪初，受制度和技术等条件的限制，已经达到了发展的极限，开始走向衰落。19世纪中期以后，由于被迫对外开放，中国经济受到外国的影响。但是直到1895年之前，这种影响是非常有限的，并且主要集中在口岸城市。

根据刘佛丁主编《中国近代经济发展史》的研究，1850～1949

---

① 其中6处是清末奏准开放，但迟至民国时期才正式开放的。参见杨德才：《中国经济史新论：1840～1949》，北京：经济科学出版社，2004年，237、241页。

年中国人均国民收入的变化见下表。

表 2-1　中国人均国民收入（1850～1949）

（1936 年币制）

年份	1850	1887	1914	1936	1949
国民收入 （亿元）	181.64	143.43	187.64	257.98	189.48
人口数（千人）	414,699	377,636 （400,000）	455,243	510,789	541,670
人均收入（元）	43.8	38.0（35.9）	41.22	50.51	34.98
时期	1850～1887	1887～1914	1914～1936	1936～1949	
年均增长 %	−0.38 （−0.54）	0.30 （0.51）	0.92	−2.87	

资料来源：刘佛丁主编：《中国近代经济发展史》，北京：高等教育出版社，1999年，66页。

说明：1887 年有关数据加括号的，是《中国近代经济发展史》作者的推算。

1850～1887 年，中国传统经济结构基本上没有什么大的变化，现代工业的生产能力十分有限，太平天国运动期间经济遭到严重创伤，因而这一时期中国经济出现衰退。19 世纪 80 年代至 20 世纪头十年，中国经济出现了缓慢的增长，中华民国建立后至抗战爆发，中国经济出现了较快的发展。但是与日本相比，中国经济发展速度却远远落后。19 世纪 80 年代～20 世纪 30 年代，日本国民收入和人均国民收入的增长率分别是 4.32% 和 3.1%。大约在同一时期，中国这两项指标的年增长率只有 1.21% 和 0.58%[①]。在中国经济发展最快的时期，即 1914 ～ 1936 年，国民收入和人均国民收入的增长率分别为 1.45% 和 0.92%，这样的增长速度低于同期的日本和处于现代化起步阶段的英国、美国、德国等西方国家[②]。中国和日本作为现代化的后来国，在现代化起步阶段，如 19 世纪 80 年代，经济发展的水平都不高，两国差别不大，但是由于在 19 世纪 80 年代至 20 世纪 30 年代，中国经济发展速度远远落后于日本，两国在经济上的差距越来越大。与亚洲其他地区相比，1850 年时中国的人均收入明显高于亚洲其他地区（如印度、巴基斯坦、印尼、菲律宾），到 19 世纪 80 年代，由于遭受到内乱的影响，中国人均收入水平与这些地区基本持平，其后近 30 年间，中国与这些地区的经济都有缓慢的发展，到第一次世界大战前，中国与这些地区的经济发展水平仍保持大体一致。到第二次世界大战前，由于中国经济发展速度较快，中国人均收入水平已高于这些地区。但 1937 年以后，经历了日本侵华战争和四年内战的破坏，1949 年前中国的人均收入水平已明显低于这些地区[③]。

　　经济发展与人口的增长也很有关系。18 世纪中叶到 19 世纪初，中国人口经历了高速增长的过程，19 世纪初以后，人口增长速度较前一时期有所降低，但是，人口基数已经相当大。1850 年中国人口

---

①　刘佛丁主编：《中国近代经济发展史》，北京：高等教育出版社，1999 年，77 页。

②　同上，79 页。

③　同上，79 ～ 80 页。

为4.1亿[1]，而该年全世界人口约为11.71亿[2]，中国人口占世界人口比重的35%强。1949年中国人口约为5.4亿。1850～1949年，中国人口的平均年增长率为2.7‰，增长速度不仅远远低于欧美和日本等现代化国家，而且低于清中期100年间（1750～1850）的增长速度（6‰）。许多研究者都已经注意到这一独特现象。即西方各国的人口爆炸都出现在工业革命之后，而中国的人口爆炸却出现在工业化之前，这成为中国未来现代化的巨大压力和不利因素[3]。

中国从传统社会向现代化社会迈进过程中，国民收入的分配发生了哪些变化呢？据张仲礼对中国绅士人数及其收入的研究，19世纪后半期，中国绅士阶层总人数约为720万[4]，占全国总人口比重的2%，他们获得了国民生产总值的24%，平均每人每年的收入是90两银。但是绅士集团外的3.7亿普通百姓，他们占总人口的98%，获得国民生产总值的76%，平均每人每年收入大约只有5.7两银子[5]。虽然有研究者指出，张仲礼可能夸大了绅士的劳务收入，并且他计算的

---

① 据何炳棣的研究，1850年中国人口为4.3亿。见何炳棣：《明初以降人口及其相关问题》，北京：生活·读书·新知三联书店，2000年。

② 刘佛丁主编：《中国近代经济发展史》，北京：高等教育出版社，1999年，56页。

③ 罗荣渠：《现代化新论》，北京：北京大学出版社，1993年，257页；[美]罗兹曼（Gilbert Rozman）主编，陶骅等译：《中国的现代化》，上海：上海人民出版社，1989年，187～192页。

④ 据张仲礼的研究，太平天国运动后，通过童试合格的文武生员及通过捐纳获得监生身份的共140万人，以每户五人计，这个绅士阶层的人数约为720万。见张仲礼著，李荣昌译：《中国绅士：关于其在19世纪中国社会中作用的研究》，上海：上海社会科学院出版社，1991年，109页。

⑤ 张仲礼著，费成康、王寅通译：《中国绅士的收入》，上海：上海社会科学院出版社，2001年，340页。

19 世纪 80 年代的国民生产总值可能比实际的数字要少，比如费正清主编《剑桥中国晚清史》估算当时国民生产总值大约为 3,338,757 千两，而张仲礼的估算是 2,781,272 千两。根据巫宝三对 1933 年中国国民收入的调查，非农业区中的上户和非农业区的中户人口，共计 27,759 万，占当时全国人口的 6.5%，他们是高收入阶层，人均年收入为 174 元，占全国人口 93.5% 的中低收入者人均年收入为 39 元[①]。刘佛丁主编的《中国近代经济发展史》认为，从 1887 ～ 1933 年中国国民收入分配的变动趋势呈现这样的特点：高收入阶层与中低收入阶层的收入差距显著缩小，富有阶层的人均收入明显下降，普通居民的年均收入显著上升。进而分析其原因，他们认为，劳动生产率的提高和经济的增长是中低收入阶层生活水平改善的基本前提条件；封建特权的丧失，使高收入阶层的构成发生变化，从而导致其收入的下降；现代工矿交通事业的发展，传统经济向现代经济的转变，使国民收入在富有阶层和普通居民之间分配的差距缩小。

　　对 20 世纪上半期中国城乡居民生活水平的研究已经取得了不少成果。普通居民家庭恩格尔系数（食物方面的支出占家庭消费总支出的比例）接近 60%[②]，处于勉强度日水平，接近"绝对贫困"的

---

① 巫宝三：《中国国民所得：1933 年》上册，第 3 部分，上海：中华书局，1947 年；刘佛丁主编：《中国近代经济发展史》，北京：高等教育出版社，1999 年，315 ～ 317 页。

② 杨德才：《中国经济史新论：1840 ～ 1949》，北京：经济科学出版社，2004 年，274 ～ 275 页；［美］罗兹曼（Gilbert Rozman）主编，陶骅等译：《中国的现代化》，上海：上海人民出版社，1989 年，161 页；张东刚：《消费需求的变动与近代中日经济增长》，北京：人民出版社，2001 年，130 页。

境地，他们用于食品以及婚丧礼仪等方面的钱占收入的很大比重，以至于花在文化教育（包括买书报）的钱微不足道，甚至根本不予考虑。根据费惟凯对中国经济史的研究，1870～1911年，"大部分人的生活接近最低水平，但要着重指出的是，仍离最低水平有一段距离"，在平常年份，"城乡人口都能有衣有食，尽管很贫困"。"由于技术没有进步，可以料想人口对土地的无情的压力威胁着整个经济的生存能力"①。费惟凯在描述民国时期中国的经济水平时说："在1949年以前的年代，看不到趋于总产量持续增长的'起飞'，及其带来个人福利增长的可能性。绝大多数中国人至多不过勉强维持生存而已。"②

出版业现代化的推进，必须依赖有阅读能力的人口的增长和购买力的提高。1949年前中国普通民众生活的贫困在许多方面限制着出版业现代化的发展。

第三节　城市化的发展

城市化水平被看作是现代化的一个重要指标。城市化不仅包括城市人口在总人口中所占的比重，也包括人民社会生活方式的改变。现代城市不仅是人口聚居的一种形式，也是现代工商业繁荣之地。

---

① ［美］费正清（John King Fairbank）编，中国社会科学院历史研究所编译室译：《剑桥中国晚清史：1800～1911年》下册，北京：中国社会科学出版社，1993年，83～84页。

② ［美］费正清（John King Fairbank）编，杨品泉等译：《剑桥中华民国史：1912～1949年》上卷，北京：中国社会科学出版社，1994年，35页。

城市有着现代、先进、方便的基础设施，技术革新、新思潮由城市向农村传播，现代学校也大多集中在城市。城市的恩格尔系数低于农村，即家庭在食物以外的开支较大，受到的服务和享受到的商品比农村多。

现代城市为出版业发展准备了条件。首先，现代工商业发展使商业信息的传播和获取成为一种需求，现代商业性报刊的兴起就有这方面的原因。第二，城市便利的交通条件为图书销售提供了方便。第三，城市是人口汇集之处，这里也是文化教育机构集中之地，聚集了一大批掌握了现代知识的人才，同时城市对现代知识也存在很大的需求，这使出版业在城市容易找到作者和读者。第四，在城市，公众舆论容易被大量出版物唤起，为各种社会运动服务，学生和工人成为可以被争取的对象，他们受出版物的鼓舞，接受到新的思想并为之斗争。从另一方面看，出版业对现代城市的发展也具有促进作用。第一，出版业对城市人口的吸纳使城市产生了新的职业，如编辑、报人、作家等。第二，出版物将城市的生活方式和价值观念广为传播，使城市产生了巨大的吸引力，更加速了城市化的发展。

鸦片战争的失败以及接下来对外战争的屡战屡败使清政府被迫签订了《南京条约》（1842）等一系列不平等条约，通过这些不平等条约，中国被迫开放通商口岸（参见本章第一节）。中国被迫开放通商口岸以后，外国商品大量涌入，促使中国自给自足的自然经济逐渐瓦解。现代金融业、商业、航运业、工业和文化教育事业在这些通商口岸获得发展，通商口岸开始向现代城市转变。

1840～1894年间，中国资本主义经济的发展十分有限，所以相应的城市化进程也十分缓慢。美国学者施坚雅（W. Skinner）估计，1893 年清代关内 18 省（未包括台湾）有城镇 1779 个，城镇人口 2351 万，城镇化水平（即城镇人口占总人口比例）为 6.0%。与 1843 年比较，城镇人口仅增加 279 万，城镇化水平仅提高 0.9 个百分点[①]。

据沈汝生 1936 年的研究，当时全国（未计台湾）5 万人以上的城镇共有 193 个，城镇人口 3,193 万，占全国总人口的 6.8%[②]。如加上 5 万人以下城镇的人口，全国城镇人口占总人口的比例估计可达 8% 左右[③]。与 1893 年相比，仅增长 2 个百分点。到 1949 年，中国设市 132 个，设镇 5,400 个，包括县城 2,200 个，县城中有 232 个是民国时期新设的。1949 年，城镇总人口为 5,765 万，比 1893 年增长 1.45 倍，增长速度是缓慢的。同期，中国总人口的增长速度则更为缓慢，使城镇人口占总人口的比重从 1893 年的 6.1% 上升至 10.6%，城市化水平有所提高。但此时世界城市化水平已达 28% 左右，中国与世界城市化水平的距离较以前拉得更大了[④]。

城市化对中国出版业现代化的影响，可以从以下几方面来理解：

（一）城市化水平不高在相当程度上制约了中国出版业的规模和

---

① W. Skinner: *Regional Urbanization in Nineteenth-Century China*, in G.W. Skinner,(ed.), *The City in Late Imperial China*, Stanford University Press, 1977, p229. 施坚雅定义的城镇是指 2000 人以上的聚落。转引自宁越敏等：《中国城市发展史》，合肥：安徽科学技术出版社，1994 年，426 页。

② 沈汝生：《中国都市之分布》，《地理学报》第四卷，1937 年。

③ 宁越敏等：《中国城市发展史》，合肥：安徽科学技术出版社，1994 年，433 页。

④ 同上，437 页。

发展。出版中心在上海这样的城市高度集中，没有能够很好地向内地扩展。

（二）在城市化的进程中，新的市民阶层兴起，带来了新市民小说等出版物的繁荣。这些作品表现出对市民生活理想、价值观念、行为方式的认同，充分体现市民文化精神。

（三）城市尤其是通商口岸成为思想文化传播中心，现代知识阶层和社会团体在这里组织学会，出版报纸、杂志、图书，以传播文化知识和新思想。

如前所述，出版业往往在城市中发展起来。知识阶层聚集和交通发达是出版中心形成的必要条件。城市对于出版业发展是至关重要的，19世纪40年代以前，北京、苏州是中国的出版中心。上海开埠以后迅速崛起，代替了北京和苏州成为全国出版中心。在抗日战争时期，上海出版业纷纷内迁，知识阶层云集重庆、桂林等西南城市，后者成为战争时期的出版中心。

重庆在1937年人口不过28.1万。抗日战争时期，中央政府西迁重庆，沦陷区的许多工商企业、机关、学校和居民向西南迁入，重庆人口因而猛增，在1945年达到100万。重庆作为战争时期中央政府所在地，成为出版中心应该不难理解，因为在中国历史上，出版中心与政治中心重合，并不少见。但是，为什么桂林也在战争时期成为出版中心和文化城呢？

桂林成为文化城是在1937年全面抗日战争爆发之后至1944年桂林被日军占领之前。在战前，桂林只有几间学校，居民不过五、六万。战争时期桂林人口猛增到60多万。武汉、广州沦陷以后，许多学者、作家和出版机构纷纷南迁，一部分迁往重庆，一部分迁往桂林，使这两座城市成为战争时期中国的出版中心城市。据邵公文《桂林出版业巡礼》（1940 年 10 月），当时桂林有日报 4 种，夜报 1 种，杂志 30 余种，出版机构 33 家：商务印书馆、中华书局、世界书局、生活书店、新知书店、读书出版社[①]、上海杂志公司、大华杂志公司、拔提书店、军用图书社、大时代书局、时代书局、建设书店、创作出版社、科学书店、南方出版社、开明书店、正中书局、青年书店、中国文化服务社、前导书局、生路书店、新生图书公司、东方图书公司、石火出版社、文化供应社、写读出版社、新华日报馆、三户图书社、北新书局、武学书店、供应书店、合众书店等，虽然很多出版机构如商务印书馆、中华书局、世界书局、生活书店等设在桂林的只是分支机构，但是，这 33 家出版机构中有一半在桂林从事出版或翻印书刊的活动。这里还设有 10 多家印刷厂，图书生产得到了保证，每月约可印 2,000 令纸，排 730 万字，纸张方面，主要使用湖南出产的浏阳纸和江西出产的赣纸等，供应比较充足[②]。桂林在战时成为出版文化中心的主要原因有：首先，不受战火影响的安定环境使这里吸引了一大批文化界人士，上海等地有实力的出版机构也迁移到这里，为出版业的发展提供了适合的土壤；其二，桂林在当时敌后方属于交通发达的城市，水路、公路、铁路和航空都比较畅通，在战争时期它是连接东南沿海各省与西

---

① 原文为读物出版社，疑有误，应该为读书出版社。

② 超（即邵公文）：《桂林出版业巡礼》，潘其旭等编选：《桂林文化城纪事》，南宁：漓江出版社，1984 年，206～207 页。

南、西北的枢纽。便利的交通条件为桂林出版业原材料运输和供给，以及图书的分销等方面提供了保障。不仅桂林出版的图书运往外地销售很便利，而且上海、香港和重庆这几个出版中心的书刊运来桂林也很便利。

第四节　现代教育的发展

现代教育的发展与出版业现代化关系密切。一方面它带来了识字率的增长，使出版业可能拥有更多的读者。另一方面，现代教育的发展，使按现代学科体系设置的课程在各级学校开设起来，中国传统教科书不能充分满足现代学校的需要，这就为20世纪初民营出版机构争夺教科书市场提供了契机。教科书市场巨大的利润为民营出版机构的崛起创造了条件。

一、学校教育的发展

遭受了两次鸦片战争失败后，清政府统治者和知识阶层开始认识到：中国传统教育在培养人才上具有严重的缺陷。在传统教育陷入危机的同时，欧美教育制度和教育思想输入我国，受其影响，中国传统教育开始向现代教育转化，其源头可以追溯到1862年京师同文馆的设立。但是直到20世纪初才在全国范围推行现代学制改革。

1902年，清政府颁布《钦定学堂章程》，史称"壬寅学制"，首次以政府名义确定近代学校系统，但这个学制并未得到实施。1904年1月公布施行的《奏定学堂章程》，史称"癸卯学制"，是正式在全国实行的第一个完整的现代学校系统。1905年，清政府又下令废科举，兴学校。至此，施行了一千多年的科举制度被彻底废除了。此后新式教育在中国再也不是个别的尝试，而是在全国范围内广泛地推行起来。

辛亥革命成功、封建君主制度被废除，民主共和国的成立给新教育改革家们提供了实现抱负的宽敞天地。1912年1月，南京临时政府教育部成立，教育家蔡元培当上了第一任教育总长，教育部在他领导下推行了一系列体现民主共和宗旨的新教育改革。如《普通教育暂行办法通令》（1912年1月19日发布）[1]规定："凡各种教科书，务合乎共和民主宗旨，清学部颁行之教科书，一律禁用。"

随之而来的五四新文化运动，是20世纪中国最重要的文化运动，给思想、文化、教育等领域都带来了巨大的冲击。这一时期，西方各种教育理论、教育方法、教育制度大量引进中国，从而大大推动了中国新式教育的实践。1922年颁布的壬戌学制从酝酿到实施，历时7年，在全国范围内反复讨论、修改，集中了当时教育界的智慧，是力图与国际教育和现代化潮流接轨的一次比较成功的改革。壬戌学制仿美国"六三三制"，规定小学、初级中学和高级中学的修业年限分别为六年、三年和三年。它结合中国地方差异大的国情，富有

---

[1]　这个《通令》由蒋维乔、陆费逵起草，刊于《临时政府公报》第4号。载《中国近代学制史料·第3辑》上册，1～2页。

弹性，兼顾学生的升学与就业，加强中等职业教育。壬戌学制是实施时间最长、影响最大的现代学制。新文化运动的另一项重要成果是胡适等倡导的，用通俗的白话文取代难学的文言文，它适应了普及教育、发展科学的时代需要。经过知识界、教育界的努力，1920年1月，教育部决定"提倡国语教育"[①]，通令各省先从国民学校做起，"改国文为语体文，以期收言文一致之效"，还宣布国民学校文言体教科书分期作废。从此白话文的法律地位逐步确立，它在教科书出版领域引起了连锁的反应。

从1927年南京国民政府成立到抗日战争爆发前的这十年，社会政局相对稳定，教育投入逐年增加，教育管理渐次完善，各级各类教育日益进步，这是民国时期教育稳步发展的十年。1931年9月国民党中央常务会议发布《三民主义教育实施原则》，对初等教育、中等教育、高等教育、师范教育、社会教育、蒙藏教育、华侨教育、留学教育等各级各类教育的教育目标及课程、训育、设备等，都做出了详细的实施规定。至1933年，各种教育立法大体完备，并颁行各种课程标准，对各科课程的目标、教材大纲、教学时数、实施办法都做出了具体规定。

至抗战前的1936年，无论学校数、招生数、毕业人数，还是教育经费投入数、教育质量与学科程度，都达到了民国以来的最高水平。特别值得一提的是，各派教育家积极进行的乡村教育、平民教育、职业教育实验，对普通民众的教育予以了相当的关注，他们卓

---

① 《教育部令行各省改国文为语体文》，《教育杂志》第12卷第2期，1920年。

有成效的教育改革实践推进了中国新式教育本土化的进程。

抗战爆发后，国民政府采取了一系列紧急应变措施。如高校西迁内地，高等教育继续发展，造就了大批英才，同时还带动了西南、西北地区文化教育事业的发展。初等教育实施国民教育制度，把国民教育分为儿童义务教育和失学民众补习教育两部分，较大地提高了国民接受教育的比例。在艰难的战争岁月，全民族同仇敌忾，教育界共赴国难，艰苦奋斗，各级各类教育取得了较大的发展。到1945 年抗战胜利前，全国各级教育的规模竟超过了战前发展水平最高的 1936 年[①]：高等教育方面，1945 年，全国专科以上学校增至 141所，比 1936 年 108 所增加了 30.6%，在校学生数增至 83,498 人，比1936 年 41,922 人增加了 1 倍；中等教育方面，学校数从 1936 年的1,956 所增加到 1945 年的 3,727 所，增长 90%，1945 年，中学生人数达到 1,262,199 人，比 1936 年的 482,522 人增加了 1.62 倍（详见下表）；据 1946 年统计，全国实施国民教育的 19 省市，设国民学校、中心国民学校及其他小学 237,000 所，已接受教育的儿童 29,160,803人，占学龄儿童总数 38,173,765 人的 76% 强[②]。

---

① 《第二次中国教育年鉴》有相关数据统计，此处数字转引自李华兴主编：《民国教育史》，上海：上海教育出版社，1997 年，613、631、634 页。

② 见《抗战时期教育》，《革命文献》第 58 辑，中国国民党中央委员会党史资料编纂委员会刊行，1972 年。《民国教育史》认为这个统计"容有不实之处"，但国民教育的推行对于基础教育的发展的确有很有成绩。见李华兴主编：《民国教育史》，上海：上海教育出版社，1997 年，649 页。

表2-2 1928～1945年全国中学教育发展概况统计表

学年度	学校数	班级数	学生数	毕业生数
1928	954		188,700	
1929	1,225		248,668	
1930	1,874		396,948	
1931	1,893	10,360	401,772	74,865
1932	1,914	10,677	409,586	73,902
1933	1,920	11,002	415,948	68,028
1934	1,912	10,892	401,449	73,878
1935	1,894	10,541	438,113	73,878
1936	1,956	11,393	482,522	76,864
1937	1,240	6,919	309,563	48,264
1938	1,246	8,472	389,009	52,532
1939	1,652	10,024	524,395	64,285
1940	1,900	13,063	642,688	83,978
1941	2,060	14,392	703,756	126,673
1942	2,373	17,575	831,716	17,911
1943	2,573	19,229	902,163	202,209
1944	2,759	20,122	929,297	212,783
1945	3,727	28,352	1,262,199	255,688

资料来源:《第二次中国教育年鉴》,1428、1431～1435页,转引自李华兴主编:《民国教育史》,上海:上海教育出版社,1997年,631、634页。

二、社会教育的发展

社会教育泛指学校系统外的民众教育或通俗教育。现代社会教育是学校教育的重要补充。民国成立之初,资产阶级革命派认为,中国社会由封建时代进入民主共和时代,一般民众亟须扫盲教育和新的社会思想观念的教育，因而在南京临时政府成立时，于教育部中特设"社会教育司"，同普通教育司、专门教育司并立；还在全国各地广设公众补习学校、半日学校，以实施社会教育。

1915 年 10 月，陈独秀在《青年杂志》上发表《今日之教育方针》，倡导以教育"救国新民"。同年，全国教育会联合会第二次年会通过《注意贫民教育案》。此后，蔡元培、李大钊、陶行知、胡适等相继发出劳工神圣、劳动教育、平民教育的呼声。五四以后，全国各地的大中学校，纷纷设立义务夜校和平民夜校。在进步知识分子的努力推动下，平民教育于 1920 年初步形成社会热潮，前期的公众补习学校，基本上被平民学校所取代。

就在这时，晏阳初于 1920 年从欧洲回国，他以创办旅欧华工补习教育的经验，在国内极力推动平民教育。他先在上海青年协会设立平民教育科，从调查研究出发，组织平民学校，教学白话千字文，每日 2 小时，4 个月为一期。1922 年 3 月，晏阳初到湖南长沙联合各界举行全城平民教育运动，开办平民学校 60 余所，招收学生 1,320 余名，4 个月后，900 多人顺利结业。1923 年，他又到烟台、嘉兴、杭州等地推行平民教育，建立平民学校。同年 8 月，第一次全国平民教育大会在清华学校召开，宣布成立中华平民教育促进会总会，公推朱其慧为董事长，聘任晏阳初为总干事。其后，全国 20 多个省区相继建立了 50 余处平民教育促进会，开办平民学校、平民读书处、问字处等，平民教育运动盛况空前，直到 1925 年，由于受到军阀混战影响，平民教育高潮才逐渐冷寂下来。

1917 年，黄炎培联络教育界和实业界知名人士在上海创办中华职业教育社，该社在推动业余职业教育方面做出了积极的努力，使公众在接受社会教育性质的业余补习时，增多了参加职业技能培训的机会。

1927 年 4 月南京国民政府成立后，对社会教育予以了相当的重视。1929 年，教育部重申 1928 年 10 月大学院对社会教育经费的有关法令，规定社会教育经费应占全部教育经费的 10% ～ 20%。因为孙中山遗嘱中有"唤起民众"的号召，国民政府决定将前期平民教育改称民众教育。1929 年 1 月，教育部公布《民众学校办法大纲》，宣布民众学校的宗旨为："根据三民主义，授与年长失学者以简易之知识技能，使适应社会生活。"入学对象为 12 ～ 50 岁的失学男女。民众学校修业期至少三个月，每周授课至少 12 小时，时间安排在夜间或休息日。《大纲》规定，民众学校一律免费，书籍文具由学校供给，学校教授内容为识字、三民主义、常识、珠算或笔算、乐歌，此外得兼授史、地、自然、卫生，依地方需要加授农业、工业和商业科目。民众学校教材由教育部统编，但实验类民众学校可自行编辑教材[1]。

在 20 世纪 20 年代和 30 年代，中国人口数大约是 5 亿上下[2]。1930 年第二次全国教育会议提到，"全国有百分之八十以上不识字的民众"[3]，所以社会教育的压力非常艰巨。因此，许多省市从 1935

---

① 《第一次中国教育年鉴》丙编，604 页，转引自李华兴主编：《民国教育史》，上海：上海教育出版社，1997 年，698 页。

② ［美］费正清（John King Fairbank）编，杨品泉等译：《剑桥中华民国史：1912 ～ 1949 年》上卷，北京：中国社会科学出版社，1994 年，42 页。

③ 《第一次中国教育年鉴》戊编，150 页。

年起，开始大规模推行定期强迫教育。1936 年，行政院通过教育部订定的《实施失学民众补习教育方案》，规定强迫教育实施期限，预备在 6 年时间内，基本扫除全国文盲。教育部同时还公布了由中国社会教育社编辑出版的《民众学校课程标准草案》及经教育部审定的民众教育辅助书目，有民众常识文库、连环画、民众文艺等，共 350 余种。

抗日战争爆发以后，由于战时的需要，教育部规定学校兼办社会教育，大量中小学相继开办民众学校、民众识字处、民众阅报处、函授学校、职业补习学校等，推动了战时社会教育的发展。其中，以扫盲为中心的识字运动的成绩可以通过下表的统计数字看出。

表 2-3　1937～1945 年历年扫盲人数

年份	人数
1936	3,121,820
1938	3,937,271
1939	2,815,608
1940	8,109,498
1941	8,603,558
1942	9,021,851
1943	10,407,612
1944	9,608,378
1945	8,862,492

资料来源：《第二次中国教育年鉴》，1181 页，转引自李华兴主编：《民国教育史》，上海：上海教育出版社，1997 年，708 页。

　　从 20 世纪前半期学校教育和社会教育的开展来看，从现代学校数量和入学人数等数字的增长来看，中国现代教育在这五十年里取得了较大的发展。但是如果与同样属于现代化后来者的日本相比，中国现代教育的步伐和成绩就显得令人遗憾。日本在 1868 年明治维新前的国民识字率与中国是不相上下的，在当时世界上都居于前列，当时日本国民识字率，男子为 40%，女子为 10%[①]。伊夫林·沙卡基达·罗斯基 1979 年的研究表明，在 18 和 19 世纪，30% ～ 45% 的中国男性人口具备某种读书能力，但只有 2% ～ 10% 的女性具备这种能力[②]。但是，日本于 1872 年颁布了《学制》，在全国普及教育，这使日本在 1891 年，男、女学龄儿童平均就学率达到 50.3%，1900年，增长到 81.5%，1909 年超过 98%。1895 年，日本 15 ～ 59 岁有劳动能力的人，受过高等、中等、初等教育者分别占 0.1%、0.2%、25.6%，1905 年这三项数字，分别是 0.2%、0.9%、41.6%，1925 年，分别增加到 0.8%、4.9%、74.3%[③]。中国的现代学制改革比日本晚了三十多年，直到 1905 年，清政府才下令废科举，兴学校。至此，实行了一千多年的科举制度被彻底废除。而在推行现代教育以后，国民识字率等成果并没有像日本这样迅速的增长。从识字率来说，民国时期与 19 世纪末相比并没有显著的变化，据海关估计数字，19

---

　　① ［日］北村正直：《明治的教育与现代化》，《人间与文化》，三爱会，1985 年，142 页，转引自汤重南等：《日本文化与现代化》，沈阳：辽海出版社，1999 年，286 页。

　　② Rawski, Evelyn Sakakida. Education and Popular Literacy In Ch'ing China.（清代的教育与大众读写能力），23 页。

　　③ 汤重南等：《日本文化与现代化》，沈阳：辽海出版社，1999 年，291 页。

世纪 80 年代，在所有入学年龄以上的男子中，有略低于半数曾受到过学校教育[1]。但是据 John L. Buck 在 20 世纪 30 年代的调查，七岁以上的男性中有 45% 受到过学校教育，30% 被认为拥有读写能力[2]。1930 年第二次全国教育会议提到，"全国有百分之八十以上不识字的民众"[3]。现代教育成绩不佳限制了现代出版业的发展。1932 年，陆费逵在《六十年来中国之出版业与印刷业》一文中将中国出版业与当时欧美、日本的出版业进行比较，就发现，中国图书杂志销量远少于欧美、日本，并指出，教育是限制中国出版业发展的重要因素之一[4]。

第五节　现代图书馆的发展

中国在前现代时期已经建立起一个包括官府藏书、寺院藏书、私家藏书在内的庞大的图书馆系统，藏书丰富，对图书分类的研究由来已久。但是当 19 世纪后期，欧美图书馆向现代图书馆转变，成为向公众传播文化的重要社会教育机构的时候，中国的传统藏书楼并没有跟上时代的潮流。官府藏书只对那些有能力考取功名的少数

---

[1]　《海关十年统计：1882～1891》，转引自 Rawski, Evelyn Sakakida. *Education and Popular Literacy In Ch'ing China.*（清代的教育与大众读写能力），18 页。

[2]　转引自 Rawski, Evelyn Sakakida. *Education and Popular Literacy In Ch'ing China.*（清代的教育与大众读写能力），18 页。

[3]　《第一次中国教育年鉴》戊编，150 页。

[4]　陆费逵：《六十年来中国之出版业与印刷业》，张静庐辑注：《中国出版史料补编》，北京：中华书局，1957 年，282 页。

文化精英开放，私人藏书往往花费了士绅家庭几代人无数的金钱和精力才得以集聚，聚书之不易，所以这些藏书楼很少愿意将自己的藏书提供公众使用。有些家族甚至将借书就是不孝作为家规来警示后代。

中国传统藏书楼向现代图书馆转变是西方文化强劲推动以及中国社会现代化需要的结果。19 世纪初，来华的西方传教士通过他们所著的介绍世界的书籍向中国人介绍了欧美的图书馆事业。1847 年，耶稣会传教士在上海徐家汇设立天主教藏书楼，藏书三千册。两年后，在沪外侨开办了工部局公众图书馆，并且对外开放，读者每年交十两银子，可以随时从图书馆借出图书。据 1877 年的《申报》报道，当时该图书馆的读者有 156 人[①]。1894 年甲午战争之后，惊醒的中国知识分子意识到中国的现代化不仅仅是器物层面的现代化，而应该更深层次地触及制度和文化层面。传统藏书楼与传统教育一样面临改革。此时，维新派兴起了办报的热潮，不少报纸热情地介绍了西方图书馆制度。1896 年李端棻向皇帝上《请推广学校折》，奏请"自京师及十八行省会，咸设大书楼，调殿板及官书局所刻书籍，暨同文馆、制造局所译西书，按部分送各省以实之。其或有切用之书，为民间刻本局所无者，开列清单，访问价值，徐行购补。其西学书陆续译出者，译局随时咨送。妥定章程，许人入楼观书，由地方公择好学解事之人，经理其事，如此则向之无书

---

① 《申报》1877 年 3 月 22 日。

可读者，皆得以自勉于学，无为弃才矣。"①19 世纪末，京师大学堂、上海南洋公学、湖南时务学堂等，设立了藏书楼，开我国学校创办新式藏书楼之风气②。

　　戊戌变法虽然失败了，但是，"人们接触现代化之后，谁也不愿再走回头路，这是可以肯定的"③。20 世纪初，兴办新式学校、报馆、现代图书馆，翻译出版图书的风气更盛了。现代图书馆事业受到了清中央政府和地方士绅的重视。1904 年浙江省绅士徐树兰捐银 3 万余两，在绍兴兴建"古越藏书楼"并向公众开放，参考外国有关做法制定了章程，并且聘请了专门的管理者。随之，各省封疆大吏也纷纷向朝廷奏请在各省都会建立图书馆。"图书馆"一词是从日语中借用过来的，最初与"藏书楼"混用。在 20 世纪的第一个十年里，"图书馆"一词逐渐取代"藏书楼"而通行于世。到 1911 年，各省公共图书馆约有 20 余所。1910 年，由学部奏请拟定的《京师及各省图书馆通行章程》正式颁布全国，该章程共 20 条，对图书馆的宗旨、名称、地址、编制、藏书、管理、开放、经费等事均有规定。这是我国图书馆立法的开始。

　　现代图书馆的发展与现代图书馆学的发展是相辅相成的。现代图书馆的有效运作需要专门的人才。1914 年，"文华公书林"

---

　　① 《变法自强奏议汇编》卷三，转引自李希泌编：《中国古代藏书与近代图书馆史料》，北京：中华书局，1982 年，97～98 页。

　　② 王子舟：《杜定友和中国图书馆学》，武汉大学博士论文，1999 年，4 页。

　　③ ［美］罗兹曼（Gilbert Rozman）主编，陶骅等译：《中国的现代化》，上海：上海人民出版社，1989 年，4 页。

（Boone Library）的创办者——在华工作的美国人韦棣华女士（Marry Elizabeth Wood,1861 ～ 1931 年），派遣沈祖荣赴美国纽约公共图书馆学院（The New York Public Library School）攻读图书馆学。沈祖荣是中国第一位留学攻读图书馆学的学生。1916 年底，沈祖荣学成归国，其后留学生胡庆生、杜定友、洪有丰、戴志骞、徐燮林等相继回国，在中国倡导新图书馆运动。他们带着西方图书馆管理方法和服务精神，在中国各地奔走，宣传讲演，鼓励并身体力行创办新式图书馆，举办图书馆学短期培训班，发表著述，从事检字法、分类法的革新。1920 年，韦棣华与沈祖荣、胡庆生正式在武昌文华大学创办了中国第一个图书馆学教育机构——"文华图书科"（Boone Library School），仿纽约公共图书馆学院的方法设立课程，培养现代图书馆学人才。

现代图书馆的建立和维持需要大量的经费。1925 年，中华教育改进社图书馆教育委员会提议，将美国退还庚子赔款的三分之一建设图书馆八所，分布在中国主要城市，作为各地建立新式图书馆的模范。1928 年，全国教育大会通过一项提议，请当时的大学院通令全国各学校均须设置图书馆并于每年全校经费中提出百分之五以上为购书费。这样，有了思想和人才的准备，以及经费的保证，中国新图书馆事业从 20 世纪 20 年代末到 30 年代进入一个大发展的时期。1925 年，据中华图书馆协会统计，全国有图书馆 502 所，其中公共图书馆 259 所，占 51.6%，学校图书馆 171 所，占 34%，其他类型图书馆 72 所，占 14.4%。到 1936 年，据《中国教育年鉴》统计，全国有图书馆 5,196 所；据《申报年鉴》统计有 5,183 所，其中大学图书馆近百所，其他类型学校图书馆 2,600 余所，县级图书馆约 1,000 所①。现代图书馆的创设需要大量的藏书，迅速发展的现代图书馆成为出版业重要的大宗顾客。以《万有文库》为例，可以说，没有现代图书馆的发展，就没有《万有文库》的成功。1929 年《万有文库》第一集完成，这套丛书册数很多，共 1,000 种，2,000 册；另附参考书 10 种，12 册。初期发行并不顺利，初印 5,000 部大有滞销的可能。后来重点向各省教育厅或主管图书馆事业的机关推销，获得成功，最后售出 8,000 部。据王云五说，依靠《万有文库》第一集建立起来的新图书馆，在 1,500 所以上。

　　20 世纪初期中国图书馆现代化的努力取得了一些成果，但是应该看到作为一项并不创收且需要大量经费支持的公益事业，不论是晚清政府，还是民国政府，在经济滞后、外忧内患的背景之下，对它的扶持是有限的。有限的经费使国家只能把主要精力用于在主要城市设立公共图书馆，在学校设立图书馆（这些学校也主要集中在城市），这样一来，城乡间的图书馆发展距离越拉越大。

第六节　汉语的现代化

　　清末民初的国语运动和白话文运动是几乎同时产生又互相影响

---

　　①　转引自王余光：《中国新图书出版业初探》，武汉：武汉大学出版社，1998 年，6 页。

互相促进的两大语文现代化运动。广义的国语运动^①包括汉语拼音改革和国语统一两个方面。"真正的国语运动，包括改革汉字和建设汉民族共同语，是随着中国近代救亡运动和维新思潮的兴起而兴起、伴着中国现代化运动和革命思潮的发展而发展的，是中国近现代社会文化与汉语共变的结果。"^②

随着中国社会被迫的现代化的启动，追求语言的标准化和统一作为社会一体化的重要内容受到了知识界的重视。清末民初，深重的民族危亡，来自邻国日本现代化成绩的刺激，以及资本主义民权意识的增强促使中国朝野上下发出开启民智、教育救国的呼声。但是汉语言文字难学为教育普及增加了难度。

中国汉字缺少音注，这给受教育者学习识字带来了困难。早在明末天主教传教士利玛窦就创制了用罗马字（即拉丁字母）拼写汉语的方案，但他的主要目的是帮助外国传教士学习汉语。1892 年，国语运动的先驱卢戆章在厦门出版了《中国切音新字厦腔：一目了然初阶》，提出中国第一个汉语拼音方案。汉语拼音的研究发展成为一种运动那是甲午战败后的事，当时的背景正如钱玄同在《注音字

---

① 19 世纪末汉语拼音运动兴起时最初并没有明确提出"国语"一词，当时称为"切音字运动""简字运动"，所以一般狭义的国语运动并不包括早期的汉语拼音运动。如王理嘉《汉语拼音运动与汉民族标准语》中谈到的清末民初三大语文运动，是指汉语拼音运动、国语运动和白话文运动。他还指出汉语拼音运动在 20 世纪初引发了国语统一运动，并与国语统一运动合而为一。王理嘉：《汉语拼音运动与汉民族标准语》，北京：语文出版社，2003 年，117、119 页。

② 周光庆：《汉语与中国早期现代化思潮》，哈尔滨：黑龙江教育出版社，2001 年，398 页。

母和现代国音》（1929 年）中提到的：

> 　　一八九四年（甲午）中国给日本打了一次败仗，于是
> 国中有识之士，知道非改革政治，普及教育，不足以自存
> 于世界。但是提到普及教育，即有一个问题发生，则汉字
> 形体之难识、难写是也。要解决这个问题，就非另制拼音
> 新字不可……①

　　清末最后十年中，有案可查的拼音方案有 27 种②。通行最广的
是王照的切音字方案（1900 年《官话合声字母》），他仿日本的片
假名，采用汉字部首作为字母，来拼写官话音（北京口语）。为了
推行他的官话合声字母，他创办了"拼音官话书报社"和"官话字
母义塾"，他的"拼音官话书报社"编印了各种拼音官话图书，据
他后来总结，"十年之中，坚忍进行，传习至十三省。拼音官话书
报社……编印之初学修身、伦理、历史、地理、地文、植物、动物、
外交等拼音官话书，销至六万余部"③。这 27 种切音字方案中，创制
的拼音符号主要是汉字部首（也可以称为假名式）、拉丁字母、速
记符号等。

---

　　①　钱玄同：《注音字母和现代国音》（1929 年），《钱玄同文集》第三卷（汉字改革
与国语运动），北京：中国人民大学出版社，1999 年。

　　②　王理嘉：《汉语拼音运动与汉民族标准语》，北京：语文出版社，2003 年，118 页。

　　③　王照：《官话合声字母·原序》，《小航文存》卷一，33 页，转引自周光庆：《汉语
与中国早期现代化思潮》，哈尔滨：黑龙江教育出版社，2001 年，416 页。

　　在晚清政府的最后几年，政府对于统一语言已经采取了一些积极的措施，如在《奏定学堂章程》（1904年1月）中规定如下："兹以官音统一天下之语言，故自师范以及高等小学堂，均于国文一科内，附入官话一门。"1911年，清政府学部召开中央教育会议，通过了"统一国语办法案"，设计了在宣统八年（1916）普及国语的目标。但是没想到清朝的统治就在这一年寿终正寝，没能延续到宣统八年。

　　民国成立后，于第二年在北京召开了"读音统一会"，正式采用了"国语"这一名称。这个会议历时三个多月，审定了6,500多字的国音，选定章炳麟所拟的"纽文"（即声母）、"韵文"（即韵母），略作改动后定为正式的"国语注音字母"（1930年改称"注音符号"）。然而随后几年，低效率的民国政府并没有正式颁布注音字母。1916年10月，国语研究会在北京成立，提出了"言文一致"和"统一国语"的口号。"国语研究会的成立，标志着国语运动已经完全进入了有组织地在全国范围内推进的新阶段。"[①]国语研究会成立后会员发展非常迅速，1918年有会员1,500多人，1919年增至9,800多人，到1920年则达到12,000余人，他们对于促进国语运动在全国的开展起到了积极的推动作用。1918年，教育部正式公布注音字母，并在全国推广。在当时中国激进的改革热潮中，注音字母顺利地普及到各级学校，成为字典、词典的注音工具。商务印书馆1919年出版的《国音字典》便是以此为依据注音的，出版后引起了一场关于国语标准音

---

① 周光庆：《汉语与中国早期现代化思潮》，哈尔滨：黑龙江教育出版社，2001年，427页。

的大讨论。经过反复的讨论、试验和研究，1924 年底，国语统一筹备会决定"以漂亮的北京语音为标准"，这样，国语就正式以北京语音为标准音并确定下来。

然而，早期国语运动的干将们过分地偏重对国语读音问题的研究，却忽视了另一个更为重要的问题，那就是国语的"范本"在哪里。

在中国传统语文教育中，正式的书面语是文言文，这种书面语是在先秦口语的基础上产生的，随着时间的推移，它的语法规则与表达方式逐渐趋于定型，与不断发展中的时代口语发生了偏离。因为读书人学的都是文言文，文言成为上流官场和知识精英专用的语言，从而造成了士人社会与下层社会的隔离。另一种书面语即白话，也称"白话文""语体文"，比较接近各个时代的口语。我国古典文学中的话本、小说以及其他一些通俗的文学作品，大都是用白话写的。但是作为书面语言的白话地位并不高。

海通以来，西方新思想、新学术、新技术、新事物等大量传入，文言面临着冲击。首先，现代报纸要求大量发行到民众中去，为了照顾他们的阅读能力，含有标点符号雏形的白话报纸出现了。1876 年 3 月，申报馆创办了一种白话报——《民报》，用白话写作，每一句的末尾空一格，人名和地名的旁边均以竖线号和点线号表明，目的是"使它可以达到《申报》所不能及于的阶级，譬如匠人、作工和很小的商店里的店员等"①。那些句末的空格、人名地名旁的竖

---

① 《上海研究资料续集》，沈云龙主编：《近代中国史料丛刊三编》42 辑，台湾：文海出版社，321 页，转引自周光庆：《汉语与中国早期现代化思潮》，哈尔滨：黑龙江教育出版社，2001 年，240～241 页。

线号和点线号，目的在于避免歧义和帮助正确阅读，已经有标点符号的雏形意义。被誉为"诗界革命"首领人物的黄遵宪，在1882年完成的著作《日本国志》中，总结了日本进行文字改革、文体改革的成果，正式提出了语言和文字合一的问题。他所提倡的"我手写我口"的创作理论，影响很大。19世纪末20世纪初梁启超以自己的散文创作了一种文白夹杂的新文体，大量运用"新名词"和"口语词"，适当引进和吸收外国语法，引起学者争相仿效，从而动摇了文言的正统地位。晚清白话文运动的干将裘廷梁于1898年在《苏报》上发表《论白话为维新之本》的文章，第一个明确地提出了"崇白话废文言"的口号。从维新人士到孙中山领导的革命派，为了最大范围地宣传自己的主张，不约而同地借助白话书报，从而促使19世纪末20世纪初白话浪潮的兴起。陈天华的《猛回头》和《警世钟》便是用白话文创作的，风行一时。据方汉奇《中国近代报刊史》，"从19世纪末到20世纪初，国内陆续创办的各种政治倾向的白话报纸不下50种"[1]。

19世纪末，广东人陈荣衮第一个编印了小学白话教科书。随后，浙江教育家施崇恩在主持上海彪蒙书室时，编印了大量白话教科书，不少图书图文并茂，便于初学。这一时期还出现了白话字典《绘图白话字汇》。晚清白话文运动还带来了白话小说的繁荣，这一时期比较流行的白话小说有1,500种以上[2]。虽然取得了初步的成绩，但晚

---

[1]　方汉奇：《中国近代报刊史》，太原：山西人民出版社，1981年，263页。
[2]　谭彼岸：《晚清的白话文运动》，武汉：湖北人民出版社，1956年，3页。

清白话文运动并没有撼动文言文的正统地位。

正如黎锦熙所回忆的，国语运动的倡导者一面倡导"言文一致"，但自己写的却是文言，用的是"之乎者也"，而不是"的么哪呢"①。1917 年元旦出版的《新青年》发表了胡适的《文学改良刍议》，紧接着，陈独秀发表《文学革命论》，从而发起了"文学革命"以及新白话文运动。1917 年底胡适从美国寄来一张申请加入国语研究会的明信片，这张明信片是用白话写的。受这张白话明信片的启发，国语研究会的会员开始"以身作则"地提倡"言文一致"，试验用白话进行写作②。胡适 1918 年发表《建设的文学革命论》，借鉴西欧历史上的语言运动和语言理论，尤其是意大利用俗语代替拉丁语的历史，进而提出"我们所提倡的文学革命，只是要替中国创造一种国语的文学。有了文学的国语，我们的国语才可算得真正国语。国语没有文学，便没有生命，便没有价值，便不能成立，便不能发达"③。在新文化运动的洪流中，国语运动与新白话文运动逐渐"双潮合一"，相互响应，相互促进，在全国轰轰烈烈地开展起来，并带来了文学创作、语文教育的深刻变革。

国语运动中，标点符号的创构对促进汉语书面语的变革具有积极的意义。中国的文言文只有"句读"，没有标点符号，阅读者需要花费时间学习句读才能避免歧义，这给阅读增加了难度。引进拼音

---

① 黎锦熙：《国语运动史纲》卷二，上海：商务印书馆，1934 年，68 页。

② 同上。

③ 胡适：《建设的文学革命论》（1918 年），《中国新文学大系·建设理论集》，上海：上海文艺出版社，2003 年，128 页。

文字的标点符号方法，句界清晰，为避免歧义和正确阅读提供了方便，从而使阅读更易于掌握，也就更易于教育的普及。1897 年，王炳耀在他的《拼音字谱》中，吸收西方新式标点符号的精神，构造了中国第一套新式标点符号。1919 年标点符号方案正式公布，使得许多新的表达方式成为可能，促进了汉语的现代化。

1913 年，"读音统一会"产生了中国历史上第一个由政府部门法定的国音及其标记符号，并议决"国音推行办法"，其中有一条就是："请教育部将初等小学'国文'一科改作'国语'，或另添'国语'一门。"[①] 但是当时教育部并没有理会"读音统一会"的请求。国语研究会成立后，继续鼓吹改"国文"为"国语"的主张。1917 年，江苏教育会通过了"各学校用国语教授案"，并开展国语教授方法探讨。1917 年，胡适用白话和新式标点符号编写了《中国哲学史大纲》，在北京大学讲授，增强了国语运动的声势。1919 年 3 月，在国语研究会的基础上又成立了一个"国语统一筹备会"，作为教育部的一个附属机关。教育部国语统一筹备会在召开第一次大会的时候，刘半农、周作人、胡适、朱希祖、钱玄同、马裕藻等提出了"国语统一进行方法"的议案，主张把"国文读本"改作"国语读本"，"国民学校全用国语，不杂文言；高等学校酌加文言，仍以国语为主体，'国语科'以外，别种科目的课本，也该一致改用国语编辑。"这个议案获得大会通过并呈请教育部施行。1920 年 1 月，在文化教育界的强烈要求下，教育部下

---

① 倪海曙：《中国拼音文字运动史简编》，上海：时代出版社，1950 年。

令将国民学校一、二年级的"国文"改为"国语"，并规定了国语要旨，在于"使儿童学习普通语言文字，养成发表思想的能力，兼以启发其德智。"并规定至 1922 年止，废除旧时所编的文言教材，改用白话教材；中学各科教科书，也逐渐用语体文改编；高等学校的讲义，也都采用语体文。改"国文"为"国语"，让白话文进入教材，这就承认了白话作为正式书写语言的资格，"是确立白话地位最关键的一环"①。

以教科书为生命线的出版界对社会时势和图书市场有着敏锐的洞察力，所以在教育部颁布命令之前，第一套系统的小学国语教科书竟然出版了，这便是 1919 年 8 月商务印书馆出版的国民学校用《新体国语教科书》8 册。从 1920 年至 1922 年经"教育部国语统一筹备会"直接审定的国语教科书共约 400 册②。此外，当时的出版界还出版了许多白话儿童课外读物，积极与国语运动相唱和，出版界强大的宣传效果，加上教科书市场的激烈竞争使各出版社竞相改革国语教科书并降低售价，这些对国语运动的推行发挥了有力的促进作用。

汉语现代化与出版业现代化的关系，可以从以下几方面来看：

（一）汉语的现代化使教育更容易普及，促使有读写能力的民众增加，扩大了出版业的读者群。国语注音符号的推行、国语标准音的确定、新式标点符号的确立、白话作为现代书面语地位的确立，

---

① 王风：《文学革命与国语运动之关系》,《中国现代文学研究丛刊》2001 年第 3 期。

② 黎锦熙：《国语运动史纲》卷二，上海：商务印书馆，1934 年，121 页。

以及白话词汇系统和语法规则的完善等，这些都大大有利于民众提高阅读能力。

（二）汉语现代化也在一定程度上改变了人们的阅读观念和阅读方法，文言教学和阅读讲究以记诵经典名篇为主，而国语教学要旨，在于"学习普通语言文字，养成发表思想的能力，兼以启发其德智。"又如清末出现了这样的现象：阅读新报开始"成为习惯，成为中国人生活中不可缺乏的一个因素"[①]。这些都对出版业现代化有重要的影响。

（三）汉语现代化过程中，图书报刊出版界起了积极的倡导和推动作用。20世纪20年代，商务印书馆、中华书局和世界书局为了争夺国语教科书市场，展开激烈的竞争，"当时三个书局互相竞争，只求把国语书销出去，蚀本奉送不算，有时奉送了还有倒贴。结果三家书局因此亏耗了百余万元，而促进国语教育底力量，事实上比无论那项国语运动都浩大"[②]。

（四）清末民国时期维新志士、革命党人、知识精英宣传新思想、新学说的活动中，为了最大范围地普及到民众，他们不约而同地把白话文作为工具，以书报作为载体，这样，出版业现代化过程与汉语现代化过程本身就是联系在一起的。

（五）汉语的现代化使白话成为正式的书面语，加上国语教育的推行，教科书以及其他出版物都需要大量的白话作品，出版界、阅读界的需要催生了一大批优秀的白话语体作品。

---

① 《字林西报周刊评稿》，《戊戌变法》第3册，上海：神州国光社，1953年，497页。

② 乐嗣炳：《十年来的国语运动》，《世界杂志增刊：十年》，上海：世界书局，1931年，223页。

第三章　出版业主体从传统向现代转型

与前现代时期中国社会政治、经济、文化教育的繁荣相一致，中国传统出版业在前现代时期已经取得了辉煌的成绩。

就刻书机构来说，官刻、坊刻和家刻构成了中国传统出版业的三大刻书系统，除此之外，还有寺院刻书和书院刻书自成系统。

大约在 6 ～ 7 世纪之交，中国人已经发明雕版印刷术[①]。敦煌发现的制于 868 年的《金刚经》，是现存世界上最早的刻印有确切日期的雕版印刷品。唐代刻印最多的书是需求量比较大的历书和佛经。从刻书机构来说，民间坊刻和寺院刻书是最早兴起的。五代时期，雕版印刷术开始受到政府和文人学士的重视，出现了官刻（政府刻书）和家刻（私人刻书，也称"私刻"）。

19 世纪，在新的国际环境下，受到来自西方现代化强国的激烈挑战，中国传统出版业主体开始转型。传统的官刻逐渐走向衰落，清末官书局在清王朝覆灭之后，一部分倒闭，还有一部分并入图书

---

① 雕版印刷术发明时间尚有争议。此处引自肖东发：《中国图书出版印刷史论》，北京：北京大学出版社，2001 年，45 页。

馆，除了利用原有雕刻版片印刷部分古籍以外，没有其他重要的出版活动。家刻不像官刻那样依赖政府，而与个人爱好有关，具有较强的稳定性，所以在本书探讨的时期内，私家刻书传统得到了继承，但是在19世纪中叶以后，尤其是在20世纪初民营出版机构崛起以后，家刻在出版系统中只不过起到丰富和补充作用。在新的形势下，中国传统的坊刻日趋衰落，没能发展成为现代出版企业。在19世纪以来中国出版业现代化进程中，西方传教士办的出版机构、现代民营出版企业先后成为出版业的主体。尤其是后者，在19世纪末20世纪初兴起以后，作为最有生机和活力的主体，对于中国出版业现代化起了积极推动作用。

第一节　传统出版业主体的转型

一、官刻的衰落

雕版印刷术发明以后，最开始，中国政府并没有重视这种来自民间的技术。五代时期，在冯道等人奏请下，政府以《开成石经》为底本，采用雕版印刷刻印九经，即九种儒家经典：《易》《书》《诗》、三礼、三传，目的在于向读书人提供标准的儒家经典读本，以建立和维护统一的价值观。从此，印刷术从民间进入政府，出现了政府刻书，即官刻。官刻由于有中央政府和地方政府的支持，而且逐步制度化，这使它能够动员大量优秀学者参与，在写、刻、校、印等技术上精益求精，不惜花费大量时间和金钱，并且出版后能借助政府的力量推行，所以官刻在质量、数量和影响上，在前现代时期的中国占有重要地位，是三大出版系统中最重要的。

　　清代前期的官刻以武英殿刻书最有名。康熙十二年（1673），政府在武英殿设立专门的刻书机构，主要出版物是钦定书、清人和前人的学术著作及历代文学作品、史学典籍、经学名著等，唱词曲牌也有出版。清代武英殿刻书共计520种[①]，康熙、雍正、乾隆三朝是它的黄金时期。自乾隆末，随着国势的日渐衰微，加上一场大火将保存200年的殿本和各种雕版烧毁，武英殿刻书走向衰落。

　　晚清官刻的代表是伴随着镇压太平天国运动产生的各地官书局。太平天国运动客观上给江南的文化典籍造成破坏性的影响。大批古籍被粗暴地毁灭于水火，"在太平天国控制和活动过的地区，不但大批珍贵典籍因此失传，甚至连平日士子常读的"四书""五经"也极罕见"[②]。晚清官书局的创设始于1859年，由胡林翼在武昌设立，局名不详，创立缘起是：由于太平天国运动造成图书损毁，为了教育和培养将才，于是开设书局，组织幕僚编刻《读史兵略》等图书。1864年，曾国藩在安庆设立官书局，局名不详，同年清军攻克金陵（南京）之后，书局移往金陵，后来便称"金陵书局"。鉴于太平天国灭亡之后，图书被毁严重，1867年，江苏学政鲍源深上奏同治皇帝，建议筹措经费选择重要图书依次重新出版，得到皇帝批准，同治帝下令地方组织力量重刻传统文化经典，供应读书人，希望借此维护

---

　　① 据陶湘《殿版书目》统计，转引自肖东发：《中国编辑出版史》，沈阳：辽宁教育出版社，1996年，335页。

　　② 肖东发：《中国编辑出版史》，沈阳：辽宁教育出版社，1996年，387页。

正统的价值观。从此，各省陆续兴办官书局。1867 年到 19 世纪末是官书局的鼎盛期。前期官书局主要出版经史读本，甲午战争以后，在维新思潮的推动下，清政府开设了京师官书局、江楚编译官书局等，以译刻西学图书为主要目的 ①。最晚设立的官书局是 1901 年在南京设立的江鄂译书局（又名江楚编译官书总局、江楚书局）。据梅宪华《晚清的官书局》统计，晚清的官书局共有 26 处，共刻书千余种，主要为经史读本、吏治之书、实用的子部书籍等，此外，广雅书局主要出版清人学术著作，江楚编译局等也编译新式教科书 ②。随着清王朝的覆灭，官书局失去了政府的支持，走向衰落，或倒闭停办，或归并到图书馆。如云南官书局在清末停办后，书版归并入云南图书馆；中央图书馆继承了江南、淮南、江楚三书局旧刻；浙江省立图书馆继承了浙江官书局旧刻；广东省立图书馆继承广雅书局刻版。这些继承了官书局版片的图书馆，在民国期间利用这些版片资源，继续从事古籍的出版工作。朱士嘉 1933 年编《官书局书目汇编》时，江南书局（已改称"江苏省立第一图书馆"）、淮南书局、江楚编译局（以上两局并入江南书局）、江苏书局（已改称"江苏省立第二图书馆"）、浙江书局（已改称"浙江省立图书馆附设印行所"）、山东书局、山西官书局、湖北官书局（已改称湖北官书处）、广雅书局（已改称广雅版片印行所）等官书局仍有出版活动，主要是翻印古籍。就其出版能力和影响而言，官书局都已经退居次要位置，不

---

① 梅宪华：《晚清的官书局》，《出版史料》1989 年第 3、4 期合刊。

② 同上。

能与新兴的大型民营出版机构如商务印书馆和中华书局相提并论。

接下来，我们不妨探讨一下官刻衰落的原因。

（一）从五代冯道等奏请中央政府雕刻九经开始，官刻一直与中国传统教育以及传统教育维系的道德体系与价值观联系在一起，但是19世纪中叶以后，新思想、新式教育等纷纷涌入，随着中央集权走向衰落，政府已经无力挽救封建正统价值观的颓势，在继续灌输正统价值观上也显得力不从心。

（二）尊重儒家经典的传统教育日益没落，所以官刻逐渐失去了它的传统市场，作为政府经营的出版机构，它缺少适应市场的应变机制，因此在激烈的社会变革中逐渐衰落。

（三）随着清王朝的没落和衰亡，官刻失去了政府的财源和人力支持，这也是它衰败的一个重要原因。

（四）随着现代民营企业的兴起，中国民营出版机构迅速崛起，它的优势在于：快速的市场反应能力，灵活的经营方式，科举制废除后，知识分子通过考试晋升仕途的道路被切断，民营出版业得以吸收大量优秀的知识分子。这样，出版业由官刻、坊刻、私刻三足鼎立的局面转变为民营出版机构唱主角的新出版格局，是中国社会现代化的必然产物。

二、家刻传统的继承

家刻是指私人出资校刻图书，始自五代，多由文人学者和达官富商主持。虽然所刻图书也用来出售，但是赢利不是最重要的目的，主要目的在于展示私藏，或者将祖先或自己的著述刻印出版，达到广为流传的目的。家刻的发展与私人藏书事业的发达很有关系，藏书家经济上比较宽裕，重视校勘，拥有精良的版本资源，对书籍有浓厚的感情，这些都是他们从事刻书的有利条件。宋室南渡，建都临安（杭州），促进了江南地区经济文化的发展，经过明清两代的持续发展，江浙一带成为私人藏书、家刻最发达的地区。乾嘉以后受重考据、讲校雠学风的影响，家刻在质量上更加精审。在中国传统的三大刻书系统中，家刻以质量精为特点。有人这么分析其原因：

> 家刻书在中国为最精。以其经营此事者，第一为专门积学之士，或重刻古籍以广流传，或刊行先著以资显扬，或校印孤稿以防佚失，或印辑自作以备馈赠。第二为显官富商。嗜尚所及，下逮附庸风雅之辈，铺张门面之流，皆能聘请名儒，招致良匠，不惜工本，以事剞劂，其嘉惠士林之功，亦不可使其泯没。[①]

在中国传统出版业向现代出版业转型过程中，从 19 世纪中叶到 20 世纪中期，家刻因为既不像官刻那么依赖政府，又不像坊刻那样依赖市场，所以表现出较强的稳定性[②]，这使它得到持续发展，表现在传统的藏书家继续从事私人刻书活动，经史子集和郡邑地方

---

① 王汉章：《刊印总述》，张静庐辑注：《中国近代出版史料二编》，上海：群联出版社，1954 年，361 页。

② 王余光主编：《中国出版通史：民国卷》，中国书籍出版社，2008 年。

文献是主要的刻书内容；刻书技术上，以雕版木刻为主。同时，随着西学东渐和工商社会阶层的兴起，19世纪中叶以来，传统的家刻也缓慢地出现了变化，这主要反映在刻书内容和刻书家阶层的变化等方面。鸦片战争以后，家刻除继续刻印经史子集著述以外，也选择刻印介绍西方政治、科学等方面的图书。在中国社会现代化过程中，社会阶层重新分化组合，工商社会阶层兴起，藏书家从过去爱好图书的士大夫逐渐向家道殷实的工商富户转变，如藏书家沔阳卢靖、卢弼兄弟系以实业起家，叶揆初是著名的银行家，张钧衡是盐业世家，刘承幹的祖父以丝业致富，蒋汝藻经营房地产和航运业，这些大藏书家都是著名的刻书家。上海在开埠以后迅速崛起，使全国著名的藏书家和刻书家逐渐云集于此，如缪荃孙、刘承幹、张钧衡等，上海成为重要的私家刻书中心。但是在出版业现代化进程中，私家刻书因为力量单薄、规模较小、商业成分有限、出书内容很大程度受个人爱好影响而不是受市场影响等原因，无法有效地满足人们对新知识新信息的大量需求，它不能担当现代出版业主体，这也就并不奇怪了。它虽然在出版系统中不占据主要地位，但私人刻书家的出版活动对于保存和传播文献有着重要意义，他们对待编辑出版工作的高度负责态度和精审的专业作风成为中国出版事业的优良传统。

随着20世纪现代图书馆的兴起，私家藏书通过出售、捐献或寄存的方式将一部分私人藏书转归公藏。抗日战争爆发以后，由于战争的破坏，私人藏书事业受到致命性打击，战乱中或战乱之后，虽然有富裕之家，但藏书的聚集并非一朝一夕之事，所以私家藏书和刻书事业不能恢复到战前。1949 年后，"近代私家藏书之大部及著名藏书家之遗藏以不同方式汇入公藏"①。随着私人藏书事业的衰落，中国传统的家刻也随之退出历史舞台。

三、传统坊刻的衰落

在官刻、家刻、坊刻三大刻书系统中，坊刻即书坊刻书开始最早。在中国古代，书坊一般既从事刻书，又从事卖书。从现存的印刷品实物记载的刻家来看，唐代就已经出现"成都府樊赏家""龙池坊卞家""西川过家""京中李家"等书坊。宋代以后，随着商品经济的发展，坊刻得到很大发展。明清时期，坊刻达到了中国前现代时期的最高水平。据张秀民统计，明代书坊可考的有 200 多家：福建建宁府有近百家，南京 93 家，北京 13 家，杭州 24 家，苏州 37 家，徽州 10 家②。"明代书坊业已成为书籍流通的主体。"③这种主体地位主要反映在出版物的品种和数量上。如明代周宏祖《古今书刻》按地区统计明代全国刻书情况，在刻书业最发达的福建，刻书共 470 种，其中 366 种为坊刻④。到清代，坊刻更加发达，遍布全国各省主要城市，福建的坊刻渐趋衰落，长江中下游依然发达，据统计，有堂号

---

① 李雪梅：《中国近代藏书文化》，北京：现代出版社，1999 年，371 页。
② 张秀民：《中国印刷史》，上海：上海人民出版社，1989 年，348、359、365、372、375 页。
③ 李瑞良：《中国古代图书流通史》，上海：上海人民出版社，2000 年，357 页。
④ 转引自李瑞良：《中国古代图书流通史》，上海：上海人民出版社，2000 年，357 页。

可考的有：北京 112 家（有的只是贩卖，并不刻书），苏州 53 家，广州 23 家，佛山 12 家等 ①。

19 世纪中叶以来，传统的坊刻继续刻印贩卖古籍。在印刷技术上，它们既沿用传统的雕版木刻，也用西方传入的石印术和铅字来印行古书，在组织和出书内容上仍然与传统的坊刻一脉相承，主要经营古籍和相关业务，著名的有扫叶山房，明朝万历年间成立于苏州，19 世纪 80 年代起，开始用石印术印行古籍，它的这一业务持续到民国。

20 世纪初，新式民营出版机构兴起以后，与旧式坊刻同时并存。如当时上海就有两个书业同业组织：上海书业商会与书业公所，它们同是上海总商会的团体成员，但互不统属，同时并存了 20 多年。它们的区别主要在于：书业公所主要代表用雕版木刻、石印等方法出版旧式出版物的出版者利益，而书业商会主要代表以铅印方式编译新式出版物的新派出版者的利益。

19 世纪以来，坊刻虽然在新时代的推动下，也有一些小的改变，如在继续采用雕版印刷术以外，还采用石印等新式印刷术，但是在技术革新方面远不如新兴的民营出版机构那样积极主动，缺少创新意识和内在发展机制，在组织方式上并没有大的改变，它们一般是家族式经营，规模较小，出书内容仍主要是传统典籍。虽然旧式的坊刻一直延续到 20 世纪中期，但是并没有从中演化出中国的现

---

① 张秀民：《中国印刷史》，上海：上海人民出版社，1989 年，550、554、556、557 页。

代出版企业[①]。以扫叶山房为例，它是中国存在时间最长的一家出版企业，它创立于明朝万历年间，直到 1955 年出版业公私合营结束，有三四百年历史。但是其资本一直有限，到 1930 年，资本额仅为12,000 元，出书范围也不脱传统的经史子集。而同期商务印书馆的资本额为 500 万元[②]。

第二节　现代出版业主体的兴起

一、外国人在华出版机构的创立和发展

1704 年，罗马教皇格勒门十一（Clement XI）禁止中国天主教徒遵从敬天、祭孔、祀祖的传统习俗，遭到康熙皇帝严词拒绝。雍正时期，清政府开始明令禁教。乾隆二十二年（1757）清政府厉行闭关政策，只允许在广州一处进行对外贸易。

1807 年（清嘉庆十二年），英国伦敦会派遣马礼逊（Robert Morison，1782～1834 年）来到广州，马礼逊是基督教新教来华传教的第一人。为了传教的方便，借助出版作为宣传工具。由于清政府严格禁止传教，并且制定了严酷的惩罚措施，如对传教者处以死刑，对入教者发配边疆等，这使得包括马礼逊在内的西方

---

① 刘洪权：《民国时期古籍出版研究》，北京大学博士学位论文，2003 年。

② 庄俞：《三十五年来之商务印书馆》，高崧等编选：《商务印书馆九十五年》，北京：商务印书馆，1992 年，750 页。

传教士最初只能选择在广州、澳门和南洋一带的马六甲、雅加达等地进行对华人的传教和出版活动。1833 年，德国籍传教士郭实猎（Karl Friedrich August Gutzlaff）得到地方官的默许，在广州公开出版了第一份中文月刊《东西洋考每月统记传》。总的说来，鸦片战争以前，由于清政府实行闭关自守政策，并严厉禁止传教，致使外国传教士在华的传教和出版活动受到严格控制，影响较小。外国传教士在华传教和出版活动合法化是鸦片战争战败后缔结不平等条约的产物。

据不完全统计，19 世纪初以来，基督教新教在中国设立的出版印刷机构大约有 60 家①。以下是几家主要的基督教出版机构。

1843 年上海开埠后，英国基督教新教伦敦会在上海开办出版机构——墨海书馆（London Missionary Society Mission Press），该馆约在 1843 年底至 1844 年成立，于 1877 年②停办。这是中国"第一个新式书刊出版印刷机构"③。墨海书馆除出版宗教图书以外，还编译西方科技图书，并出版《六合丛谈》月刊。墨海书馆在 1844～1860 年间出版了 171 种书籍，既采用机器印刷《圣经》等，也用中国传统的雕版印刷术刻印西方科技图书。中国出版史上著名的牛拉印刷车

---

① 范慕韩主编：《中国印刷近代史：初稿》，北京：印刷工业出版社，1995 年，71 页。

② 墨海书馆设立和停业时间均有不同说法。此处采用的时间系根据陈昌文博士论文中的考证。见陈昌文：《都市化进程中的上海出版业：1843～1949》，苏州大学博士论文，2002 年。

③ 王余光：《中国新图书出版业初探》，武汉：武汉大学出版社，1998 年，24 页。

床典故便发生在这里 ①。1860 年美华书馆迁来上海后，凭借更先进的印刷技术等优势，迅速发展，受其冲击，墨海书馆衰落下去。

美华书馆（American Presbyterian Mission Press）的前身是美国的基督教长老会书馆。1844 年，美国传教士柯尔将长老会书馆从美国迁到澳门，起名华花圣经书房 ②（The Chinese and American Holy Classic Book Establishment）。1845 年迁至宁波，1860 年迁到上海，改名美华书馆，该馆约于 1927 ~ 1928 年间停业，器材盘给商务印书馆。1845 ~ 1859 年，书馆的印刷产量为 121.7767 万册，5,776.2283 万页。在澳门期间，书馆最初只有两名印刷工人和一名排字工人，1895 年有工人 77 人，另有校对、店员、办工、勤杂工 19 人，共计 96 人。另有馆外装订工 30 人。到 1914 年，有雇员 200 余人 ③。美华书馆集编辑、印刷、发行于一体，印刷业务尤其突出，它不仅印刷本馆出版物，也承接馆外印刷业务，它在 1897 年度的印刷量为 45,000,000 页 ④。美华书馆为中国培养了一批精通现代出版印刷的业务人员，如鲍咸昌、高凤池等，他们后来参与创办了商务印书馆。美华书馆在积极引进和改良现代印刷

---

①　麦都思从国外运来一些印刷机器到墨海书馆，这些机器要靠电力运转，但当时上海没有电力，于是墨海书馆便用牛拖拉机器，这在当时中国知识界看来简直是奇闻。1858 年，浙江诗人孔融到墨海书馆拜访王韬时，见到了墨海书馆用牛拖拉机器印刷的情况，作《咏墨海书馆诗》："车翻墨海转轮圆，百种奇编宇内传；忙煞老牛浑未解，不耕禾陇种书田"。

②　华花圣经书房的名称有不同说法。参见范慕韩主编：《中国印刷近代史：初稿》，北京：印刷工业出版社，1995 年，76 ~ 77 页。

③　范慕韩主编：《中国印刷近代史：初稿》，北京：印刷工业出版社，1995 年，79、81 页。

④　方富荫译：《广学会年报》（第 11 次，1898 年）续，《出版史料》1992 年第 1 期。

技术方面，如姜别利（William Gamble）发明中文铅活字电镀（铸）法等，对于中国出版业现代化的贡献也是很大的。

西方传教士在中国设立的出版机构中出书量最大的是广学会（The Christian Literature Society for China），成立于 1887 年，它的前身是英、美传教士在广州创立的"实用知识传播会"和在上海设立的"同文书会"。广学会原来设有印刷部门，后来因为经营亏损于 1890 年停业，所有印刷业务由美华书馆承担。从此，广学会主要负责编辑发行业务。1898 年度，广学会的图书印数达到 181,249 册，页数达 37,000,000①。广学会的出版物一方面通过免费赠送的方式传播，另一方面，广学会的组织者更看重中国人愿意花钱购买他们的出版物。据当时广学会的年报（1898）报道，甲午战败和维新运动兴起使中国人对西学书籍产生了"史无前例的需求"：

> 各行各业对西学都有极大的需求——不仅是教育方面的书籍，地理、历史科学和旅行方面的书籍都需要，而在近五年里圣经出售额增加了一倍。麦要齐的《泰西新史》（普通版）5,000 本一出来，两星期里就卖去 4,000 本。这对每个人都能阅读的国家来说，这个数字不能算大，不过对一个只有十分之一的人能阅读的国家来说，而且这十分之一的人思想是非常保守的，这个数字可以证明这种变化算是前所未闻的，现有的那些印刷所忙得不可开交，一家印

---

① 方富荫译：《广学会年报》（第 11 次，1898 年）续，《出版史料》1992 年第 1 期。

刷所今年就定了十五吨纸张来印书，因此新的印刷所像雨后春笋那样建立了起来。书籍的装订工也远远跟不上工作的需要，虽然装订费增加了，装订工作还是大大落在后面。纸张的需要之大使它涨了价。①

该年报还指出，由于非法偷印非常严重，书籍的实际销量难以计算。与维新运动兴起后中国人对西学书籍的急剧增长相一致，广学会的销售收入在 1895 年后有很大的增长（见下表），从 1893 年的 800 余元，增加到 1898 年的 1.8 万多元。1898 年，光绪皇帝订购了 129 种西学图书，其中有 89 种是广学会出版物②。广学会比较畅销的图书有《自西徂东》《泰西新史揽要》《中东战纪本末》等，还发行《万国公报》等报刊。

表 2-4　广学会 1893 ～ 1898 年销售收入

年度	销售收入（元）
1893	817.97
1894	2,286.56
1895	2,119.22
1896	5,899.92
1897	12,146.97
1898	18,457.36

① 方富荫译：《广学会年报》（第 11 次，1898 年）续，《出版史料》1992 年第 1 期。

② 光绪订购的书目参见《广学会年报》（第 11 次，1898 年）附录，《出版史料》1992 年第 1 期。

资料来源：方富荫译：《广学会年报》（第 10 次，1897 年），《出版史料》1991 年第 2 期；《广学会年报》（第 11 次，1898 年）续，《出版史料》1992 年第 1 期。

天主教在中国的出版机构最著名的是上海土山湾印书馆。它的前身是巴黎耶稣会传教士在上海创建的孤儿院。19 世纪 50 年代，孤儿院教习包括雕版印刷在内的各种手艺。孤儿院几经搬迁，于 1864 年后迁到徐家汇土山湾，1870 年前后，因盘进一家外国人的印刷所才有了外文铅字和印刷机。在此之前，孤儿院印刷所采用的是雕版印刷术。在此之后，土山湾孤儿院购买中文字模，成立了铅印部，后来又陆续增添石印设备、制版照相设备和珂罗版印刷设备，其印刷技术在中国印刷业界居于领先水平。1875 年土山湾印书馆出书 180 种，1889 年出书 221 种[①]。

1870 年代以后，外国商人资本进入中国出版界，外国商人在中国创设报刊和出版印刷机构。最著名的代表是英国商人美查，他是《申报》的四个创办人之一，在《申报》成功以后，还创立了点石斋石印局、图书集成局等。

据统计，从 19 世纪 40 年代到 90 年代的时间里，外国人先后在中国创办中文和外文报刊 170 余种，约占当时中国全国报刊总数的95%[②]。

---

① 范慕韩主编：《中国印刷近代史·初稿》，北京：印刷工业出版社，1995 年，99 页。

② 张树栋、庞多益、郑如斯：《简明中华印刷通史》，桂林：广西师范大学出版社，2004 年，218 页。

怎么看待这些外国人在中国创办的出版机构呢？论其创立的目的，传教士办的出版机构固然有文化渗透、宗教宣传的初衷，但是从效果来看，传教士办的出版机构对中国出版业现代化进程是起了很大推动作用的。虽然教会出版机构的出版物以宗教性读物为主，但是就其影响而言，却是那些非宗教读物对中国人影响更大。它们在出版技术的引进、现代版权观念的宣传、西方科学文化知识传播等方面充当了先驱，并且为中国培养了具有现代出版理念、通晓现代出版技术的出版人才。而晚些时候出现的外国商人所办出版机构，它们极少有宗教色彩，十分注重商业利益，为了获取最大利润，在出版物内容和印刷技术上不断追求改进，它们在商业上的成功给中国人以刺激，它们的组织形式、经营方式等为中国人提供了示范，直接催生了中国民营出版机构的兴起。20世纪以后，随着中国民营出版机构的兴起，无论是外国教会出版机构还是外国商人办的出版机构，从整体上，它们的势力逐渐削弱。

二、民营出版机构的崛起

英国商人美查在创办《申报》获利之后，于1877年在上海创办点石斋印书局，采用石印术印刷图书，他印行的《康熙字典》成为当时的畅销书，获利丰厚，外商在中国创办新式出版企业在商业上的成功，给中国人很大的刺激，直接促使一批新式民营出版企业纷纷创办，如1882年在上海创办的同文书局，由徐润等集股创办，采用石印等新式出版技术，规模较大，有石印机12部，雇员500余人，出版物仍然以古籍为主，包括读者面比较广的旧式小说。

1895 年以后，中日《马关条约》的签订使外国人在中国办厂合法化，这样，清政府也就无法禁止中国人自己开办企业。随后，维新思潮涌动，社会对西学图书的需求急剧扩大。20 世纪初学制改革，废除科举制度以后，现代学校对新式教科书的需求为出版业带来了更大的商机。因此，19 世纪末 20 世纪初，中国民营出版机构纷纷创办。从戊戌变法到 1902 年，加入上海书业商会的私营出版机构就有 22 家。至 1911 年，上海民营的石印和铅印机构（包括报馆和书局兼营的印刷机构）在 150 户以上[①]。帝制时代结束，民国成立，也在很大程度鼓励了一批民营出版印刷业的创立。如著名的中华书局便宣布与中华民国同一天成立。

据上海市出版文献资料编辑所一项未完成的统计工作，民国期间存在过的"平装书"出版社达 8,000 多家[②]。1935 年据上海市教育局的调查，上海当时有书店 261 家[③]，并指出由于人力时间有限，其调查是有遗漏的。十余年的战争使出版业遭受重创，但是在 1948 年，上海书业公会会员单位仍有 635 家[④]。1948 年北平市书业公会共有会员 260 余户[⑤]。那么仅北京、上海两地，有出版机构 900 家左右，依

①　范慕韩主编：《中国印刷近代史：初稿》，北京：印刷工业出版社，1995 年，288 页。

②　汪家熔：《商务印书馆史及其他》，北京：中国书籍出版社，1998 年，380 页。

③　上海市教育局第四科通俗教育股编：《上海市书店调查》，1935 年 4 月，转引自陈昌文：《都市化进程中的上海出版业：1843～1949》，苏州大学博士学位论文，2002 年，104 页。

④　原放：《记上海市书业公会》，《出版史料》1987 年第 4 期。

⑤　《北京地区的书业公会》，《出版史料》1990 年第 2 期。

此推算，当时全国的出版机构当在千家以上。其中大部分是民营出版机构。民营出版机构的蓬勃兴起是 20 世纪出版机构数量增加的一个主要原因。民国时期三大出版机构如下：

中国现存最早的出版社商务印书馆成立于 1897 年，由夏瑞芳等 7 人合资创办的，他们都是亲友，当时的资金只有 3,750 元。诚如馆名"印书馆"，创立之初它是办印刷的。1898 年，商务印书馆请谢洪赉将英人所编印度读本翻译，加白话注解，名曰《华英初阶》《华英进阶》，出版后，"行销极广，利市三倍"[①]。1902 年，成立编译所，聘请张元济主持，着手编印新式教科书。1904 年，《最新小学国文教科书》第一册出版，"未及数月，行销至十余万册"[②]。此后，算术、历史、地理等科相继出版。商务印书馆出版教科书之后，至 1912 年之前，也有其他出版社欲投身教科书出版，如夏清贻发起的中国图书公司等，但都不敌商务印书馆终告失败。商务印书馆的资本额到 1922 年就已经达到 500 万元[③]。

1912 年与中华民国同一天成立的中华书局打破了商务印书馆垄断教科书市场的局面。主要创办人陆费逵于教育、出版方面颇有见地，曾在文明书局、商务印书馆编过教科书，同时又是同盟会会员。他洞察到民主革命的胜利及教科书必将大变革，一面在商务印书馆

---

① 蒋维乔：《创办初期之商务印书馆与中华书局》，张静庐辑注：《中国现代出版史料丁编》下卷，北京：中华书局，1959 年，395 页。

② 同上，396 页。

③ 庄俞：《三十五年来之商务印书馆》，高崧等编选：《商务印书馆九十五年》，北京：商务印书馆，1992 年，750 页。

编译所工作，一面私下里与朋友编辑全套新教科书。陆费逵领导的中华书局适时而发，中华民国一成立即抛出这套中华教科书，适应时代需要。不久，这套中华教科书在全国火爆热销："甚至到了日间摆出，未晚即售完，架上常无隔宿之书的地步"[①]。中华书局因教科书成功而进入出版领域，进而拓展业务范围，规模不断扩大，它发展到抗战前夕已经有员工 5,000 多名，资本 400 万，各地分局 40 多处，年营业额近 1,000 万元。

沈知方个人创办世界书局的时间是在 1917 年[②]，由于营业逐年增加，资金不够周转，1921 年夏，沈知方在朋友的帮助下将世界书局改组为股份有限公司，沈知方既是董事也是总经理，这时公司资本为 2.5 万元。经过十多年的发展，世界书局的资金由 2.5 万元陆续增加到抗战前 73 万元。各省大城市开设分局 30 多处，在苏州、杭州都设过编辑分所，职工人数最多时在一千人以上。

20 世纪上半期，比较重要的出版机构还有大东书局、开明书店、北新书局、现代书局等。

20 世纪初以后，民营出版机构成为现代出版业的主体，主要表现在：

（一）民营出版机构在数量上具有优势。

（二）民营出版机构在经济实力上占有优势。不少民营出版机构建立了现代出版企业制度（详见第七章），20 世纪 20 年代以后的中

---

① 《陆费伯鸿行年纪略》，俞筱尧、刘彦捷编：《陆费逵与中华书局》，北京：中华书局，2002 年，501 页。

② 《十年来的世界书局》，《世界杂志增刊：十年》，上海：世界书局，1931 年，302 页。

国最大的三家出版机构——商务印书馆、中华书局和世界书局都采用的是股份公司形式。现代企业制度使民营出版机构在制度上具有不断发展的活力，使生产规模扩大成为可能。

（三）20世纪初以来，民营出版机构作为主角，从各个方面积极推动着中国出版业现代化的前进。包括现代出版技术引进和改良，现代版权观念的确立，图书流通体系的现代化，同业组织的建立，降低书价从而使出版物更利于普及，新式教科书编制的改进等。以印刷技术为例，19世纪以来，中国传统的雕版印刷术与西方现代印刷技术比较起来，已经显得很落后，于是外国传教士在中国开始研究印刷术的改良，后来外国商人办的出版机构也掌握了现代印刷技术，但是这一时期官办的出版机构仍主要采用雕版印刷术，对于中国出版技术现代化少有贡献。19世纪，中国的现代印刷术几乎都掌握在外国人手中。但是20世纪初新式民营出版机构兴起以后，它们对现代印刷技术产生了内在需求，积极主动地引进通晓现代印刷技术的人才，从西方购入现代机器，根据现实的需求不断寻求改进，因而在20世纪30年代初出现了这样的情况："数十年间，印刷人才辈出，凡外国印刷之能事，国人今皆能自任之而有余，其技术之精者，直可与外来技师抗衡"[1]。

---

① 张静庐辑注：《中国近代出版史料初编》，北京：中华书局，1957年，276页。

第四章　图书流通体系的现代化

第一节　古代的图书流通体系

中国图书的起源时间，有不同的说法。王余光先生在《中国新图书出版业初探》中推断，我国在公元前 8 世纪以前就已经出现了最早的图书——简策，我国的出版事业的起源与图书的起源同时发生[①]。

最初的图书属于国家秘藏，由史官掌管，最初的读者只限于史官和王室近臣，鲜少在社会上流通，主要的传播方式是传抄和口耳相传。春秋末和战国时期，战争频繁使官书散入民间，学术思想空前活跃促使私人办学、私人著述活动兴起，这些都促使图书逐渐突破官府垄断，得以在社会上流通。这一时期私人藏书开始出现，也证明了图书已经在社会上流通。但从现有资料来看，汉代以前图书还没有作为商品进入市场进行买卖，图书的市场流通渠道还没有建立。

汉武帝创立太学，随着太学的发展，到公元元年前后，长安城南太学近旁出现了一种综合性贸易集市，因贸易地槐树成林，故称

----

① 王余光：《中国新图书出版业初探》，武汉：武汉大学出版社，1998 年，2 页。

"槐市"，每半月一次，商品包括书籍和乐器等，交易者是太学的学生[①]。这是最早反映书籍贸易的记载。扬雄（前53～公元18年）在他的《法言·吾子》中写道："好书而不要诸仲尼，书肆也。"这就意味着在他所处的年代，专营图书贸易的商店已经出现。书肆与槐市相比，商品性更强，更加专业化。在雕版印刷术发明之前，图书只能通过手抄的方式来复制，为了满足图书流通的需要，东汉出现了为人抄书的职业"佣书"。一些贫穷的读书人为了谋生，受雇于富人官僚或书肆，替他们抄书。

手抄本时代，由于图书的复本数量少，进入市场流通领域的图书量较小，图书营销的方式主要有：在都市里开设书肆，著作家创作了作品之后，书肆雇人抄写复本售卖，书肆既是生产图书（雇人传抄）的机构，也是出售图书的机构，自产自销；书贩长途贩卖书籍。

公元6～7世纪之交，中国人发明了雕版印刷术[②]。这使图书复制变得容易，图书数量大大增长，随着商品经济的发展，相当数量的图书得以进入市场流通。至五代时期，官刻、家刻、坊刻三大刻书系统逐渐形成，在所刻图书的商品性方面，书坊刻书以赢利为目的，所生产的图书具有完全的商品属性；官刻和家刻所生产的图书除一部分赐赠以外，其余也进入市场流通领域，而且进入市场流通领域的比例在宋元以后有较大的增长。

印本书时代，印刷术使图书可以批量生产，价格降低，由于经

---

① 《艺文类聚》卷八八引《三辅黄图·明堂》;《太平御览》孙星衍校定本。

② 雕版印刷术发明时间尚有争议。此处引自肖东发:《中国图书出版印刷史论》，北京:北京大学出版社，2001年，45页。

济文化的发展，市场对图书的需求也较写本书时代增多了，官刻、坊刻和家刻互相补充，共同发展，开拓出一个更大的图书市场。在这个网络中，刻书者往往兼营图书的出售，将图书运往各地的工作是由从事长途贩卖的书贩来进行的，还有人开设书肆专营图书销售，也有人在集市上摆摊设点销售书籍，还有人肩挑图书沿街流动叫卖图书。在图书流通网络中，图书的流向是由出版中心流向其他地区。明清两代，出版中心除北京以外，都集中在东南一带，如苏州、杭州、南京、建阳等地。在鸦片战争之前，中国已经形成以北京和东南出版中心为圆心，从东南到内地，从北京到全国的图书商业网。传统的各级教育系统：府州县学、社学、私塾是这个图书商业网的重要组成部分。另外，各地书院、寺庙系统也是其组成部分。

　　中国古代比较大的图书交易集市，反映了图书贸易的繁荣。北宋首都开封相国寺"殿前资圣门前皆书籍玩好图画"，"每月五次开放，百姓交易"。又据明嘉靖《建阳县志》记载，福建建阳书坊业繁荣，成为全国性的书籍商品批发中心之一，吸引了全国各地的书商前来购买，每月逢一、六就有一个专门售书的定期集市①。

　　前现代时期的图书发行渠道多种多样，官刻的一个主要发行渠道是政府行政渠道。中央政府通过各级行政部门发行官刻图书，各地方的学校、书院可以得到政府颁发的图书，此外，中央政府还常常将样书颁发到各地，令当地政府翻刻，并允许读书人和书商翻印传播。在政府行政渠道之外，还有以下发行渠道：固定店铺、集市、书摊、考

---

　　① 李瑞良：《中国古代图书流通史》，上海：上海人民出版社，2000年，357页。

市（即科举考试期间在考场外设棚售书）、书船、负贩、货担郎等各
种形式。图书发行方法主要有读者到发行地进行选购、发行者送书上
门等，明代民间信局发展起来以后，一些图书也通过信局发行。传统
的营销方式主要有：编写售书书目、出版者在书上加附广告性介绍文
字、请名人作序跋等。售书书目既有附刻于图书中的，也有单独印行
的。如清代藏书家兼刻书家黄丕烈曾在苏州开设滂喜斋书籍铺，销售
自己出版的书籍，为了推销宣传，他编印了《士礼居刊行书目》一册，
作为广告随处发送。《书目》上将其所刻卖的书籍 19 种，以刊行时间
为序，每种之下列此书的册数、书价和刻印年份。

　　在前现代时期，中国的图书出版业已形成了一个比较系统的发
行体系，与前现代时期的出版业规模、读者需求量相适应，"这个发
行体系能够有效地将大量的图书输送到它的需要者手中"①。明代曹溶
在《流通古书约》中介绍说，"挟资入贾肆，可立致数万卷"，反映
了当时市场上作为商品流通的图书数量之多。

第二节　图书流通体系现代化的前提：交通和邮政的现代化

　　图书市场的扩大在很大程度上受到交通运输等条件的影响。现
代交通和现代邮政的发展为建立现代图书发行体系创造了条件。在
中国现代化过程中，交通运输业的结构发生了一些变化，现代交通
运输业兴起，与传统交通运输业共同发展。

---

　　①　肖东发：《中国编辑出版史》，沈阳：辽宁教育出版社，1996 年，352 页。

　　水路和陆路网构成中国传统的运输网。但水路和陆路的运输费用是不一样的。据估计，靠大车、手推车、驮畜或搬运工运输的陆路运费（每吨英里）是帆船运费的二至五倍[①]。所以商品市场很容易扩大到那些水路交通发达的地区，而在那些没有水路交通的地区，货物的流通既慢又贵。

　　中国的第一条铁路是外国人修筑的，开通于1876年，长15公里，从吴淞到上海，但清政府当时很仇视这种新事物，花钱买过来然后拆毁了。到1894年，中国仅铺设了364公里轨道[②]。甲午战败后，清政府认识到修建铁路有助于抵御外来侵略，并且当时，外国列强为了加强对中国的政治和经济渗透，纷纷借款帮助中国政府修建铁路，于是从1895年至1911年形成了中国铁路建设的第一次高潮，共修建铁路里程9,253公里。各时期修建铁路里程[③]如下：

1912年以前	9,618公里
1912～1927年	3,422.38公里
1928～1937年	7,895.66公里
1938～1945年	3,909.38公里
总计	24,845.52公里

中国铁路货运量在1911年前不足10亿吨公里，1936年增加到

---

　　① ［美］费正清（John King Fairbank）编，中国社会科学院历史研究所编译室译：《剑桥中国晚清史：1800～1911年》下册，北京：中国社会科学出版社，1993年，56页。

　　② ［美］费正清（John King Fairbank）编，杨品泉等译：《剑桥中华民国史：1912～1949年》上卷，北京：中国社会科学出版社，1994年，109页。

　　③ 同上。

178 亿吨公里。

在节约运输费用方面，新式运输工具和传统运输工具的比较如下（分 / 吨公里）：帆船，2 ～ 12 分；轮船和汽艇，2 ～ 15 分；铁路，3.2 ～ 17 分；大车，5 ～ 16.5 分；独轮车，10 ～ 14 分；驴、骡和马，13.3 ～ 25 分；人力搬运，14 ～ 50 分[1]。除帆船（受水路条件限制）运费较省以外，其他传统运输工具的运费都较新式运输工具昂贵。例如，把一吨棉花运送 750 英里的费用，用人力运输的花费是铁路运输的 7 倍，而且人力要用 50 天，铁路只需 2 天，不仅费用节省 6 倍，还可以节省 48 天的时间[2]。

晚清民国时期修建起来的铁路，在地区上很不平衡，主要集中在东北、华北和华东，富饶的四川、广大的西部地区没有铁路，人口绸密的华南铁路里程也相对比较少。

新式公路的发展比铁路更晚，1912 年中国还不存在适于行驶机动车的道路。到 1937 年 7 月以前，中国建成了约 116,000 公里。[3]

轮船运输业是随着开埠通商发展起来的。港口之间的贸易在 19 世纪 90 年代就已经基本上采用轮船运输，主要是外国轮船。而内河帆船在中国许多河流上，作为重要的运输工具，继续进行着大部分内

---

① ［美］费正清（John King Fairbank）编，杨品泉等译：《剑桥中华民国史：1912 ～ 1949 年》上卷，北京：中国社会科学出版社，1994 年，107 页。

② 同上，106 ～ 107 页引文。

③ 中国情报部：《中国手册：1937 ～ 1945 年》，217 页，转引自［美］费正清（John King Fairbank）编，杨品泉等译：《剑桥中华民国史：1912 ～ 1949 年》上卷，北京：中国社会科学出版社，1994 年，114 页。

地贸易。据海关统计，1864～1903年间，往来的帆船每年以6.3%的速度增长，1904～1914年间，增长速度减慢，年增长率只有2.4%，到1914～1930年，往来的帆船以每年4.4%的速率递减①。

我国第一家民用航空公司始建于1929年，到1935年时三家航空公司设立了10条通达全国的航线，通航里程超过1,680,000英里（合2,703,624公里）②。

尽管现代的交通运输工具从无到有，取得了较大的发展，但是，我们不能否认的是，传统的交通运输工具仍然在相当长时间内特别是在某些地域发挥着重要的作用。1936年，中国旧式运输业的净收入为7.26亿元，新式运输业净收入为3.16亿元，旧式运输业收入是新式运输业的2.3倍。

虽然，直到1949年，中国的现代交通运输业都只取得了有限的发展，但是现代交通工具的出现和交通运输网络的扩大，使货物的运输更为便宜迅速，从而为开拓更为广大的市场提供了条件。

在中国，传统的驿站之间传递的是官方公文，而不用来传递书报刊。明代民间信局发展起来以后，也用来寄送图书，但它在发行体系中占的地位并不重要。英国在17世纪80年代就建立起全国邮政系统，使读者可以方便快捷地通过邮局订阅书报③。现代

① 侯继明：《外国投资和中国的经济发展：1840～1937》，171页，转引自刘佛丁、王玉茹：《中国近代的市场发育与经济增长》，北京：高等教育出版社，1996年，80页。

② 郑友揆：《中国的对外贸易和工业发展》，39页，转引自刘佛丁、王玉茹：《中国近代的市场发育与经济增长》，北京：高等教育出版社，1996年，82页。

③ 李斌：《18世纪英国民众众阅读的兴起》，《历史教学》2004年第7期。

邮政的发展，对于开拓图书市场，建立广泛的图书流通网络具有重要的意义。

鸦片战争以前，官办驿站和民信局是中国传统的两大通信机构，分别传递官方公文和民间信件。鸦片战争以后，西方列强在通商口岸等城市设立邮局，这些邮局被称为"客邮"，它们各用本国邮票，按各自国家邮政章程从事邮政业务，后来这种"客邮"从沿海深入到中国内地。最早创办的中国现代邮政，是由海关代管的。1866年，清政府开始试办邮政，北京、上海、镇江、天津海关先后成立邮务办事处，第二年，海关公布了邮政通信的收费标准和发送邮件的时间表，主要递送外国使馆文件和海关信件，后来邮政的经营范围逐渐扩大。1878年，李鸿章在天津、北京、烟台、牛庄、上海五处，效仿西方，试办邮政，也交由海关管理。海关于1878年发行了中国历史上第一套邮票——大龙邮票，面值有一分、三分、五分三种。到1896年，全国24处设有海关的地方都基本上开办了海关邮局。1896年，清政府正式办理国家邮政，委任海关总税务司赫德（英国人）兼任总邮政司，管理邮政，把全国分为35个邮界，邮界各有一个总局，统辖管理界内分局及代办处业务[①]。晚清时期邮政基本业务为寄递邮件，邮局规定凡信函、明信片、新闻纸、书籍、印刷品、贸易契等皆属于邮件。现代邮政自晚清开办以来，在民国获得了进一步的发展。1901年，全国邮政机构只有176家，1911年增加到6,201家，1936年，全国增加到72,690家。1901年收寄邮件1,050万件，

---

① 陈纲：《近代中国邮政述略》，《历史档案》2004年第1期。

1911年为4.2亿多件[①]，1936年收寄函件8.8亿件[②]，收寄包裹910万件，1947年收寄邮件10亿多件，包裹260万件[③]。

随着现代交通工具的发展，洋纸和现代印刷工具从国外输入中国，从沿海运输到内地出版中心，现代交通还把出版中心与各级市场更好地连接在一起，从而促使商品输出和输入增加。现代邮政的发展促使邮购这种发行方式普及开来，使读者可以方便地订阅书报，书籍得以传递到邮政网络所覆盖的广大区域，包括没有开设书店的乡村。现代交通和现代邮政的迅速发展，大大提高了交通联络的速度和效率，在1901至1910年间，信件、报纸和杂志的流通增长了25倍[④]。

第三节　全国性图书发行网络的建立

鸦片战争以后，尤其是19世纪70年代以后，中国开始了经济现代化的过程。在外来因素的影响和刺激下，中国的传统经济向现代经济转化，通商口岸城市市场成为进出自由的竞争性市场。19世纪末已经基本上建立起一个以上海等通商城市为中心到内地和农村

---

①　陈纲：《近代中国邮政述略》，《历史档案》2004年第1期。

②　顾联瑜：《总结百年邮政史，探索中国邮政发展规律》，《邮政研究》1996年第1期。

③　陈纲：《近代中国邮政述略》，《历史档案》2004年第1期。

④　［美］芮玛丽（M.C. Wright）：《时代变换的高潮》，见 *China in Revolution*，30页，转引自［法］戴仁（Jean-Pierre Drege）著，李桐实译：《上海商务印书馆：1897～1949》，北京：商务印书馆，1996年，7页。

的商业网。但是，统一的资本主义国内市场，直到 1949 年仍处在形成之中 ①。

现代印刷技术的发展使得图书的生产能力大大增强，为了尽可能多地销售图书以获得利润的最大化，现代出版家积极开拓全国性图书发行网络，积极寻求和运用新的营销手段。当时已经有所发展的现代交通和邮政事业为图书市场的开拓提供了便利。

在本章第一节已经述及，传统出版业的营销手段比较简单。现代出版业的营销手段复杂多样，包括门市零售、批发、设立分支馆分销、特约经销、寄售、邮购、预订、图书俱乐部、刊登广告书评促销、打折促销等，它们互相补充，能够有效地开拓图书市场。

在引进新的营销手段方面，外国商人、传教士在中国办出版业的同时，也将发达国家的出版营销手段带到中国，中国民营出版机构随后仿效，但是官办的出版机构在这方面缺少积极性。如傅兰雅在《江南制造总局翻译西书事略》（1880 年）中谈到，对于江南制造局翻译馆这个中国官办的最大的翻译出版机构来说，交通邮政等条件上的落后以及营销手段上的守旧，严重限制了其图书的销量。它的出版物主要在江南制造局、格致书室和美华书馆销售。出版者并没有积极主动地做宣传和分销。江南制造局翻译馆自 1871 年正式出书到 1879 年 6 月底，共销售图书 31,111 部，83,454 册 ②。"其数虽多，然中国人数尤多，若以书数与人数相较，奚啻天壤。惟中国邮递之

---

① 刘佛丁主编：《中国近代经济发展史》，北京：高等教育出版社，1999 年，283 页。

② ［英］傅兰雅：《江南制造总局翻译西书事略》，张静庐辑注：《中国近代出版史料初编》，北京：中华书局，1957 年，23 页。

法，尚无定章，而国家尚未安设信局，又未布置铁路，则远处不便购买。且未出示声明，又未分传寄售，则内地无由闻知，故所售之书尚为甚少。若有以上各法，则销售者必多数十倍也。"① 为了帮助读者解决购买江南制造局出版物难的问题，傅兰雅在其所编的期刊《格致汇编》上声明：

> 凡上海工部书信馆所能邮递之埠镇如北京、天津、牛庄、烟台、汉口、武昌、九江、南京、镇江、安庆、宜昌、重庆、苏州、杭州、宁波、温州、福州、厦门、香港、汕头、广州等处，欲购书者，本馆② 皆可代买送上，不取水脚。惟须先将书价寄来，庶不致误。或将钱先交于该处代售《格致汇编》西人，托其寄函来亦可。③

上面提到的代售《格致汇编》之西人，大多数应该是西方来华传教士，在这样一种发行网络中，分布在中国各地的传教士起了关键性的作用，通过他们代销和代购图书，在中国交通邮政都不够发达的时代，这种营销手段对于提高出版物的销量发挥了有限的作用。成立于 1887 年的广学会也采用了类似的方式。

---

① ［英］傅兰雅：《江南制造总局翻译西书事略》，张静庐辑注：《中国近代出版史料初编》，北京：中华书局，1957 年，24 页。

② 据上下文，应为江南制造总局翻译馆。

③ ［英］傅兰雅：《江南制造总局翻译西书事略》，《格致汇编》，［1880 年］，第 5～8 卷。

《申报》创办半年后即 1873 年初，就在杭州设立了第一个分销处，以后又在宁波、苏州、南京、扬州、北京、天津等城市设立了分销处，到 1881 年 2 月，共设 17 处，每天销数从 600 份增加到 2,000 份左右。到 1887 年又增加了 15 处分销处，销量达七八千份。到 1907 年，又在桂林、哈尔滨、海参崴及日、英、法等城市和国家设分销处，每天销数增加到万余份[①]。建立分销机构成为报纸扩大销量的重要渠道，1896 年出版的《时务报》在 9 个省的 19 个城市建有分销机构，后来这些分销机构的数量增加到 67 个，遍布 15 个省，并且在东南亚和日本也建立了分销机构，影响及于当地的华人。《时务报》在最盛时销量达到万余份[②]。

1877 年，美查在上海创办点石斋印书局（又名点石斋石印局、点石斋书局），属于申报馆，但独立经营，点石斋印书局在北京、杭州、重庆、汉口等城市设有批发销售店铺，作为其分销出版物的机构。

1882 年创办的同文书局在 1883 年以后，在北京、广州、太原、南昌、长沙、汉口等地设立了分局。

"20 世纪初年以后，中国市场的一个重大变化是股份公司的兴起和大资本集团的出现。市场主体的这一新的情况，一方面使交易规模扩大，另一方面使交换的中间环节减少，因而从两个方面都降低了交易成本。"[③]中国现代出版业的发展也反映了这样的情况，股份公

---

① 徐载平、徐瑞芳：《清末四十年申报史料》，北京：新华出版社，1988 年，73 页。

② ［美］费正清（John King Fairbank）编，中国社会科学院历史研究所编译室译：《剑桥中国晚清史：1800 ～ 1911 年》下册，北京：中国社会科学出版社，1993 年，377 页。

③ 刘佛丁主编：《中国近代经济发展史》，北京：高等教育出版社，1999 年，168 页。

司纷纷涌现，商务印书馆等发展为有实力的大出版机构。图书大量
生产，大量贩卖，规模经济减少了市场的单位费用，自设分馆，产
销结合，减少了市场的中间环节，这样便从两方面都降低了图书交
易的成本。20 世纪上半期，在外地主要城市设立分支馆是比较有实
力的出版社开拓国内市场很重要的一种方式。分支馆的主要任务是
销售本社的出版物，以分支馆为中心，开拓周围地区的市场。1903 年，
总部设在上海的商务印书馆在汉口设立了第一个分馆。到 1906 年，
商务印书馆已经建立起汉口、长沙、北京、天津、福州、沈阳、开封、
潮州、安庆和重庆 10 个分馆，并以分馆为中心将图书发行到周围地
区，这样，它就在华北、东北、华中、东南、华南、西南等处的中
心城市建立了自己的发行网点。自设分馆是有效的营销方式，在清
朝的最后十年，商务印书馆与文明书局都是著名的教科书出版机构，
据 1906 年清学部第一次审定初等小学教科书暂用书目，共审定教科
书 102 册，其中商务印书馆发行的为 54 册，文明书局的为 30 册 ①，
二者合占全体的 82.35%，文明书局在出书品种上也不少，但是商务
印书馆在清末教科书市场上占有 80% 的份额 ②，文明书局望尘莫及，
可见这两家出版机构在图书营销上的差距。这固然可以从其他方面
寻找原因，但是两家出版机构在发行网点上的差距是其中重要的因
素。当商务印书馆在全国各处的中心城市设立多家分馆时，文明书

---

① 李泽彰:《三十五年来中国之出版业》，张静庐辑注:《中国现代出版史料丁编》下
卷，北京：中华书局，1959 年，384～385 页。

② 汪家熔:《旧时出版社成功诸因素》,《商务印书馆史及其他》，北京：中国书籍出
版社，1998 年，353 页。

局却只拥有上海的门市。至 1931 年，商务印书馆拥有包括香港、新加坡在内的分馆 26 处，支馆 4 处，支店 5 处，分支机构遍布北京、天津、南京、杭州、沈阳、兰州、广州、昆明等全国各大城市[①]。商务印书馆最大的竞争对手，成立于 1912 年的中华书局，到 1937 年上半年，自办分支局达到了 40 余处[②]。作为后起之秀的世界书局在 1922～1925 年大力发展分局，三年间它在汉口、长沙等城市共设立了分局 20 处[③]。出版社分支机构一般设立在交通方便的大中城市，边远且文化较不发达的新疆、西藏、青海、宁夏地区则很少设立，所以这些地区的图书市场开发得很有限。

　　邮政网络也成为重要的发行渠道。邮购在一定程度上缓解了生活在大城市以外的读者购书难的问题。读者在买不到某种书的情况下，写信汇款给该书的出版者，出版者收到来信和订单后，将书邮寄给读者。在出版系统自身的发行网络还很弱小的情况下，邮政网络在很大程度上担当了发行图书的重任。只要邮政网络覆盖到哪里，图书市场就可以扩大到哪里，这样，邮购就为出版者开拓了市场，尤其是那些购书不方便的地区。1949 年前，将邮购发行业务开展得最好的要数生活书店。生活周刊社在 1930 年设置书报代办部，为读者办理邮购书刊报纸。生活周刊社的这个书报代办部后来

---

　　① 庄俞：《三十五年来之商务印书馆》，高崧等编选：《商务印书馆九十五年》，北京：商务印书馆，1992 年，748 页。

　　② 俞筱尧：《陆费伯鸿与中华书局》，俞筱尧、刘彦捷编：《陆费逵与中华书局》，北京：中华书局，2002 年，228 页。

　　③ 《十年来之世界书局》，《世界杂志增刊：十年》，上海：世界书局，1931 年，303 页。

发展成为生活书店（1932 年成立）。为方便读者买书，生活书店提出"好书皆备，备书皆好"，做到"除了诲淫诲盗和含有毒素的以外，全国各种书刊都为读者代办"。为便利图书馆、学校及读者购书，生活书店请平心编辑可供书目《生活全国总书目》，此举在中国出版史上具有开创性意义。生活书店的邮购业务范围很大，客户不仅可以邮购生活书店出版的书报，也可以托生活书店代办其他书局出版的书报，生活书店代办书刊只照各书局实际售价的九五折或九折优待读者，不另收手续费。生活书店还首创了全国十大银行免费汇款办法，读者只要向这些银行填写一张购书单并把钱交给银行汇出，便可以委托生活书店邮购科订购书刊，不需要向银行缴纳汇费，手续很简单。到 1937 年"八一三"淞沪抗战爆发前，生活书店有邮购客户近 5 万，包括个人、图书馆、机关、团体等。生活书店的邮购业务有一套细致严密的管理体制，拆信登记、信钱分流签收、抄书单配书、开票、为余款结存的用户开往来清单、复信、打包寄出等都有专人负责，流水线作业，有条不紊。邮购科日营业额一般都能超过 500 元[①]。在生活书店，邮购发行、门市发行和批发发行成三足鼎立之势。

寄售代销。没有能力在某地建立专门的分馆来分销自己的出版物的出版社，可以选择在当地某家书店或别家出版机构在此地的分销机构寄销或代销自己的出版物。这种销售方式可以节省一大笔开分支机构的开支，但是各分销机构对于寄销的图书，一般都不特别卖力。成

---

① 武志勇:《韬奋经营管理方略》，北京：中央编译出版社，2000 年，263 页。

立于 1887 年的广学会（成立时名为同文书会，1894 年更名为广学会），
它发行出版物的主要渠道是美华书馆、申报馆等代销站[①]，上海、北京
门市部以及主要依靠散居各地的外国传教士在其他城市建立起来的门
市部。1899 年，广学会在年报里列出的主要门市部有 35 处[②]，分布在
中国的各主要城市，还有一处设在朝鲜。商务印书馆、中华书局等大
型出版机构开设在外地的分支机构，不独销售总部的出版物，为了增
加营业，它们也接受其他出版机构的出版物，在本处寄销。为了加强
本版图书的销售力量，20 世纪 30 年代初，商务印书馆、中华书局先
后登报，停止外版书的寄销业务[③]。不久，上海专门的寄销书店——作
者书社创立，专代私人出版物任推销之责[④]。

特约经销。商务印书馆在没有分支馆的地方有一部分特约户，
按 1918 年的办法[⑤]，特约户销售商务印书馆出版物可以与其他零售商
一样获得 10% ～ 20% 的回佣，此外，特约户的营业额超过 3,000 元
/ 年，还可以获得至少每百元 4 元的津贴，多卖多得津贴，但是特
约户不得销售其他出版机构的出版物。开明书店的实力不如商务印
书馆、中华书局，只在广州、南京、武汉、北平等城市设立了网点，
为了弥补发行网点的不足，开明书店在没有设分店的城市，委托一

---

① 《广学会年报》（第 10 次，1897 年），《出版史料》1991 年第 2 期。

② 《广学会年报》（第 12 次，1899 年），《出版史料》1992 年第 2 期。

③ 分别见《申报》1930 年 6 月 11 日和 1930 年 7 月 9 日广告。

④ 从 1932 年 10 月起的三四年时间里，作者书社所寄销的出版物广告，在《申报》
上多次刊登。

⑤ 1918 年商务印书馆公布的《优待同业新章》《特约户之办法》，转引自汪家熔：《商
务印书馆史及其他》，北京：中国书籍出版社，1998 年，372 ～ 373 页。

家有实力、有信誉的民营书店代为经营开明书籍，给该书店优惠的批发折扣，签订合同，收取一定的保证金，这种方式能有效地打开图书市场。

预订是指在图书或报刊未正式出版之前，出版者先期向读者收款，待出版后再根据订单发货。预订的办法主要用于报刊和大部图书。几乎不论何种内容的大部图书都可以采用预订方式。出版大部图书市场风险最大，资金投入多，首印多少难以把握，如果事先发售预约，用优惠的价格吸引读者先期付款，将这些书款用作图书生产，可减轻资金周转的压力，而且根据读者预订数可以更好地把握市场需求，确定印数，不至于因多印大量积压或少印失去市场。预订方式是借读者的钱来生产，要吸引读者解囊，主要的办法就是在价格上让利。商务印书馆 1929 年开始出版的《万有文库》第一集，在预约期预订者，只需交纳 360 元[1]，在期限之后则售实洋 480 元，二者的差价是 120 元。中华书局 1935 年开始出版的《古今图书集成》，全书定价 800 元，预约价一次付清者 400 元，分八次付清者440 元，一次付清的预约价仅为图书定价的一半，其折扣甚至比当时批发折扣还要低。大部书预约一般都刊登广告，以争取尽可能多的读者。

读者俱乐部。广学会从 1916 年起发展了一种会员制度[2]，凡入会者每年交纳会费五元，一次性交纳会费 50 元可成为终身会员，这些

---

① 《申报》1929 年 7 月 14 日。

② 江文汉：《广学会是怎样的一个机构》下，《出版史料》1990 年第 4 期。

会员可以从广学会免费收到年内出版的各种书刊。这种制度以极大的优惠吸引了众多读者，会员从最初的几百人发展到一千三四百人，由于广学会是一家由外国传教士主持的出版机构，入会者以教会中人为多。20世纪20年代末至30年代，中国的一些民营出版机构为了扩大市场，也设立了这种读者俱乐部之类的组织，大力吸收会员。1939年生活书店在徐伯昕倡议下成立读者顾问部。读者顾问部有三大工作，一是：每两三个月向读者提供"生活推荐书"一两册。这正如邹韬奋所说在中国出版界是"创举"，加入生活书店读者顾问部的读者，只须每年交"生活推荐书"预约金5元，读者全年就可以阅读"生活推荐书"至少6册，《读书月报》（它介绍出版界的情形、读书的基本知识和其他一些问题）12册，价值总额至少在十元以上。此外，还可以享受购买生活书店出版的杂志九折优惠的待遇①。生活书店的读者顾问部具有现代图书俱乐部的性质。读者顾问部不仅帮助读者选择推荐读物，还使读者节省了不少购书费，进而对于读者多买书也起到了鼓励作用，加入读者顾问部的读者每年有不低于五元钱的图书消费，这样做的一个结果必然是有效地开拓了生活书店的图书市场。建立了类似的读者俱乐部的书局书店还有：泰东图书局、光华书局、现代书局、神州国光社、儿童书局、新月书店、上海联合书店、少年书局、中国读者服务社等。

书评和广告促销。现代书评以报纸杂志为传播媒介。从世界范

---

① 韬奋：《本店设立读者顾问部的重要意义》，《店务通讯》（重庆）第47号，1939年5月13日，徐诚、王一方编，邹韬奋著：《韬奋：我的出版主张》，南宁：广西教育出版社，1999年，127页。

围来看，书评作为杂志的伴生物，出现在 17 世纪 60 年代。1665 年
1 月 5 日法国的《学者杂志》（*Journal des Savants*）在巴黎创刊，它
首次刊登了简要的描述性书评，报道出版界的最新图书。这是书评
之始。18 世纪书评扩展到报纸媒介上。中国现代书评是在 19 世纪中
叶，伴随着现代图书出版业的发展和现代报刊的发展而出现的。最
早见于 1857 年美国人伟烈亚力在上海创办的中文期刊《六合丛谈》
（月刊）。英国人韦廉达在该刊第一期发表《约书说略》，介绍教会读
物。20 世纪初出现了专门以评论图书为办刊方针的书评期刊，主要
发表书评，兼及其他有关读书生活的辅助材料。中国最早的两种书
评周刊很可能是 1910 年 7 月创刊的《图书汇报》（商务印书馆创办）
和 1915 年 2 月创刊的《图书月刊》（中华书局创办）[1]。据不完全统计，
中国 1949 年前创办的书评期刊合计 82 种，其中 30 年代就创办了
41 种，40 年代办了 35 种[2]，20 世纪三四十年代是现代书评发展迅速
的时期。中国的现代书评除继承中国传统的序跋式书评以外，还引
入西方批评理论和方法，论文式书评得到了迅速的发展。被评图书
以政治性和文艺性图书为主，涌现了胡适、鲁迅、萧乾、刘西渭（即
李健吾）等一大批书评家，他们创作了一大批书评作品。书评研究
随之出现，出版了《书评研究》等书评理论专著及一些书评理论文
章。现代书评业的发展扩大了被评图书的影响和传播范围，从而对
于扩大图书市场有重要的作用。因为图书营销的一个重要理念就是：

---

① 孟昭晋：《中国近代书评源流初探》，《书评的学问》，沈阳：辽宁人民出版社，
1991 年，20 页。

② 同上。

不论是批评还是表扬，只要能争取被谈到，被大众注意到，哪怕是"一场大屠杀，也能发一次财"①。

中国古代的出版商曾利用书中的牌记、题识、刻书目录等手段来招徕读者，这些手段可视为早期的书业广告②，但是传播效果并不大，这种营销方式在古代出版业中采用得并不多。只有在报刊等大众传播媒介出现以后，书业广告才迅速发展起来。现代出版企业为了开拓新的市场，它们积极地运用新兴的大众传播媒介来刊登广告，发布书业信息，加速了中国书业广告的现代化进程。20世纪初叶以后，书业广告大量出现，它是与中国民营出版机构力量的壮大联系在一起的。《申报》等发行量大的报纸成为出版机构刊登广告的首选，不仅大的出版机构长期刊登书业广告，中小出版机构也不定期地利用书业广告来推销本社出版物。新书出版、发售预约、廉价售书，甚至攻击同业与回应同业的攻击等信息都通过广告刊布。

为了有效地推销图书，出版机构面向贩卖同行，约定了制度明确批发折扣，并给予回佣，销售业绩越佳，回佣越多。面向读者，出版机构则争相用更低的折扣，附加赠送品甚至用抽奖等方式来争取读者，还利用读者信息资源，给读者寄发图书目录，有的出版机构还设立了专门的调查机构，进行有组织的图书市场调查工作，尤

---

① ［法］罗·埃斯卡皮著，王美华、于沛译：《文学社会学》，合肥：安徽文艺出版社，1987年，94页。

② 王余光主编：《中国出版通史：民国卷》，中国书籍出版社，2008年。

其关注教育市场的动态①。由于市场是自由竞争的，现代出版业在营销上显示出极大的热情和创造性。

第四节　图书价格和销量的变化

这一节的主要目的是考察现代图书发行体系中的图书价格和图书发行量。

一、图书价格

（一）统一图书定价制度的形成

传统出版业并没有把书价标明在图书上的制度，保存至今的大部分古代出版物没有标明价格，1147 年刻印的《小畜集》30 卷共 8 册，书前题记载："见成出卖，每部价钱伍贯文省。"这是较早在图书中标明定价的。但是这并没有成为一种制度，此后，那些在图书上标明价格的，有的写在书前或书后的题记里，有的刻在书后，有的在书前扉页或封面上盖上印章载明书价，也有在单独印制的发行书目中标明书价的，等等。但从留存至今的大量古籍来看，在大多数图书上我们都看不到有关本书价格的信息。由于图书没有标明定价，读者购书时可以与卖主讨价还价，发行方可以视读者贫富程度、

①　商务印书馆设有调查股，经常进行全国学校和教育界动态的调查研究和纪录。据张静庐：《出版杂记：商务印书馆六十年》，《文汇报》1957 年 1 月 19 日，第 3 版。

需要的迫切程度、库存多寡等情况随意改变售价。例如在图书存货较少的情况下可能涨价 ①。这样，就造成同一种图书在不同情况下售价涨落很大。

19 世纪初，西方传教士东来，他们出版书籍，赢利并非其主要目的，而且最初因为文化差异，外国传教士出版的书籍，并不为中国读者所看重。所以西方传教士为了广为传播他们的书籍，曾通过免费赠送的方式来发行图书。但是，他们也很看重通过销售来发行图书。为了宣传和推销他们出版的图书，他们在新式报刊上刊载标明书价的售书目录，并指示读者购买途径。

新式报刊兴起也为图书定价制度的确立起到了推动作用。19 世纪中后期以来，新式报刊兴起，报刊标明统一定价成为一种需要。在新式报刊的影响下，图书开始有固定的价格，最初书价标明在书店的销售目录上，或标明在发行书目中，后来则直接标明在图书上。

1872 年创办的《申报》，在创刊号上就向读者声明售价：到报馆买，售价 6 文 / 张；在上海各零售店，售价是 8 文 / 张；外地发卖，10 文 / 张 ②。

申报馆兼营图书出版，为了宣传推销自己的图书，申报馆经常在《申报》上刊载售书广告并附标有价格的售书目录。申报馆还推行图书的全国统一售价制度，禁止外地代售机构私自加价。1877 年，《申报》上刊登了这样一则广告：

---

① 刘大军：《中国古代图书发行体系及其在近代的剧变》，北京大学硕士学位论文，1994 年，9 页。

② 《申报》1872 年创刊号。

　　启者：本馆所排书籍，俱各精雅可喜，除在上海发售外，其余各外埠即由卖《申报》人经手。如蒙诸君子欲购阅者，祈惠顾可也。所有外埠之书价与在上海一律。如经手人或有私自加价等情，祈买客信知本馆，以便查究。兹特将各书实价附列如左：[①]

　　（书目略）

　　随着图书流通量的增加，为了将可供图书信息及时传达给读者，出版社越来越多地采用在报刊上刊登图书广告或单独发行售书目录等形式售卖图书，外地读者还可以通过邮寄的方式购买图书。这样，事先告知读者价格变得非常重要。书价除刊载在报刊广告上，还印有单独发行的售书目录，或贴在书店墙壁上的售书目录上，后来才直接标明在书上。但是在实际销售中，却并不完全按统一定价出售，这主要是因为中国幅员辽阔，交通不便，运输成本高，所以不同地区，获得图书因为运输等成本不一，存在着差价。直到1936年4月4日，教育部向全国颁布《教科图书及其他图书划一出售办法》，规定所有图书一律标明定价，照定价发售。这以后图书标明定价并按定价发售的方法才通行开来。

　　（二）书价的变化

　　在雕版印刷术发明之前，图书贸易所贩卖的是图书写本，据南

---

① 《申报》1877年7月6日。

宋叶梦得《石林燕语》："唐以前，凡书籍写本，未有模印之法，人以藏书为贵"，可见，唐以前的图书售价比较贵。

明清时期是中国传统出版业最发达的时期，图书交易频繁，图书售卖价格已经形成一套规律，明胡应麟在《少室山房笔丛》中写道："凡书之直之等差，视其本，视其刻，视其纸，视其装，视其刷，视其缓急，视其有无。本视其抄刻，抄视其正伪，缓急视其时、又视其用，远近视其代、又视其方。合此七者参伍而错综之，天下之书之直这等定矣。"据此，影响图书定价的因素大致有以下几类[①]：一类是物质工本上的因素，如雕刻、手抄、用纸等；一类是形式上的因素，如精粗、美恶、工拙等；一类是内容上的因素，如正伪、时代的远近等，还有一类为发行上的因素，如刻印地的远近、是否畅销、是否罕见、是否急用等。据袁逸《明代书籍价格考》，明代中后期，刻本书平均每卷售价为 1.8 钱，抄本书平均售价每卷 2.5 钱，比刻本书平均书价大约高三分之一。

清代留下来的书价史料比较多，一定程度上反映出官刻本、坊刻本书价的不同。据袁逸的研究，清代前期，如顺治、乾隆年间的书价较贵，19 世纪初以后，书价下跌，到 19 世纪末，已经普遍比较低。官刻不以赢利为目的，有政府财政作为后盾，书价稳定，基本上和纸张工料成本相当，如乾隆年间武英殿刻本《佩文韵府》1 部 95 册，售价分别是 11 两 6 钱 2 分 9 厘（台连纸）和 12 两 4 钱 6 分（竹纸），平均每册 1.3 钱银。坊刻本受市场影响，书价波动较大，乾隆前平均

---

① 　肖东发：《中国编辑出版史》，沈阳：辽宁教育出版社，1996 年，352 页。

每册 6 钱左右，此后书价不断下跌，嘉庆年间，黄丕烈在苏州开了一个书籍铺，并印有发行书目《士礼居刊行书目》，收录 19 种书籍，平均每册售 2 钱 5 分①。比乾隆时书价下跌两倍。嘉庆八年（1803），浮溪草堂刻《四书古今训释》19 卷 8 册，封面钤有"每部工价纹银六钱"字样，每册为 7.5 分银。1830 年，李瑶在杭州用泥活字印《南疆绎史勘本》30 卷 16 册，封面钤有"每部总价纹银拾陆两"字样，每册 1.6 两银，比雕版刻本高出很多，这是因为泥活字印刷成本高的原因。

乾隆三十八年（1773）书价是每册 6 钱银，当时米价每石约银 1 两 5 钱，那么，一册书价约相当 48 斤米。19 世纪前 25 年，书价回落以后，书价每册约 0.43 两银，合 34.4 斤米（当时米价仍是 1.5 两银一石）②。1759 年，在和州州衙当差的门子、皂隶、伞轿夫等每年工资都是 6 两银，只能买 10 册书。但是据张仲礼的研究③，占中国人口约 2% 的中国绅士阶层（具有生员资格以上的士人，包括其家庭成员），各种收入是比较可观的，购书应该不成问题。

以上所讨论的图书价格都是指当时出版业所出版售卖的图书的价格，至于前代写本刻本留传后代，因为奇货可居，文物价值较高，所以售价高昂，多为藏书家购买。

19 世纪以后，随着中国图书发行体系现代进程的开启，发行体系的现代化、印刷技术的现代化、市场竞争等因素，使书价总体水

---

① 袁逸：《清代的书籍交易及书价考》，《四川图书馆学报》1992 年第 1 期。

② 同上。

③ 张仲礼著，费成康、王寅通译：《中国绅士的收入》，上海：上海社会科学院出版社，2001 年。

平得以下降。1880 年点石斋印书局用石印术缩印的《康熙字典》，按 9∶1 的比例缩小，每一页上印六页，共 300 多页，初版印 4,000 部。点石斋出版的这部《康熙字典》售价为 1.7 元[①]，而 1889 年发表的《上海石印书业之发展》[②] 提到，当时木版大字本《康熙字典》一部要售 3 元至 15 元。

1872 年创办的《申报》，价格分几种：到报馆买，售价 6 文 / 张；在上海各零售店，售价是 8 文 / 张；外地发卖，10 文 / 张[③]。外地卖价之所以稍贵，是因为当时交通不便，运输成本高，当时中国还没有铁路，发往外埠的报纸，都由小轮船和民信局的脚划船递送。总的说来，《申报》的售价 6 ～ 10 文 / 张是比较便宜的。

根据宋莉华《明清时期说部书价述略》的研究，比较 1877 年《申报馆书目》和 1881 年《湖北官书局书目》，按两书目的小说类图书统计，前者每册书平均售价 5 分，后者平均每册书售价 1 钱，申报馆出版的小说比湖北官书局的便宜一半[④]。

下面通过考察 1880 ～ 1935 年编制的三个载有书价的书目：1880

---

① 见《申报》1880 年 4 月 14 日头版广告：《康熙字典》缩本出售。这个版本依据的原本是湖北官书局刻《康熙字典》。7 个月后，此版售完，点石斋印书局又据殿版《康熙字典》重新石印出版，有两种售价：订成一册的，每部 2 元；分装成 4 册的，每部 2.3 元。见《申报》1880 年 12 月 5 日头版广告：重印缩本《康熙字典》出售。

② 原载《北华捷报》1889 年 5 月 25 日，张静庐辑注：《中国出版史料补编》，北京：中华书局，1957 年，88 页。

③ 《申报》1872 年创刊号。

④ 宋莉华《明清时期说部书价述略》中的折算方法。载《复旦学报》（社会科学版）2002 年第 3 期。

年江南制造局译书目录、1896年梁启超编《西学书目表》、1935年《生活全国总书目》，我们可以看到不同时期图书发行体系中书价的水平。（表4-1）

　　据1880年傅兰雅编撰的《江南制造总局翻译西书事略》所附江南制造局翻译馆已出版书目，这个书目上载有98种已经发行的出版物，并列出了每种出版物所含册数及书价（少量图书没有列书价）。依据这个书目，我们可以统计出江南制造总局出版的图书当时的价格。这98种图书中，有4种连续出版物，有4种是地图，还有4种图书未标价，这12种图书不参与统计。参加统计的图书共86种、217册图书，平均每种书2.5册，平均每种书约596.9文钱，平均每册书价约为236.5文钱[①]。这是用连史纸印刷的书价，如果选用赛连纸印刷的图书，书价可以在前者的基础上打八折，那么，平均每种书约477.5文，平均每册书价大约是189.2文。这个书目反映了1880年江南制造局翻译馆书价的一般情况[②]。据《中国货币史》，1871～1880年每公石[③]合制钱2,991文[④]，米价约为10文/斤。那么购买一部江南制造局翻译馆的西学译书的花费（477.5文）可以买48斤米。通过对这个书目所载书价进行统计，我们可以大致看到1880

---

　　① ［英］傅兰雅：《江南制造总局翻译西书事略》，《格致汇编》，[1880年]，第5～8卷。

　　② 傅兰雅编的这个书目是一个当时的可供书目，傅兰雅还表示，《格致汇编》可以为读者代购这些图书，价格按书目所载，这表明这个书目反映了1880年初的书价。

　　③ 清代沿用明制，粮食用"石""斗""升""合"计算，以十进位，每石以营造库秤150斤换算。见谭文熙：《中国物价史》，武汉：湖北人民出版社，1994年，252页。

　　④ 彭信威：《中国货币史》，上海：上海人民出版社，1965年，588页。

年左右翻译图书的书价情况。

表 4–1　1880 ～ 1935 年的中国书价

统计年份	1880		1896		1935	
被统计的图书种数	86	142 种（用银计价）	125 种（用制计价）	17 种（用白计价）	物理学图书 101 种	中国现代长篇小说 248 种
被统计的图书册数	217	298	416	120	110	252
平均每种书的价格	596.9 文（连史纸）477.5 文（赛连纸）	0.52 元	483 文	1.26 两	1.21 元	0.62 元
平均每册书的价格	230.6 文（连史纸）189.2 文（赛连纸）	0.25 元	145 文	0.179 两	1.11 元	0.62 元
平均每种书包含册数	2.4	2.1	3.3	7.1	1.1	1.0
统计依据	傅兰雅：《江南制造总局翻译西书事略》梁启超：《西学书目表》		平心：《生活全国总书目》			

　　1896 年，梁启超为门人和弟弟编辑推荐书目《西学书目表》，共收录西学图书 352 种，为了方便读者购买，这部书目著录了所有单行本的价格。梁启超所列的书价接近于图书的售价，如江南制造局图书有原价和重减价两种，他所列的书价为重减价；家刻本及外国人自印本的价格，他据格致书室的售书单著录。《西学书目表》中，

书价所采用的货币形式有银元、铜钱和白银三种。其中，有 142 种、298 册图书采用银元作为货币，书价总和为洋银 74.52 元，平均每册书价约为 0.25 元，平均每种图书约 0.52 元；有 125 种、416 册图书采用铜钱作为货币，书价总和为制钱 60,340 文，平均每册书价约为 145 文，平均每种图书约 483 文；另有 17 种、120 册图书采用白银作为货币，书价总和为 21.43 两，平均每册书价约为 0.179 两，即 1 钱 7 分 9 厘，平均每种图书约 1.26 两[1]。1891～1900 年的米价是 3,449 文 / 公石[2]，约 11.5 文 / 斤，而《西学书目表》所列的平均书价为 483 文 / 种[3]，那么，在 19 世纪末，购买一部西学图书的花费约可以买 42 斤米。与 1880 年相比，书价变化不大。

1935 年，为便利图书馆及读者购书，生活书店请平心编辑《生活全国总书目》，收录中国出版界可供图书约 2 万种（包括儿童少年用书），详列各书的定价（少量禁售、售完、预告图书不标价）。我抽取其中两个子类（中国现代长篇小说和物理学）所包含的所有图书，进行书价统计。选择中国现代长篇小说类，是因为这个类能反映当时主要供消遣娱乐的小说的书价情况；选择物理学类，是因为这个类能反映当时一般学术图书的书价情况。物理学类目下有 104 种图书，标明价格的有 101 种，平均每种图书价格约为 1.22

---

① 据梁启超《西学书目表》统计。其中"报章"子目下的 6 种期刊不参加统计，图书册数和书价中任何一项记载不详的不参加统计。被统计的图书共 284 种，包括 834 册。平均每种书包括 3 册。梁启超：《西学书目表》，时务报馆，[1896 年]，3 页。

② 彭信威：《中国货币史》，上海：上海人民出版社，1965 年，588 页。

③ 取《西学书目表》中采用铜钱作为货币的图书的平均书价。

元[①]。中国现代长篇小说类下有251种图书[②]，标明价格的有248种，平均每种图书价格约为0.62元。物理学图书每种的价格大约是一部现代长篇小说价格的2倍。但是，应该指出，《生活全国总书目》列的是图书定价，并不一定是图书的实际销售价格。通常说来，实际售价可能只是定价的90%以下[③]。在《生活全国总书目》一书之末载有《生活书店通信购书简章》[④]，广告声明：读者邮购生活书店的出版物，实际花费是实价[⑤]打九折。委托生活书店代购其他出版机构的图书，也可在原出版机构门市售价的基础上再打九折。

学术著作要比一般图书价格贵，商务印书馆出版的《大学丛书》可以作为这一类的代表。1937年9月商务印书馆为《大学丛书》所登广告上载有各书的价格，其中文学院用书78册，理学院用书52册，

---

① 如果一种图书有多种价格（如一种书的平装本和精装本价格不同），按最低的价格统计。如一种书分多册，将各册价格相加，按一种书的价格统计。中国现代长篇小说的书价统计也照同样的办法处理。平心编的这部书目不收民国时期出版的古籍、绝版书、鸳鸯蝴蝶派小说、黑幕文学、传教图书等。这部书目按自编的图书分类法编排。平心编：《生活全国总书目》，上海：生活书店，1935年。

② 《蚀》三部曲：《幻灭》《动摇》和《追求》分别标价，作三种书统计。

③ 1936年教育部颁布《教科图书及其他图书划一出售办法》，规定出版机构要按统一价格出售。中华书局1937年4月编印的《中华书局图书目录》（重编第6号），既载该局出版物（在1936年7月上海书业界实行统一按实价销售之前出版的图书）原来的定价，同时又载明现在的售价（即实价）。从这里，我们可以看到，一般图书的实价大约是1936年前定价的87%左右，中小学教科书的实价大约是1936年前定价的60%～80%。

④ 《生活书店通信购书简章》，见《生活全国总书目》书末广告。

⑤ 当时出版界有虚高定价的做法，但也有些出版社为了强调自己的图书定价并不虚，则直接在版权页上标明"实价"多少钱，如《生活全国总书目》这部约1,000页的精装图书，其版权页上标的是"实价四角，外埠酌加寄费"。

平均每册图书 1.8 元①。超过半数的图书既出版有精装本，又出版平装本，精装本书价大约是平装本书价的 1.45 倍②。大约同时，1937 年10 月，商务印书馆为适应战时需要出版的普及性读物《抗战小丛书》（中国文化建设协会主编）26 种，6 开本，26 册，全部定价 6 元，平均每册 0.23 元。特价期间（1938 年 2 月 16 日至 6 月 15 日），该丛书仅售 5 元③。1937 年前后，商务印书馆为推进民众读书运动而出版吕金录主编《民众基本丛书》，供受过平民识字教育的读者继续学习使用，包括《怎样查字典》等，先后出版两组，各 80 册，每册定价两三分钱，每组定价 1.35 元。如果一次买一组（80 册），平均每册仅合 1.7 分钱。特价期间更加便宜，一组仅售 1 元④。

　　书价的差异不仅因交通运输等原因造成地区间差异，而且图书的类别、出版机构不同等对书价也有很大的影响。那些拥有较大的读者面的图书，如教科书、通俗小说，拥有广泛的读者，大量生产，大量贩卖，规模经济使每本书分摊成本下降，所以书价较低（教育部对教科书审查包含价格不得过高一项⑤，这也保证了教科书的低

---

①　如果一书有平装本和精装本两种书价，照平装本的价格计入。

②　据商务印书馆大学丛书广告（1937 年 9 月 1 日）中文学院用书和理学院用书两部分书价统计。该广告见王云五：《商务印书馆与新教育年谱》，台北：台湾商务印书馆，1973 年，662～681、323 页。

③　王云五：《商务印书馆与新教育年谱》，台北：台湾商务印书馆，1973 年，687 页。

④　同上，682～686、323 页。

⑤　1927 年 12 月 15 日大学院公布《教科图书审查条例》第九条；1935 年 11 月 16日教育部令修正公布《教科图书审查规程》第六条。见刘哲民编：《近现代出版新闻法规汇编》，上海：学林出版社，1992 年，358、384 页。

价）。一些小的出版机构因为投在作者、编辑、组织等方面的经费比较少，为了打开市场，翻印古书或别家畅销书，采取薄利多销策略，售书很廉价，而那些拥有较好信誉的大出版机构，因为投在作者、编辑、管理等方面的费用较高，一般不去与小出版机构竞争低价。所以大约在 20 世纪 30 年代，有这样的情况，有读者称，"从大书局花五元钱买一本洋装书，放在口袋里，人家都看不见。向小书店买五块钱文学参考书，竟然拿不动它，叫了街车方始搬得回家"[1]。

（三）发行折扣

1892 年，广学会在年报中谈到，按商业惯例给图书批发者以六折的优惠[2]。商务印书馆 1918 年前各类出版物门市零售折扣和批发折扣如下：

表 4-2 商务印书馆各类出版物门市零售折扣和批发折扣表
（1918 年 1 月 31 日前）

类别	门市折扣	批发折扣
甲类（小学课本）	50%	40%
乙类（中学课本）	70%	60%
丙类（英文读本和其他图书）	80%	70%
丁类（期刊）	100%	0%

资料来源：汪家熔：《商务印书馆史及其他》，北京：中国书籍出版社，1998 年，372 页。

---

① 平襟亚：《上海滩上的"一折八扣书"》，《出版史料》1982 年第 1 期。

② 方富萌译：《同文书会第五次年报：1892 年》，《出版史料》1989 年第 1 期。

1918 年后商务印书馆对发行折扣作了调整，门市折扣基本没有变化，批发折扣略为调低，但是增加了回佣制度。1918 年制定的《优待同业新章》第九条规定："同业配本馆各货，其装箱、打包、运寄费、关税、码头捐、验关费、报关费、下力、保险等项均由同业认付。"因此，在上海店里购买商务印书馆出版物与在偏远之地购买的价格自然就会有差异。商务印书馆为了说明这种差异，曾发给读者"酌加邮汇费"的宣传品：

> 启者，敝馆小学教科书页数较多，定价尤廉，为人人所共知。自欧战蔓延，纸墨涨价，煤价运费日见增加，影响营业所关甚巨。惟遽行加价则小学生徒增负担，亦非敝馆辅助教育普及之宗旨。现仍照前对折发售。但外埠购书应照各书版权页上所注酌加邮汇费，依道路远近加一成或二成……①

这表明在外地购买商务印书馆版的小学课本比在上海购买要贵一二成。

20 世纪 30 年代，上海书业界出现了一折八扣书，即图书定价一元，门市卖一角，批发只作 8 分②，仍然有利可图，这说明当时图书定价的虚高。这些书大都是翻印的中国古典小说，拥有广泛的读者。

① 转引自汪家熔：《商务印书馆史及其他》，北京：中国书籍出版社，1998 年，374 页。
② 平襟亚：《上海滩上的"一折八扣书"》，《出版史料》1982 年第 1 期。

外地批发店批走之后，批发给当地或周围地区的书摊，最终，边远地区的读者很可能以图书定价的四折或五折买到这些书。这一状况在 1936 年教育部规定图书按统一定价销售以后，才得到改变。

1936 年 4 月，教育部颁发《教科图书及其他图书划一出售办法》[①]，规定："所有书籍，无论大、中、小学教科书或普通新书、古书，应一律标明定价。""所有书籍门市，一律照定价发售，不得减折或抬高。""在出版者总店以外各地发售之书籍，得酌加汇水、运费。但不得超过实在需要之数。"对于滞销或污损图书，可以设廉价部发售，不限折扣。并指出，如果因纸张涨落或其他原因必须增减书价，出版者可以修改定价，但图书必须按最后修改的定价售卖，教科书定价修改，应随时呈请教育部核准。该办法还规定，同业批发酬劳依照同业公会议定的办法给予折扣，这就保证了书店售书的利润。教科书按定价销售的规定对制止虚高定价、规范图书市场起了有利的作用，但是随着抗日战争的爆发，图书市场上书价的平稳低廉并没有持续多久便大幅上涨了。

1937 年以后，受战争影响，交通运输困难，影响到纸张和书籍的运输，图书生产和运输成本上涨。虽然教育部已经在 1936 年规定图书上要标明实价，但是过昂的成本使出版机构如果再按战前的价格销售，便难以维持。于是 1939 年 7 月 26 日，商务印书馆、中华书局、世界书局、大东书局、开明书店、正中书局等六家中国当

---

① 刘哲民编：《近现代出版新闻法规汇编》，上海：学林出版社，1992 年，395～396 页。

时最大的教科书出版机构联合议决，图书加价，并增收运费，它们通知批销书店，小学教科书改按定价的 1.8 倍发售，中学教科书改为按定价的 1.5 倍发售。其他图书也都分别加价发售。此外，外埠根据交通状况，增加 20%～50% 的邮运费。例如，一种小学教科书，定价一角，现在售一角八分（1.8 倍），邮运费如果以增加 50% 计算，这样河南读者买到这部小学教科书的价格便是 2 角 7 分（图书实价 1 角 8 分，邮费 9 分），这样，河南读者买到这本小学教科书，花费的钱是定价的 2.7 倍[1]。书价上涨不仅给读者带来更大的负担，而且书店的利润也下降了。1939 年底，由于邮费汇费不断上涨，以上六家出版机构又宣布，邮费更加倍收取，另外还视地区不同收取 15%～35% 的汇费。因此，在四川买一部定价 8 分的小学教科书，实价为二角四分三[2]，小学教科书的书价涨了 2 倍，同时因为邮费汇费都只算代收，不计入销售业绩给予回佣，所以销售商的毛利降低至大约 4.44%（以四川省计算）[3]。

　　抗日战争结束后，内战开始，通货膨胀，物价飞涨，书价无常，一本新书印好之后按拟定的定价出售便可能低于成本以致蚀本。这严重影响了出版业的发展。最大的出版机构商务印书馆在 1947 年负债甚至达 300 亿[4]。

---

[1]　汪家熔：《商务印书馆史及其他》，北京：中国书籍出版社，1998 年，376 页。

[2]　同上，377 页。

[3]　同上。

[4]　1948 年 2 月李拔可在致张元济的信中提到。据张树年主编：《张元济年谱》，北京：商务印书馆，1991 年，529 页。

二、图书发行量的增长

媒介区别于其他工业的地方是边际成本低[1]。图书、报刊，每增加一个新复本所增长的成本即边际成本很低。产量越大，分摊到每个产品的平均成本越小，造成收益递增。出版业获得经济成功的关键就在于大量生产、大量销售。

在前现代中国，书籍品种有限，印数较少。出版业的读者以读书人为主，这些读书人分散在全国各地，在交通不发达的前现代时期，每种图书的发行量是有限的，这从图书的印数上能够体现出来。雕版印刷每块书板大约初印 30 部，以后根据需要，可随时加印，加算初印以后据原刻重印、后印的数量，估计一共印大约 100 部（翻刻、重刊当作另板计算）。中国古代活字印刷术每版初印数多于雕版印刷术，通常的印数也是 100 部左右，与雕版印书每板总印数（初印加后印）大致相同[2]。1847～1848 年间，翟金生用自制的泥活字印刷《仙屏书屋诗集》，印 400 部，这是留存下来有关活字版印数记载中，印数较多的，另外，如清雍正四年（1726）铜活字《古今图书集成》仅印 66 部[3]。

在前现代中国和中国出版业迈出现代化步伐以后，教育用书

---

① ［美］约瑟夫·斯特劳巴哈（Joseph Straubhaar）、罗伯特·拉罗斯（Robert Lauose）著，熊澄宇等译：《今日媒介：信息时代的传播媒介》，北京：清华大学出版社，2002 年，26 页。

② 雕版印数和中国古代活字印书数量，依据钱存训：《中国纸和印刷文化史》，桂林：广西师范大学出版社，2004 年，182 页。

③ 钱存训：《中国纸和印刷文化史》，桂林：广西师范大学出版社，2004 年，182 页。

拥有最大的出版市场，从而为出版者带来巨大的收益。在科举制度被废除之前，中国主要的图书市场是科举考生。1880 年《康熙字典》是当时出版界最畅销的图书之一，它的主要购买者是科举考生。

　　点石斋版《康熙字典》到底销了多少部？姚公鹤《上海闲话》载："闻点石斋石印第一获利之书，为《康熙字典》。第一批印四万部，不数月而售罄。第二批印六万部，适某科举子北上会试，道出沪上，每名率购备五六部，以作自用及赠友之需。故又不数月而罄。"① 这一说法被张静庐辑注的出版史料丛书转引，所以影响很大。但是，查对《申报》上所登点石斋广告，点石斋初版《康熙字典》自 1880 年 4 月中旬开始发行，到 5 月底称已销售一千多册，到 12 月初宣布初版 4,000 册已经全部售完，重版发行②。对比，很可能姚公鹤将《康熙字典》的销售量夸大了十倍。考虑到 20 世纪 30 年代中国图书一般销量为一两千部到两三万部③，所以点石斋在 1880 年初版印 4 万部《康熙字典》，不太可信。点石斋版《康熙字典》事实上创下了一个多月销售一千多册、7 个月共售出 4,000 册的记录，后来还多次再版，累计应该售出一两万部。从《康熙字典》销售广告在当时《申报》

---

　　① 　姚公鹤：《上海闲话》上卷，上海：商务印书馆，[1917 年]，20 页。

　　② 　见《申报》1880 年 4 月 14 日头版广告：《康熙字典》缩本出售。这个版本依据的原本是湖北官书局刻《康熙字典》。7 个月后，此版售完，点石斋印书局又据殿版《康熙字典》重新石印出版，有两种售价：订成一册的，每部 2 元；分装成 4 册的，每部 2.3 元。见《申报》1880 年 12 月 5 日头版广告：重印缩本《康熙字典》出售。

　　③ 　陆费逵：《六十年来中国之出版业与印刷业》，张静庐辑注：《中国出版史料补编》，北京：中华书局，1957 年，282 页。

上反复登载看来，它的发行量在当时是很少有的。

考试是中国前现代时期主要的图书流通渠道之一。每逢举办乡试、府试等科举考试时，大量书商云集考场附近，销售图书，形成繁荣的图书市场，前后可延续两三个月时间[①]。19 世纪，教会在华出版机构为了广为传播他们的书籍，很重视利用考试。如 1888 年，各地举行乡试时，广学会向有关考场免费赠送了 2,000 册《格物探原》，即北京、南京、沈阳各 500 册，杭州、济南各 250 册，另送了 10,000 册《自西徂东》给南京传教士，由他们分发给应试学生。

1895 年以后，中国人对西学图书的需求空前增长，加上当时出版机构自建的发行网点已经遍布全国许多重要城市，图书销量得到更进一步增长。1898 年，广学会出版的《泰西新史》（普及本）出版后两星期就售出 4,000 册。当年，广学会共印刷了 9,000 册《泰西新史》（普及本），这是当年广学会印刷量最大的图书（不计页数很少的小册子），印量最小的是《医方汇编》，印了 200 册。[②] 该会年报还指出，由于非法偷印非常严重，书籍的实际销量难以计算。广学会的销售收入从 1893 年的 800 余美元，增加到 1898 年的 1.8 万多元。这一变化证明广学会图书销量在快速增长[③]。

20 世纪初资产阶级民主革命思潮兴起之际，宣传革命思想的小

---

① 陆费逵：《六十年来中国之出版业与印刷业》，张静庐辑注：《中国出版史料补编》，北京：中华书局，1957 年，282 页；刘大军：《中国古代图书发行体系及其在近代的剧变》，北京大学硕士学位论文，1994 年，5 页。

② 方富荫译：《广学会年报》（第 11 次，1898 年）续，《出版史料》1992 年第 1 期。

③ 方富荫译：《广学会年报》（第 11 次，1898 年）续，《出版史料》1992 年第 1 期。

册子发行量巨大。如陈天华著《猛回头》，初版 5,000 册，不到 20 天就全部售完[1]。邹容的《革命军》先后翻印 20 多版，发行量超过 100 万册，出现了"风行天下，人人争看"的局面。如此大的发行数量在前现代时期是难以想象的。这固然与革命思潮引起的巨大社会需求有关系，另外，我们也应该看到，如果没有图书流通渠道和发行方式的现代化，图书的传播和发行业绩也不可能有质的飞跃。

　　20 世纪初，阅读小说越来越大众化。畅销小说的销量从几万册到几十万册不等。如曾朴的《孽海花》（1905 ～ 1906 年小说林社出版），不到一二年，再版 15 次，销行至五万部之多[2]。民国初年，徐枕亚的小说《玉梨魂》被认为是民国初年最畅销的小说[3]，据估计，大约销了几十万册[4]。20 世纪初以后，小说赢得了广泛的读者，1940 年还珠楼主的《蜀山剑侠传》（正气书局出版），第一集出版后三四天内，居然售出一万册[5]。

　　20 世纪 30 年代中国图书销量的一般情况，据陆费逵说，比较畅销的图书能销到两三万部，比较少的则销一二千部。很畅销的杂

---

　　① 《再版〈猛回头〉》介绍中云："初版五千部，不及兼旬，销罄无余。"见郭延礼：《中国近代文学发展史》第 3 册，济南：山东教育出版社，175 页。

　　② 阿英：《晚清小说史》，北京：东方出版社，1996 年，25 页。

　　③ 出版家张静庐在《在出版界二十年》中提到："我们如果替民国以来的小说书销数做统计，谁都不会否认这部《玉梨魂》是最近二十年销行最多的一部。"张静庐：《在出版界二十年》，汉口：上海杂志公司，1938 年，37 页。

　　④ 徐丽芳等：《中国百年畅销书》，昆明：云南人民出版社，2001 年，9 页。

　　⑤ 同上，19 页。

志才能发行三五万份 ①。这只是一般图书的销售情况。中小学教科书的销量是非常大的。如商务印书馆出版的《最新国文教科书》第一册《最新初等小学国文教科书》（1904 年初版），销量达到 10 多万册。《共和国教科书》自 1912 年出版至 1929 年，先后出版 2,654 版，重印 300 余次，共销售 7,000 余万册 ②。周越然为初学者编的《英语模范读本》（商务印书馆 1918 年初版）是民国时期最畅销的英语教科书之一，加上修订本，销量近百万册 ③。

---

① 陆费逵：《六十年来中国之出版业与印刷业》，张静庐辑注：《中国出版史料补编》，北京：中华书局，1957 年，282 页。

② 这应该是全套《共和国教科书》的总销售册数。《共和国教科书》是一套小学教科书，分修身、国文、算术等科。此处销量数字引自李家驹：《上海商务印书馆与近代知识文化的传播和塑造：1897～1949》，北京：商务印书馆，2005 年，217 页。

③ 李家驹：《上海商务印书馆与近代知识文化的传播和塑造：1897～1949》，北京：商务印书馆，2005 年，226 页。

第五章　出版技术的现代化

出版业现代化过程中，现代出版技术的引进和发展对传统出版业带来的冲击是非常明显的。在这一章，作者试图分析现代西方出版技术给中国出版业带来的冲击，它在中国发展的内在动力是什么，它对中国书籍制度产生了哪些影响，等等。

中国人在公元前就发明了造纸术。公元1世纪前后已经用纸作为书写材料。随着造纸技术的改进，大约在公元1世纪初，中国就产生了对纸的大量需求。9世纪时，纸通过阿拉伯世界传入欧洲，12世纪时欧洲开始造纸，但是直至印刷术在欧洲广为传播，才出现对纸的大量需求。公元6～7世纪之交，中国人发明了雕版印刷术[①]；11世纪中叶，发明活字印刷术。欧洲在14世纪才出现雕版印刷术，15世纪中叶出现活字版印刷。欧洲人知道纸，要比中国人使用纸至少晚了一千年，中国人开始应用雕版印书比欧

---

① 雕版印刷术发明时间尚有争议。此处引自肖东发：《中国图书出版印刷史论》，北京：北京大学出版社，2001年，45页。

洲要早七八百年，使用活字印刷早四百年[①]。钱存训在《欧洲印刷术起源的中国背景》中指出：欧洲的活字印刷术必然受到了当时已经存在的雕版印刷术的原理或技术上的启示，所以，"欧洲的活字印刷术只是一种改良，而不能称为独立的发明"[②]。"无论是根据前人的记载，后人的传说，或东西文化交流上所获得的旁证，都可说明欧洲最早的雕版和活字印刷的源流中，必然直接或间接和中国的印刷术有所关联。"[③]

中国人虽然是造纸术和印刷术的发明者，拥有悠久的出版史，出版物堪称汗牛充栋，但是到了 19 世纪，却出现了西方印刷术"反哺"中国的情况，陆费逵称之为"外孙回外婆家"[④]。

第一节　现代印刷术对中国出版业的冲击

中国活字印刷术发明之后并未普遍采用，在西方现代印刷术传入之前，中国传统的雕版印刷术和活字印刷术都是以手工操作为主。

---

① 钱存训：《中国发明造纸和印刷术早于欧洲的原因》，《中国古代书籍纸墨及印刷术》，北京：北京图书馆出版社，2002 年，236 页。

② 钱存训：《欧洲印刷术起源的中国背景》，《中国古代书籍纸墨及印刷术》，北京：北京图书馆出版社，2002 年，257 页。

③ 同上，258 页。

④ 陆费逵：《六十年来中国之出版业与印刷业》（1932 年），张静庐辑注：《中国出版史料补编》，北京：中华书局，1957 年。

19 世纪初，西方现代印刷术开始输入中国，主要包括四类[①]：（一）凸版印刷术：以铅活字排版直接印刷，或以铅活字版为母版，采用泥版或纸型翻铸成复制版，或照相术用于印刷制版后产生的照相铜锌版进行印刷；（二）平版印刷术：以石版、珂罗版和照相平版间接印刷；（三）凹版印刷术：以雕刻凹版和照相凹版（影写版）进行印刷；（四）以誊写版印刷为主的孔版印刷术。

　　早在 16 世纪末，澳门就已经通过耶稣会士的媒介接触到西方的凸版印刷术。1588 年，耶稣会澳门区主教范利安神父把西方的活版印刷带到了澳门，但是当时并没有用来印刷中文，他用西方活字印刷机在澳门印出了第一批拉丁文书籍（1588～1590 年）。大约在 18 世纪初，西方铜凹版印刷术传入中国，由在清廷任职的意大利传教士马国贤传入，主要在清宫廷中使用，被用来印刷地图、图画等。不论是 16 世纪被传教士带到澳门的西方凸版印刷术还是 18 世纪在清宫廷里已经用来印刷地图的凹版印刷术，它们的影响都非常有限。这也充分证明一点：技术引进并不是出版业现代化的唯一因素，如果没有 19 世纪以来中国社会遭遇世界现代化浪潮从而使出版业对新技术产生内在需求，即使新技术送入国门也不会得到广泛应用和改进。

---

　　① 张树栋、庞多益、郑如斯：《简明中华印刷通史》，桂林：广西师范大学出版社，2004 年，191 页。

一、铅活字印刷术对中国出版业的冲击

19世纪初以来，凸版印刷术中的铅活字版印刷，以铅活字版为母版的泥版、纸型翻铸铅版印刷和照相铜锌版印刷先后传入中国。西方铅活字印刷技术在中国的运用遇到的最大的难题是中文铅活字的制作。这个难题在相当长的时间内没有得到很好的解决，这使铅活字印刷术对于19世纪中国图书出版业的冲击力很有限，影响力尚不及石印术。

1807年（清嘉庆十二年），英国伦敦会派遣马礼逊（Robert Morison，1782～1834年）来到广州，马礼逊是基督教新教来华传教的第一人。为了向中国人传教，他需要印刷出版中文《圣经》及其他图书。马礼逊曾在广州雇用工人秘密刻制中文字模，制作中文铅活字。但是当时清政府不欢迎他向国民传教，事情败露，刻字工人害怕引祸上身，于是将所刻字模全部烧毁[1]。1814年，英国东印度公司在澳门办了一个印刷所（The Honorable East India Company's Press），有印刷机及活字。该所于1815～1823年间为马礼逊印成《华英字典》（又称《字典》《英华字典》等）六卷。1815年，英国人马施曼（Dr. Joshus Marshman）在槟榔屿译印《新旧约圣经》，委托汤姆斯（P. P. Thomas）镌刻中文活字，此事也发生在东印度公司设在澳门的这个印刷所。从此以后，英、法、德、美等国以传教士为先锋和主力，积极从事中文活字印刷改良的研究，1838年取得了

---

① 此说尚有争议。

突破性进展，即新加坡伦敦教会的戴尔（也译作台约尔）牧师采用
镌刻钢模，用钢模冲制铜模，再用铜模制作活字。1859 年，姜别利
（William Gamble）发明电镀（铸）法，大大减少了镌刻工时，而且
质量很好，即使蝇头小字也能制作，这使中文铅活字制作技术趋于
成熟。

　　19 世纪由西方传入中国的铅活字制作工艺，铸字技术最初是手
工操作的，后来逐渐向机械化方向发展。起初，浇铸铅字用手拍铸
字炉，每小时仅能铸字几十枚。改用脚踏铸字炉和手摇铸字炉后，
铸字速度达到每小时七八百枚。1913 年，商务印书馆引进了"汤姆
生自动铸字炉"，日铸字一万五千枚，且所铸活字完好可用，无须加
工。至此，铸字技术趋于成熟。

　　铅活字排版，印完即拆，重印时必须重排，费时费力，难以适
应图书重版的要求，这个技术难题随着纸型的发明和应用而得到了
解决。纸型浇铸铅版制成的印版，其制作工艺是这样的：首先按要
求排成与铅活字版直接印刷完全相同的活字版，再以活字版为母版
用专用厚纸压制成称作纸型的阴文型版，然后用纸型浇铸铅版，最
后用铅版（整版）作为印版装机印刷①。纸型发明以后，只要保存纸
型，用纸型浇铸铅版，很方便图书重版的需要。纸型的应用，使凸
版铅印技术趋于成熟。纸型传入中国的时间约在清光绪中期。当时
日本人在上海开办的修文书局多用纸型浇铸铅版印刷。

---

① 　张树栋、庞多益、郑如斯：《简明中华印刷通史》，桂林：广西师范大学出版社，
2004 年，200～201 页。

最早传入我国的凸版印刷机是"手板架"，每天的印刷量只有几百张。1843 年底麦都思（W.H.Medhurst，1796 ～ 1857 年）到上海创办墨海书馆，他从国外运来一些印刷机器，这些机器要靠电力运转，但当时上海没有电力，于是墨海书馆便用牛拖拉机器，这在当时中国知识界看来简直是奇闻，反映出当时这种新技术带给中国人巨大的震撼。1858 年，浙江诗人孔融到墨海书馆拜访王韬时，见到了墨海书馆用牛拖拉机器印刷的情况，作《咏墨海书馆诗》："车翻墨海转轮圆，百种奇编宇内传；忙煞老牛浑未解，不耕禾陇种书田。"后来，以蒸汽作为动力的印刷机引入中国，使印刷速度逐渐提高。中国人在 19 世纪 50 年代视牛拉印刷机器为怪事，从奇怪，到认可，到学习，再进而探索改良办法，这就是现代印刷术在中国被接纳的过程。

19 世纪初已经传入中国的凸版铅印技术发展到 19 世纪末才趋于成熟。在 19 世纪，西方传教士和外国人在华办的出版机构积极致力于中文铅印技术的改进，并积极采用，如美华书馆、墨海书馆等。但是由于中文铅印技术问题在相当长时间内没有得到很好的解决，在中国人开办的出版机构里，中国传统的雕版印刷术仍然有其重要地位，受到铅印的冲击比较小，反而是石印术对雕版印刷术带来了较大的冲击（参见下一小节）。如 1880 年傅兰雅发表的《江南制造总局翻译西书事略》，提到江南制造局的印书处，主要采用的是传统的雕版印刷术 [①]。从西方出版史来看，谷登堡的铅合金活

---

① ［英］傅兰雅：《江南制造总局翻译西书事略》，张静庐辑注：《中国近代出版史料初编》，北京：中华书局，1957 年，14 页。

字印刷术席卷欧美，铅印成为图书印刷术的主角，即使是石印术发明以后，也不曾撼动铅印的主角地位。但是铅印的发展道路在中国有所不同，主要原因是中文铅印技术的难题在长时间内没有得到有效的解决。随着中文铅字制作技术的改良、纸型的应用、制版和印刷机械的引进，到 20 世纪初，中文铅印术日趋成熟，以其文字容量大、再版方便、印刷速度快、适应面广等石印术所不具备的优点，迅速发展起来并得到推广，在中国出版业采用的印刷术中占据了统治地位。

二、石印术对中国出版业的冲击

石印术是平版印刷术的一种。平版印刷术是用图文与空白部分处在同一个平面上的印版（平版）进行印刷的工艺技术，主要包括石版印刷、珂罗版印刷和橡皮版印刷三种印刷方式[①]。其中，对中国出版业影响最大的要算石印术。

石印术是以石版为版材，将图文直接用脂肪性物质书写、描绘在石板上，或通过照相、转写纸、转写墨等方法，将图文间接转印在石板上，进行印刷的工艺技术[②]。在 18 世纪的最后十年里，德国人塞内费尔德（Alois Senefelder, 1771～1834 年）发明了石印术。石印术传入中国大约是在 19 世纪 30 年代初，1832 年，马礼逊提到中国

---

① 张树栋、庞多益、郑如斯：《简明中华印刷通史》，桂林：广西师范大学出版社，2004 年，205 页。

② 同上。

人屈亚昂当时已经学会了石印术。19 世纪 30 年代初，英国传教士麦都思先后在印尼的雅加达、中国澳门、广州等地用石印术印刷中文书籍。

上海开埠以后，墨海书馆曾在麦都思主持下用石印术印刷过宗教书籍，1876 年，上海土山湾印书馆开始用石印术印刷天主教宣传品。在中文铅印的技术问题还没有得到很好解决的情况下，用石印术印刷中文，具有显著的优点：它不受文种限制，能印刷各种文字；可随意缩小放大，照相复印的石印缩版图书价廉物美；设备简单，不需要铸造大量中文活字，需要的人手和资金较少；可随意制作画面，效果远远超过木刻；等等。1877 年[①]，英国商人美查在上海创办点石斋印书局，采用石印术印刷图书[②]。1879 年，《申报》多次刊载点石斋印售书籍图画的广告：

> 本斋于去年在泰西购得新式石印机器一付，照印各种书画，皆能与元（原）本不爽锱铢，且神采更觉焕发，至照成缩本，尤极精工，舟车携带者既无累坠之虞，且行列井然，不费目力，诚天地间有数之奇事也。……[③]

[①]　点石斋印书局成立的时间有几种说法。如张树栋等著《简明中华印刷通史》（广西师范大学出版社 2004 年）206 页，认为是在 1877 年。陈昌文的《都市化进程中的上海出版业：1843 ～ 1949》（苏州大学博士学位论文，2002 年）所列的出版时间为 1876 年（39 页）。

[②]　1878 年 12 月 30 日《申报》刊登点石斋印书局的广告，公开出售该局出版的石印书报字画。

[③]　《申报》1879 年 8 月 11 日。

　　点石斋引进的石印机器，在当时是很先进的，它在技术上的独特之处让习惯了雕版印刷的中国出版界大受冲击，石印术当时被称作"天地间有数之奇事"，并非夸大之词。1880 年，点石斋印书局用石印术出版的《康熙字典》，将原书缩印成 300 多页，便于携带并且价格低廉，因为迎合科举士子的需要而获得巨大的成功，《康熙字典》发行一个多月便售出一千多部①。只花了七个月，初版所印 4,000 部②，便销售一空，后来多次重版。点石斋印书局石印版《康熙字典》的销量在当时中国出版界是少见的。这使点石斋印书局获利丰厚。外商在中国创办新式出版企业在商业上的成功，给中国人很大的刺激，于是一批新式民营出版企业纷纷创办，如 1882 年在上海创办的同文书局，就直接受到了点石斋印书局的影响。同文书局创办人之一徐润在谈到创办同文书局缘起时提到："查石印书籍，始于英商点石斋，用机器将原书摄影石上，字迹清晰，与原书无毫发爽，缩小、放大悉随人意，心窃慕之，乃集股创办同文书局，建厂购机，搜罗书籍以为样本……"③

　　1889 年发表的《上海石印书业之发展》④提到，当时"上海石

---

　　① 《申报》1880 年 4 月 14 日第一次刊登《康熙字典》缩本出售广告；1880 年 5 月 25 日头版广告：缩本《康熙字典》出售，广告中称"一月之间已售去一千余部"。《申报》1880 年 12 月 5 日头版广告：重印缩本《康熙字典》出售。宣布初版《康熙字典》4,000 部已经售完，又重版印刷发售。

　　② 有关点石斋《康熙字典》发行量的考证，见本书第四章。

　　③ 徐润：《徐愚斋自叙年谱》，南昌：江西人民出版社，2012 年，43～44 页。

　　④ 原载《北华捷报》，1889 年 5 月 25 日，张静庐辑注：《中国出版史料补编》，北京：中华书局，1957 年，88 页。

印中国书籍正在很快地发展成为一种重要的企业"，石印中使用蒸汽动力，能使四五部印刷机同时开印，大大提高了印刷速度，上海已用蒸汽机石印法印成中国著作"数百千种"，当时有石印局四五家，采用的纸是福建的竹纸，石头和印刷机多购自英国。所印的图书销行全国，在北京、重庆、广州等城市开设了分店。石印术印刷的图书往往把字印得很小，这样大大降低了成本，并且便于赶考的考生携带，所以备受青睐。当时木版大字本《康熙字典》一部要售 3 元至 15 元，而 1880 年点石斋印书局用石印术缩印的《康熙字典》，按 9：1 的比例缩小，每一页上印 6 页，共 300 多页，售价仅 1.7 元[①]。

继点石斋之后，中国书商纷纷仿效，创设了拜石山房、同文书局、中西五彩书局、蜚英馆、鸿文书局等石印书局，老字号的扫叶山房也采用石印术印刷了大量图书，掀起了石印的高潮，大量翻印古书，并迎合科举考生的需要，石印《大题文府》《小题十万选》等科举考试用书。石印术对中国出版业带来的另一个重大冲击是石印画报的兴起，如《点石斋画报》。光绪年间，仅上海一地，便有 56 家石印所，比铅印业多一倍有余[②]。内地各省民间，石印铺与铅印所相比，前者占明显优势。光绪末年到辛亥前后（大约 20 世纪初）中

---

① 1880 年 4 月点石斋印书馆初版《康熙字典》，依据的原本是湖北官书局刻《康熙字典》，售价 1.7 元。此版售完后，1880 年 11 月点石斋印书局又据殿版《康熙字典》重新石印出版，有两种售价：订成一册的，每部 2 元；分装成 4 册的，每部 2.3 元。见《申报》1880 年 12 月 5 日头版广告：重印缩本《康熙字典》出售。

② 范慕韩主编：《中国印刷近代史：初稿》，北京：印刷工业出版社，1995 年，349 页。

国曾出版石印图书数千种。仅扫叶山房便出版了 719 种[1]。20 世纪以后，随着科举制度被废除，以及铅活字印刷术技术难题的攻克，石印术从鼎盛走向衰落。

第二节　出版技术现代化的动力

19 世纪以前，西方的印刷术曾经输入中国，但是没有得到推广。在 19 世纪的大部分时间里，对中国出版技术现代化做出主要贡献的是外国传教士。为什么中国人在早期出版技术现代化过程中会出现这样被动的情况呢？主要原因是中国没有产生推动出版技术现代化的内在动力和需求。

在前现代中国，知识更新速度较慢，书籍品种有限，印数较少。出版业的读者以读书人为主，这些读书人分散在全国各地，在交通不发达的前现代，图书的印数和销量是有限的。雕版印刷每块书板大约初印 30 部，以后根据需要，随时加印。用活字印刷术印刷图书，印完拆版，重印需要重新拼版，重版不如雕版印刷方便，所以用活字印刷术印刷图书，一般一次性印量比较大一些，中国古代活字印刷术每版印数多于雕版印刷术，但是通常的印数也仅仅是 100 部左右[2]。

---

① 范慕韩主编：《中国印刷近代史：初稿》，北京：印刷工业出版社，1995 年，351 页。

② 雕版印数和中国古代活字印书数量，依据钱存训：《中国纸和印刷文化史》，桂林：广西师范大学出版社，2004 年，182 页。

在前现代时期，中国产生的的著作远远超过其他处于这一时期的国家。但是，根据杨家骆对中国历代著作的统计[①]，中国在魏晋南北朝时期（220～618），平均每年产生著作 27 种，到明代（1368～1644）平均每年产生著作 51 种，一千多年过去了，新出版物不过增长了一倍。但是 1912～1937 年，共出版新著 71,680 种，平均每年出版新著 2,811 种，比明代的平均年产著作数增长了 55 倍。前现代时期，中国传统印刷术基本上能够满足中国社会对图书品种和印数的要求，官刻和家刻因为不以赢利为目的，所以对于技术的革新并不积极，由于需求和销路有限，以赢利为目的的坊刻大多规模很小，这使坊刻也不可能在出版技术革新方面发挥太大的作用。

引起图书品种大量增长的主要原因是社会需求的增长。19 世纪以来，西方传教士在中国传教，中国逐渐对外开放以后中国人需要了解西方，教育改革以后新式教科书有了巨大的市场……这些重大变化使中国人对图书的需求打破了传统时代平缓增长的步调，出现了飞跃性的攀升。与此同时，社会对图书的印数也有了更大的需求。现代印刷术在印刷多品种、多印数图书时，表现出传统印刷术望尘莫及的优势，有了这种显而易见的优势和现实的需求，现代印刷术才在中国得到发展。

观察现代出版技术在中国发展的历史，我们会很清晰地看到，虽然西方传教士在早期充当了重要的角色，但是推动中国出版技术现代化效果最显著的是那些完全采用商业模式运作的出版机构。

---

① 杨家骆：《中国古今著作名数之统计》，《新中华》复刊第 4 卷第 7 期，1946 年。

市场的扩大以及采用了现代企业制度，使得出版机构规模扩大，并可能获得可观的利润。它们为了在市场竞争中获胜，注意引进和学习世界先进的出版技术，或者派人出国学习考察，或者用重金聘请外国印刷技师教授，并积极从事改良和研究，以便使印刷的图书更加低廉和精美，这使 20 世纪以后，中国出版技术出现了焕然一新的局面，涌现出一批掌握了现代出版技术的人才。贺圣鼐在 1931 年总结中国印刷术的成绩时说："数十年间，印刷人才辈出，凡外国印刷之能事，国人今皆能自任之而有余，其技术之精者，直可与外来技师抗衡。"[①] 中国人掌握现代印刷技术达到可与外来技师抗衡的地步，这样的成绩主要是进入 20 世纪以后前三十年间取得的。

采用商业模式运作的出版机构在现代出版技术的引进与改良方面发挥的作用，可通过以下事件得到验证：

（一）凸版印刷机。西方传入中国的凸版印刷机，最早的是手扳架，每日印数只有几百张。1872 年，上海申报馆开始采用手摇轮转机，每小时可出数百张。1912 年，申报馆购进亚尔化公司的双轮转机，每小时印刷速度达到 2,000 张。1918 年，商务印书馆购进"米利印刷机"。1916 年，申报馆购进日产法式滚筒印刷机，每小时印数达 8,000 张，只是没有折叠机。1921 年，商务印书馆购进德国阿尔贝特公司的滚筒式印刷机。该机带有折页机，可两旁出书，每小

---

① 贺圣鼐：《三十五年来中国之印刷术》，张静庐辑注：《中国近代出版史料初编》，北京：中华书局，1957 年，276 页。

时能印双面八千张，相当于十台"米利印刷机"。

（二）平版印刷术。1904 年，文明书局在中国最早开始采用彩色石印，雇用日本技师教授华人。1905 年，商务印书馆也聘请日本技师从事彩色石印，在技术上更加精湛。1902 年，文明书局的赵鸿雪成功地试验了珂罗版印刷法，并将这一工艺技术付诸实施。

（三）华文排字架。1860 年姜别利创制"元宝式"字架，他以美华书馆所印的《新旧约全书》及其他书籍 27 册做统计，依出现频率多寡，将华文铅字分为常用、备用、罕用三大类，分别放置在字架的不同位置。此字架排印基督教图书较为便利，但是用来排印报刊及科学等书，并不方便。1909 年，上海商务印书馆请文字专家，将姜别利"元宝式"排字架加以改进，大大方便了非宗教图书的排印。但是"元宝式"字架三面包围，光线不足，排字工人站在中间，一架只能供一个人使用。1920 年，上海申报馆仿日本字架改为"统长架"，节省了位置，光线充足，一架铅字可供给两人使用，较商务印书馆改进的"元宝式"字架又有进步。1923 年，商务印书馆的张元济有感于排字工人终日站立，奔走摘字，于是创新式排字机，使工人可以坐在椅子上排字。

中国读者对图书需求的变化，民营出版机构的发展，商业竞争的加剧，使中国出版业产生了内在的技术革新机制，这是 19 世纪末以来，中国出版技术呈现欣欣向荣局面的根本原因。

第三节　印刷技术现代化对中国书籍制度的影响

现代印刷技术的发展使书籍大量生产、书价降低、形式精美成为可能。它对于整个出版业的发展具有重要意义。下面，我们主要从书籍形式上来看印刷技术现代化的影响。

一、对书籍用纸的影响

印刷技术现代化对印刷用纸也提出了新的要求。中国传统的造纸法主要以稻草、竹楮、桑、麻、棉等为造纸原料，依靠手工操作，不适于双面印刷。现代印刷术传入中国后，对纸张质量有新的要求，它要求纸张既能适应机器高速运转，又能够适应油性油墨印刷。

1798 年，法国人路易·罗伯尔发明造纸机以后，欧美各国逐渐由手工造纸发展为机械造纸，相比之下，缓慢发展的中国传统造纸术逐渐落后于欧美。19 世纪以来，中国现代印刷术的发展对洋纸提出了需求，促使中国造纸业从手工操作向机器生产转变。19 世纪 80年代，中国机器造纸工业诞生了。1884 年，由曹子挥私人集资建成的上海机器造纸局正式投产，日产量 2 吨。此后，这种现代化造纸工厂陆续成立。1937 年，中国共有造纸厂 32 家，资本 1,340 万元[①]。

---

① 范慕韩主编：《中国印刷近代史：初稿》，北京：印刷工业出版社，1995 年，639 页。

　　清末，中国的机器造纸厂虽然有所发展，但其产品多是机制土纸，不适宜现代机器印刷，缺乏与进口洋纸的竞争力。中国出版业所需要的洋纸主要依靠进口。光绪年间，洋纸开始输入中国，开始每年仅几十万元[①]，后来迅速增长（参见表 5–1）。第一次世界大战爆发期间，受战事影响，西方各国输入中国的洋纸数量减少，价格上升，这为中国机器造纸业带来了发展机会。但是，现代机器造纸术所需要的原料木浆仍主要依赖进口。1915 年，木浆输入中国达 64,900 余担，值银 163,000 余两[②]。

　　世界现代化潮流将中国出版业纳入了世界体系之中，中国出版业对世界市场的依赖性也增强了。通过 1912 ～ 1929 年历年洋纸的输入量，也可见一斑：

表 5–1　1912 ～ 1929 年中国历年洋纸输入总数统计

年份	数量（担）	数值（两）	数值指数
1912	482,667	3,446,547	100
1913	971,347	6,120,892	177
1914	811,754	5,570,093	162
1915	591,177	4,595,174	133
1916	798,475	8,208,850	238
1917	529,706	5,559,986	161

---

　　① 贺圣鼐：《三十五年来中国之印刷术》，张静庐辑注：《中国近代出版史料初编》，北京：中华书局，1957 年，279 页。

　　② 《中国的造纸业》（1924 年），张静庐辑注：《中国出版史料补编》，北京：中华书局，1957 年，578 页。

续表

年份	数量（担）	数值（两）	数值指数
1918	541,521	6,387,306	185
1919	862,037	9,359,809	270
1920	1,026,511	13,102,116	380
1921	891,032	13,257,664	384
1922	1,283,166	12,682,993	366
1923	1,397,422	18,078,717	523
1924	1,678,294	22,625,894	655
1925	1,502,012	19,080,977	551
1926	1,952,133	27,668,692	803
1927	1,670,455	25,416,384	736
1928	2,030,968	29,048,825	840
1929	2,299,735	24,245,715	720

资料来源：贺圣鼐：《三十五年来中国之印刷术》，张静庐辑注：《中国近代出版史料初编》，北京：中华书局，1957 年，278～279 页。

　　上表所列洋纸，以普通印书纸（白报纸）为最多，占 25%；油光纸（即洋毛边）次之，约占 15%，上等印书纸约占 13%[1]。从洋纸输入量的增长，我们可以看到中国出版业市场的扩大，以及出版物在用纸方面，洋纸被采用得越来越多的趋势。

---

　　[1]　贺圣鼐：《三十五年来中国之印刷术》，张静庐辑注：《中国近代出版史料初编》，北京：中华书局，1957 年，278～279 页。

二、从竖排线装到横排洋装

现代印刷技术推动着中国书籍从传统的竖排线装向横排洋装（平装和精装）方向发展。

20 世纪以前，虽然现代出版技术获得了一定的发展，但是书籍和杂志在形式上并没有太大的改变。采用西方现代印刷技术印刷的书刊仍然完全模仿雕版书籍的形式，在版面构造、格式上都与雕版印刷图书完全一样。栏、界、中缝齐全，双叶单面印刷，线装。出版物从竖排到横排转变主要的障碍是中国人习惯于阅读竖排书籍。

但是随着出版物内容的极大丰富，外国字母文字图书、含有公式的科学读物等大量出现，它们并不合适竖排。1904 年商务印书馆出版严复《英文汉诂》，这是中国第一本完全横排的书。一些数学书籍也使用横排。1915 年 1 月，任鸿隽、杨杏佛、胡明复等旅美留学生创办《科学》月刊，由商务印书馆印行，为方便数理化符号、公式、阿拉伯数字等科技信息的表达，采用当时世界通行的从左到右的横排方式印刷，这是中国第一种采用横排版的期刊。但是囿于阅读习惯等传统因素，20 世纪前五十年，中国出版物并没有出现横排取代竖排的局面。横排取代竖排，是 20 世纪 50 年代的事。

采用现代机器在洋纸上进行双面印刷，这种方式必然使图书装订形式产生变化，那就是由传统线装发展到平装和精装。20 世纪前，中国出版物在装订形式上是线装书的天下。20 世纪初年，线装开始向平装和精装转变。大约到 20 世纪 20 年代，转变基本完成。与此同时，图书的开本、字体、封面、环衬、扉页、版面、插图等也发生了重大变化，例如，书籍的开本日趋固定；重视封面的设计；版面格式多种多样；插图增多；标点符号的使用日趋成熟；字体更加优美多样。总之，在现代出版技术的推动下，出版物在形式上发生了重大变化。

第六章　现代出版法律的形成

第一节　现代出版法律立法的进程

中国在 20 世纪以前没有专门的出版法律。随着中国新闻、图书出版业的发展，西方现代法制观念的传入，中国政府在 20 世纪制定了一系列出版法律法规，对出版业从法律上进行保护和管理。

一、出版法

中国传统社会的法律是国家控制社会的工具，主要目的是维护皇权的至高无上，没有设立独立的司法部门，拥有全权的皇帝就是最高权力机构的最高立法者和最高审判人。中国历代统治者对于图书的精神内容都非常重视，对于有碍政权巩固和有违道德伦理的出版物严加禁止，有时其查禁范围被无边扩大，使出版业从业者遭受无妄之灾。《明律》规定：凡造"妖言及传用惑众者斩，若私有妖书隐藏不送官者，杖一百，徒三年"。顺治初年颁布的《大清律》，因袭明代做法，对"造妖书妖言"者进行严惩，后来的皇帝根据自己的需要，不断增改例文，据 1901 年《大清律例增修统纂集成》，"造妖书妖言"条例列于刑律盗贼类。

> 造妖书妖言律文　凡造谶纬妖书妖言，及传用惑众者，皆斩。（监候，被惑人不坐。不及众者，流三千里，合依量情分坐）。若（他人造传）私有妖书隐藏不送官者，杖一百，徒三年。

> 例文　一、凡妄布邪言书写张贴，煽惑人心，为首者，斩，立决。为从者，斩，监候。若造谶纬妖书妖言，传用惑人，不及众者，改发回城，给大小伯克及力能管束之回子为奴。至狂妄之徒，因事造言，捏成歌曲，沿街唱和，及以鄙俚亵嫚之词，刊刻传播者，内外各地方官，即时察拿，审非妖言惑群者，坐以不应重罪。

> 一、凡坊肆市卖一应淫词小说，在内交与八旗都统、都察院、顺天府，在外交督抚等，转行所属官弁严禁，务搜板书，尽行销毁。有仍行造作刻印者，系官革职，军官杖一百，流三千里；市卖者杖一百，徒三年；买看者杖一百，该管官弁不行查出者，交与该部，按次数分别议处。仍不准借端出首论诈。

> 一、各省抄房，在京探听事件，捏造言语，录报各处者，系官革职，军民杖一百，流三千里。该管官不行查出者，交与该部，按次数分别议处。其在贵近大臣家人子弟，倘有滥交匪类，前项事发者，将家人子弟并不行约束之家主，并照例议处治罪。

　　上述条文对"妖书妖言"并没有明确的限定，标准含糊不清，但是惩罚极严，甚至规定连买看的读者也要杖刑一百，律例更授权"内外各地方官，即时察拿"，这无疑增加了出版者从业的风险。1903 年"《苏报》案"都是依据上述律例进行判决的。政府对出版者采取的态度主要是严格控制，而非积极扶持。这种做法明显滞后于历史的发展要求，因此亟须改革。1905 年，清政府派五位大臣出国考察宪政，推行"预备立宪"。五大臣于次年回国，他们向清政府上交了一份密折，提到，"漫无限制"的查禁图书"益生厉阶"，要求"定集会、言论、出版之律"，将图书出版"勒以章程、咸纳轨物"①。在清政府统治的最后几年里，它先后颁布了《大清印刷物件专律》（1906 年）、《大清报律》（1908 年）、《大清著作权律》（1910 年）等。

　　《大清印刷物件专律》主要规定实行注册登记制度，规定在京师设立印刷总局，隶商部、巡警部、学部，"凡以印刷或发卖各种印刷物件为业之人，须就所在营业地方巡警衙门，呈请注册。""凡未经注册之印刷人，不论承印何种文书图画，均以犯法论。"该专律规定有"讪谤罪"，惩罚最重，主要用于惩办那些以出版物冒犯皇帝、皇族和政府的出版者，《大清报律》还规定：违反报律者，轻者处以罚金、监禁，如果报纸报道有"诋毁宫廷之语""淆乱政体之语""损害公安之语"，情节较重者仍按刑律有关"妖书妖言"条款治罪。这两部法律的着眼点仍然是对新闻图书出版进行严格控制，害怕出版

---

① 载泽：《奏请宣布立宪密折》，《中国近代史资料丛刊·辛亥革命》第四册，29 页，转引自吉少甫主编：《中国出版简史》，上海：学林出版社，1991 年，341 页。

物的内容给政府带来不利。《大清印刷物件专律》规定对出版物实行
呈报注册制，具有出版法的雏形 ①。

中华民国成立以后，政体变更，《临时约法》规定："人民有言
论、著作、刊行之自由"，赋予人民以言论、著作和出版的自由，给
出版业提供了政治上的保障，体现了现代精神。当然，完全的出版
自由并未因民国建立而一举获得。1912 年 3 月 4 日，内务部宣布废
除清朝的《报律》，在"民国报律"未编定公布之前，内务部制定《暂
定报律》三章，因报界联名表示反对，孙中山立即通知要求内务部
取消了《暂定报律》。1914 年 12 月，袁世凯政府公布了《出版法》。
《出版法》共 23 条，对出版的定义做了规定："用机械或印版及其他
化学材料印刷之文书图画出售或散布者，均为出版。"第 4 条规定：
"出版之文书图画，应于发行或散布前，禀报该管警察官署。并将出
版物以一份送该官署，以一份经由该官署送内务部备案。"②《出版法》
仍然打上了专制的烙印，对报刊图书等出版物的禁载内容做了严格
的规定。第 11 条③规定有 8 种出版物不能出版，凡属"淆乱政体""妨
害治安"的出版物不得出版，而且处分很严（第 15 条），对照《大
清报律》（1908 年）第 14 条④（规定报纸不得揭载"诋毁宫廷之语，

---

①　李天英：《20 世纪前期中国著作权法研究》，北京大学硕士学位论文，2002 年。

②　《出版法》（1914 年），刘哲民编：《近现代出版新闻法规汇编》，上海：学林出版社，
1992 年，54 页。

③　同上，55 页。

④　《大清报律》（1908 年 1 月），第 14、23 条，刘哲民编：《近现代出版新闻法规汇编》，
上海：学林出版社，1992 年，32～33 页。

淆乱政体之语，损害公安之语"等）和第 23 条（规定了违反上述规定的惩处办法），《出版法》（1914 年）基本继承了《大清报律》（1908 年）的上述规定，只是删去了"诋毁宫廷"的规定。1926 年 1 月 29 日，鉴于出版界的强烈要求，临时执政段祺瑞明令废止《出版法》。

南京国民政府建立以后，于 1930 年 12 月颁布《出版法》[①]，共 44 条。包括总则、新闻纸及杂志、书籍及其他出版品、出版品登载事项之限制、行政处分、罚则共六章。比 1914 年的《出版法》详细了许多，对报纸杂志与书籍的登记制度分别做了不同的规定。第 15 条规定，书籍的发行者应于发行时以二份寄内政部。1931 年 10 月公布的《出版法施行细则》，在第 10 条补充规定，图书的著作人或发行人，应将稿本事先呈送内政部请求许可出版，第 11 条规定"未经许可出版而擅行出版之书籍，概行扣押"。南京国民政府的《出版法》及《出版法施行细则》，与袁世凯政府的《出版法》相比，在对出版物内容的控制方面并没有宽松，反而在法律上强化了国民党作为执政党在出版法中的特殊地位，有关国民党党务和党义内容的出版物，受到严格管制，以确保它们反映国民党中央党部宣传部的意志。

国民党政府 1937 年 7 月 8 日公布了修订后的《出版法》[②]，条款增至 54 条，将查禁书刊的权力下放到市、县政府。7 月 28 日，又颁布《出版法实施细则》。1937 年版《出版法》规定了呈缴本制度。

---

① 《出版法》（1930 年），刘哲民编：《近现代出版新闻法规汇编》，上海：学林出版社，1992 年，104 ～ 109 页。

② 《出版法》（1937 年修正公布），刘哲民编：《近现代出版新闻法规汇编》，上海：学林出版社，1992 年，134 页。

《出版法》第 8 条规定：出版物在发行时，发行人要向国立图书馆及立法院图书馆呈缴一份。《出版法实施细则》对上述所称"国立图书馆"解释为"国立中央图书馆及国立北平图书馆"[①]。早在 1927 年 12 月，大学院公布《新出图书呈缴条例》，已经规定，"凡图书新出时，其出版者须自发行之日起两个月内，将该项图书三份呈送中华民国大学院。"其后，教育部又通过一些命令对呈缴对象、呈缴程序等做出进一步的规定。把呈缴本制度写进《出版法》使这项制度的推行得到了更多的保障。

二、著作权法

中国出版和著述事业开始很早，虽很早就产生了版权观念的萌芽，但是始终没有发展成为正式的版权立法。南宋出版的《东都事略》一书前有这样的牌记："眉山和舍人宅刊行，已申上司，不许覆板。"可见，当时出版者为了防止自己的出版物被盗版，保护自己的利益，已经向官府申请保护。但是直到 20 世纪初，中国的版权保护办法依然与南宋时的办法没有什么质的区别。在 1910 年《大清著作权律》颁布之前，解决版权纠纷的办法依然没什么本质的变化。随着 19 世纪末中国现代出版业的发展，图书大量生产，大量贩卖，有利可图，由于没有版权立法，盗版现象猖獗，分享着原出版者和著

---

① 《出版法施行细则》（1937 年）第 19 条，刘哲民编：《近现代出版新闻法规汇编》，上海：学林出版社，1992 年，144 页。

作人的利益，受盗版影响的不仅有中国人，也有西方人。那些西方作者和出版者马上借用西方版权观念要求中国政府对他们的版权予以保护，如19世纪末，林乐知译著的《中东战纪本末》是一部讨论中日甲午战争的畅销书，出版后被盗版。林乐知于是向清政府要求版权保护，上海地方政府所能给予他的不过是一个具有区域警示作用的告示，这个告示提道，"仰书贾坊铺人等，一体知悉：尔等须知，教士所著前项书籍，煞费经营，始能成编行世。既曾登明告白，不准翻印，尔等何得取巧翻版，希图渔利。自示之后，切勿再将前书翻印出售，致干究罚"①。随着现代出版业的发展，不仅西方在华著作人出版人要求得到版权保护，中国出版者著作者也纷纷要求版权保护。现代化使中国成为世界的一员，一些体现现代精神的国际惯例逐渐为中国人所采用，有关版权的法律也就是在这种背景下在中国产生的。

　　1709年，英国颁布了世界上第一部版权法——"安妮法"。1886年，《伯尔尼公约》在瑞士签订。而中国直到20世纪初还在靠地方官府在交通要道张贴"不准翻版"的告示来保护版权。地方官发布的告示只能在其管辖的有限区域发生效力，只能保护少数提出申请并被特批的出版物，而且告示有效性短，官员享有随意赐予和不赐予的权力。这无法满足现代出版业发展的需要。与此同时，出版机构为了吸引优秀作品，已经开始与著作者谈定稿酬和版税，并且在

①《严禁翻刻新著书籍告示》，《万国公报》光绪二十三年正月（1897年2月）97卷，转引自李明山：《中国近代版权史》，开封：河南大学出版社，2003年，15页。

图书的版权页上加印版权声明。一些西方作者如广学会的传教士和接受了现代版权观念的中国知识分子积极倡导版权，主张对版权实行保护。1910年中国第一部著作权法《大清著作权律》终于问世。

《大清著作权律》几经周折，于宣统二年（1910）由民政部最终拟定。《大清著作权律》共分通例、权利期限、呈报义务、权利限制和附则5章，55条。这部著作权法对著作权的含义、著作物的范围、权利期限、呈报义务、侵犯著作权的惩处办法等做出了规定。它明确规定了著作权属于著作权人所有；著作权保护客体范围比较宽泛，将文艺、图画、帖本、照片、雕刻、模型等都列为著作权保护客体；当时东西方各国著作权保护期限延至作者终身后7年至80年不等，《大清著作权律》采取折衷办法，将保护期限定为著作者终身加死后30年；并规定了著作物何种情况进入公有领域，以及著作物"合理使用"的几种情况；等等。它基本包括了著作权法律保护的主要内容，充分体现了现代精神。不过，《大清著作权律》没有采用国际上通行的原则——著作权自动产生的原则，而是采用注册登记制，将注册登记作为获得著作权的条件，即必须以本人的真实姓名到民政部登记并交样本两册。注册登记制有利于政府对著作物的控制。

《大清著作权律》参照了日本、德国、比利时等国的著作权法和西班牙、美国、法兰西、英吉利、奥地利、匈牙利等国的版权法律，经过反复慎重地修改，内容详细，是一部比较完备的著作权法。它是中国出版业现代化发展的必然产物，是中国逐渐融入世界市场的必然结果。它使中国的版权保护告别了地方官府文告时期，进入全国范围版权立法的新时期。中国第一部著作权法的颁布，对中国人版权观念的形成、对中国人的创作和出版等所起到的积极促进作用，不可忽视。从这时开始，中国已经实现了版权保护的飞跃，这为中国加入国际性版权组织奠定了基础。因此，《大清著作权律》的制定和颁布在中国出版业的发展史上具有重要的意义。

《大清著作权律》对中国后来的著作权保护立法产生了深远的影响，提供了一个很好的母本。民国成立后，许多前清法律被废除，但是《著作权律》得到了短期沿用。1912年9月21日，北洋政府内务部发布《著作物呈请注册暂照前清著作权律分别核办通告文》，提到："查前清著作权律，尚无与民国国体抵触之条，自应暂行援照办理"①。直至1915年11月7日，北洋政府才以大总统的名义发布了新的《著作权法》。

1915年的《著作权法》，基本上是对《大清著作权律》的变通袭用，只不过在个别细节上做了增改，如将著作权登记主管部门由民政部改为内务部，将著作权保护客体增加了"讲义""演述""乐谱戏曲"，规定著作权可以转让等。1916年2月，北洋政府还专门以教令第七号文件颁发了《著作权法注册程序及规费施行细则》，强调著作权的获得必须经过注册手续，否则便不受法律保护。1915年，与《出版法》同期颁布的这部《著作权法》还在第24条规定：依《出版法》规定不得出版的著作物，不享有著作权。仅从晚清和民初这两部著作权法看来，政府强调对著作物的控制权是一致的。

南京国民政府成立后，于1928年5月，对1915年的《著作权法》

---

① 周林、李明山主编：《中国版权史研究文献》，北京：中国方正出版社，1999年，133页。

加以修订，颁布了新的《著作权法》。继续采用注册登记制，将著作物注册机构改为国民政府内政部，对著作权保护客体范围做了增补，但是它在保护著作者权利上并没有明显改善，"而且在有些地方却表现出明显的倒退"①。如禁止注册"显违党义"的著作，即不承认那些著作的著作权。

1944 年 4 月，国民政府修订公布了《修正著作权法》，将发音片、电影片也列入被保护的著作物，反映了新的时代需要。另外，删去了 1928 年《著作权法》第 22 条，即：内政部拒绝注册以下两种情形的著作物：一、显违党义者；二、其他法律规定禁止发行者。但是在第 2 条补充规定，掌管著作物注册的内政部对于依法令应受审查之著作物，在未经法定审查机关审查前，不予注册②。1949 年 1 月，国民党政府再次修订《著作权法》，但是没有大的变化，只不过降低了部分处罚标准，等。

1929 年，南京国民政府在公布的《民法》第二编，第 515 条到 527 条对有关出版与著作权的关系做了解释和规定，这是对《著作权法》的补充。晚清和民国的著作权法对邻接权都缺乏详细说明和规定。1929 年的《民法》第二编有关条款，对邻接权的主要部分（出版者权）做了较为详细的表述，如出版人的权限、著作物报酬支付方式、出版合同的解除等。这些规定为解决出版纠纷提供了法律上的依据。

---

① 李明山：《中国近代版权史》，开封：河南大学出版社，2003 年，179 页。

② 《修正著作权法》（1944 年修正公布），刘哲民编：《近现代出版新闻法规汇编》，上海：学林出版社，1992 年，196 页。

三、其他法律

现代国家对于出版业的管理，主要的措施是法律。从晚清到民国，中国政府颁布了许多有关出版的法律，除《出版法》《著作权法》《报律》以外，还制定颁布过许多法律法规，涉及教科书编辑与审定、邮局代订刊物代购书籍、图书呈缴制度、图书的查禁等。

第二节　稿酬制度的建立与职业作家群的产生

一、稿费制度的产生

中国很早就有因创作作品而得到实物或货币作为酬劳（称"润笔"）的记载。早在汉武帝时，失宠的陈皇后请司马相如为其作赋，以感悟皇帝，得到"黄金百金"的酬劳。唐代曾有许多有文名的作者受权贵人家之请，拟制碑铭，因此获得润笔费。古代的润笔费与现代意义的稿费有很大的不同，润笔可以说是受委托创作的雇佣作品的报酬，这与出版者（靠发行报纸、杂志、图书等来谋利）在登载作品以后付给作者稿费的方式并不相同。在雕版印刷术发明之前，一部受欢迎的作品产生以后，引起众人传抄，当时的书肆老板雇人抄书，然后售卖得钱，抄书者会因为参加了图书的复制工作而得到报酬，但是原著作者却不会获得报酬。雕版印刷术发明以后，这一情况并没有什么变化。由于市场有限，图书交易的规模不大，出版商不过是小本经营，关于出版商的主要书稿来源，是已经创作的作品，而不是按市场需要约请作者创作。只有在现代稿酬制度产生以后，作者才可能为市场写作。在前现代中国，作者最关心的主要是自己的作品是否能够广为传播，流传后世，而不是关心自己是否能够得到报酬。作者为了使自己的作品广为流传，甚至自费刻印出版，不以赢利为目的。著作者一般另有赖以谋生的主要职业，从事创作只是他们的业余工作。明清时期，在一些坊刻发达的城市，受商业利益的驱动，出现了出版商向文人购买通俗文学书稿或雇人编辑科举应试读物[①]的现象，但是这并没有发展成为一种普遍的稿费制度，作者在出版业中的重要性仍然是很有限的，作者的经济利益没有制度上的保障。

19 世纪前半期，报刊等新型传播媒体出现以后，最初，文人学者发表作品，不仅不收稿费，还要付钱要求刊载，以满足发表的愿望。后来，一些商业性报纸为了吸引优秀作品，刊登了免费刊登诗文的启事，如 1872 年，《申报》在创刊号上刊登启事：

> 如有骚客韵士有愿以短什长篇惠教者，如天下各名区竹枝词，及长歌纪事之类，概不取值；如有名言谠论，实有系乎国计民生、地利水源之类者，上关皇朝经济之需，下

---

① 吴敬梓（1701～1754）著《儒林外史》中多次提到编选科举考试读物的"选家"，如马二先生和匡超人等，第 18 回提到，杭州文翰楼书坊为出版一部科举考试范文，请匡超人对 300 多篇科举文章加批点，匡超人因此得到了二两选金作为报酬，并可以在该书出版后得到 50 本样书。我认为，这可以反映至少在 18 世纪，江南书坊已普遍存在雇请读书人评选编辑科举考试范文并出版的情况。吴敬梓：《儒林外史》，北京：人民文学出版社，1958 年，185 页。

知小民稼穑之苦，附登斯报，概不取酬。①

除《申报》以外，《上海新报》也刊登过类似的告白②。申报馆在出版报纸以外，还出版图书和期刊。《申报》时常刊登启事征求或征购书稿，如 1878 年 3 月 7 日登载"搜书"启事（以后还多次登载）："启者，本馆以印刷各种书籍发售为常。如远近之君子，有已成未刻之著作，拟将问世，本馆愿出价购稿，代为排印，或装订好后，送书十部或百部申酬谢之意。总视书之易售与否而斟酌焉。"③申报馆有偿购买书稿的做法与此前宣布免费刊登这两种做法相比较，有偿购稿的出版者—作者模式显示出作者在出版过程中的作用更为重要了，作者的经济利益受到了更多的关注。

1884 年 6 月 4 日，点石斋主人为《点石斋画报》（旬刊）征稿刊登《请各处名手专画新闻启》，向读者征求绘画稿，宣布一旦录用，每幅付大洋两元的稿酬。这是目前所见最早的期刊支付稿酬的事例。

19 世纪末，报刊图书出版业迅速发展，竞争加剧，新闻出版业规模有所扩大，为了争夺作者资源，更多的出版者采用了稿酬制度。就这样，稿酬制度已经不再是个别商家的尝试。《汪康年师友书札》④

① 《申报》1872 年 4 月 30 日。

② 陈昌文：《都市化进程中的上海出版业：1843 ～ 1949》，苏州大学博士学位论文，2002 年，83 页。

③ 徐载平、徐瑞芳：《清末四十年申报史料》，北京：新华出版社，1988 年，320 页。

④ 上海图书馆编：《汪康年师友书札》二，上海：上海古籍出版社，1986 年，2040～ 2041、2080 页等。

中有不少资料涉及 19 世纪末最后几年的稿酬情况。1899 年，严复在致南洋公学译书院院长张元济的信中，对其所译《原富》的稿酬数再三进行商量。到 20 世纪初，支付稿酬的做法逐渐流行开来，为出版者撰书译书可以得到稿酬成为出版业界的惯例。

稿酬的另一种形式——版税也在 20 世纪初出现了。1900 年前后，严复在与南洋公学译书院院长张元济讨论《原富》等书的稿费问题时，明确提出了版税方案。当时南洋公学译书院以 2,000 两银子买下《原富》书稿，但严复又提议在 2,000 两银子的稿费之外，将图书销售价值的 20% 给予译者，1901 年，张元济同意了严复的要求。1903 年 12 月，商务印书馆出版严译《社会通诠》一书，与严复正式签订了中国第一份现代出版合同，这也是中国第一份版税合同。合同规定：此书按发行数量计酬，每月底结算一次，每部作者得墨洋五角，比照书价，折合版税约 40%[1]。在严复取得版税之前，日本出版者已经按国际惯例，在中国实行版税制度。中国自从被迫地对外开放以后，对于西学图书需求量很大，译书大受欢迎。正是在这种情况下，日本人山口熊野开设的东亚益智译书局将业务向中国推广，在中国出售汉译图书。1901 年 3 月，上海《同文沪报》刊登了《东亚益智译书局叙例》的广告，广泛征求用汉文翻译的各国文学、社会和自然科学图书，并规定译稿可以提取售价 20% 作为版税，"当酌送润笔之资或提每部售价二成相酬"[2]。版税方法逐渐推行开以后，版税的

---

[1] 吴永贵：《我国第一份近代出版合同》，《中国出版》2000 年第 4 期。

[2] 鲁湘元：《稿酬怎样搅动文坛：市场经济与中国近现代文学》，北京：红旗出版社，1998 年，123 页。

标准基本上在 10% ～ 20% 之间浮动。

20 世纪初，一般的稿费标准是每千字二三元[①]，畅销书作者和知名作家的稿费会高于这个标准。1902 年 11 月，梁启超主编的《新民丛报》刊登了《〈新小说〉征文启》，公布了即将创刊的《新小说》稿酬标准：自著本甲等每千字稿酬 4 元；自著本乙等每千字 3 元；自著本丙等每千字 1.5 元。译本甲等每千字 2.5 元；译本乙等每千字 1.6 元；译本丙等每千字 1.2 元。1932 年，陆费逵在《六十年来中国之出版业与印刷业》一文谈到，当时中国的稿酬，通常每千字二元至四元，一些无名作者的书稿甚至仅以每千字 5 角至 1 元的价格被小书坊买走[②]。20 世纪 30 年代初，世界书局付给畅销小说作家张恨水的稿酬是每千字 4 元至 10 元，这在当时是比较高的稿费。商务印书馆付给郭沫若的稿费是每千字 4 元，胡适 5 元，鲁迅 5 元，蔡元培 5 元（也有 7 元）。千字稿酬的最高纪录很可能是商务印书馆于 1922 年约梁启超为《东方杂志》撰稿，稿酬达到每千字 20 元。为此，张元济在信中对梁启超特别叮嘱："千字二十元乞勿为人道及。播扬于外，人人援例要求甚其难应付。"[③]1930年，林语堂为开明书店编了一套 3 册的《开明英文读本》，多取材文学故事，语文与文法结合密切，并配以丰子恺的插图，版式清新活

---

① 据郑逸梅回忆，见鲁湘元：《稿酬怎样搅动文坛：市场经济与中国近现代文学》，北京：红旗出版社，1998 年，128 页。

② 陆费逵：《六十年来中国之出版业与印刷业》，张静庐辑注：《中国出版史料补编》，北京：中华书局，1957 年。

③ 《张元济书札》下册，1030 页；另参见《梁启超年谱长编》，上海：上海人民出版社，1983 年，965 页。

泼，让人感觉面目一新，创下了惊人的发行业绩，成为开明最畅销的书，此书在开明书店发行 20 年，林语堂为此所得的版税达到 30 万元，难怪林语堂位列 1949 年前可以靠稿费为生的四位作家[①]之一。

二、现代职业作家的出现

在稿酬制度产生之前，写作只是一种业余工作。出版业规模的扩大和现代稿酬制度的产生使写作挣稿酬成为一种谋生手段，中国的职业作家队伍开始形成。

20 世纪初，科举制度废除以后，"学而优则仕"的传统晋升道路被切断，中国读书人转入办报刊书局、做编辑、教学、写作等行业。在这样的背景下，如果没有稿费制度，写作仍然不可能成为一种谋生的手段。正是因为 20 世纪初中国出现了现代稿费制度，作家有了稿费这种收入来源，职业作家队伍才得以形成并不断发展。

郭延礼在《近代西学与中国文学》中将中国第一代职业作家列了一个初步的名单：李伯元、吴趼人、黄小配、罗孝高、包笑天、徐枕亚、李涵秋、周瘦鹃、陈景韩、林纾、伍光建、吴梼、周桂笙、徐念慈等[②]。这主要是指文学领域，在文学领域以外，严复、梁启超等的稿费也非常可观，是其生活的主要来源。

---

① 这四位作家是梁启超、胡适、鲁迅和林语堂。据 R. 洛旺塔尔（R. Loewenthal）：*The Copyright in China*（中国版权），《燕京学报》第 3 卷第 2 期，1941 年 8 月，转引自［法］戴仁（Jean-Pierre Drege）著，李桐实译：《上海商务印书馆》，北京：商务印书馆，2000 年，60～61 页。

② 郭延礼：《近代西学与中国文学》，南昌：百花洲文艺出版社，2000 年，434 页。

　　据朱联保回忆，因有著作在世界书局出版而与世界书局发生关系的编著者约在一千人以上。那么，比世界书局规模更大、历史更长的商务印书馆、中华书局，其维系的作家队伍可能更加庞大。晚清民国时期，存在着大量的出版社、报社和期刊社，它们提供了广阔的发表园地，通过发表作品，著作者可以获得稿费，赖以谋生，成为职业作家。

　　出版业的竞争使稿费有所提高，尤其是那些销路好的作品。如世界书局主持人沈知方曾支付畅销书作者如张恨水等人高稿费，此后别的出版机构为了争夺张恨水的作品，也只好支付高稿酬[①]。这样，出版家之间对作者的争夺便提高了作者的身价，提高了他们的稿费水平。另一方面，作者为了挣取更多的稿费，必须多创作。这样，中国出现了一批多产的作家，作品数量大增。如林纾通常每天译书 4 小时，一小时约译1,500字，共6,000字[②]。自1898年翻译小说《巴黎茶花女遗事》（1899 年出版）以后，他共翻译出版了 181 部小说。吴趼人从 1903 年起专门从事创作，成为一名职业作家，到1910 年去世的 8 年时间里，他先后写出了《二十年目睹之怪现状》《痛史》《九命奇冤》等近 20 部中长篇小说，《平步青云》等 12 部短篇小说，另有笔记、诗文等多篇，总计约二三百万字。其中《恨海》约 10 万字，"仅十日脱稿，未尝自审一过，即持以付广智书局"[③]。二十世纪二三十年代，张恨水、向恺

---

①　朱联保：《关于世界书局的回忆》，《出版史料》1987 年第 2 期。

②　林纾：《孝女耐儿传·序》《梦洲烟水愁城录·序》，阿英编：《晚清文学丛钞·小说戏曲研究卷》，北京：中华书局，1961 年，252、215 页。

③　魏绍昌编：《吴趼人研究资料》，上海：上海古籍出版社，1980 年，326 页。

然（笔名不肖生）的多产，一个主要原因便是为了多挣稿费。

据陈明远对鲁迅一生收入的研究，鲁迅在1927年秋至1936年在上海生活的9年间，完全是自由撰稿人身份，共收入国币（法币）7.53万元，月平均697元[①]。1928～1931年，清华大学教授的月薪是160～360元；1932～1937年，清华大学教授月薪为300～500元[②]。北平社会调查部等对上海纱厂工人生活状况进行的一项调查表明，1927～1928年上海纱厂工人平均月薪为15元，每家每月的总收入平均约为33元[③]。主要依靠稿费和版税，鲁迅的月收入比清华大学教授的月薪还要高，是上海纱厂工人月薪的46倍。上节已经提到，林语堂仅靠《开明英文课本》，就有30万的版税收入。

当然，并不是所有作者都能得到如此高的稿费和版税收入。但是稿费作为一种新的经济来源，改善了中国知识分子的生活，为他们提供了新的职业选择。例如，作家巴金1935～1949年都在文化生活出版社工作，但是他的编辑工作是义务的，并不拿工资。他是一个完全靠稿费生活的职业作家。还有不少作者在生活困窘时靠出版社借支稿费渡过难关。

随着职业作家队伍的发展，作者们开始成立同业组织，共谋发展。19世纪末20世纪初，翻译图书在中国新出版物中占有很大比重，译者也很多，但是各自翻译不通消息很容易造成重复翻译，所

---

① 陈明远：《鲁迅生活的经济背景》上，《社会科学论坛》，2001年第2期。

② 清华大学校史编写组：《清华大学校史稿》，北京：中华书局，1981年，145～146页。

③ 杨西孟：《上海工人生活程度的一个研究》，北平：北平英文道报社，1930年，29～31页。

以在 1906 年，周桂笙发起，吴沃尧、汪庆祺赞助，成立了译书交通公会，会址设在上海泥城桥西牯岭路毓麟里月月小说社内，暂借《月月小说》为该会的机关报。该会的宗旨是："交换知识，广通声气，维持公益"。各地译书者，不论是学生还是书局编辑所成员，都可入会，会员每年交会费银洋 2 元，为了防止重复译书，该会要求各地会员每翻译一书，寄交该会注册，然后按月汇总相关资料告知会员。1927 年上海著作人公会成立，1932 年 1 月全国著作人公会在北京成立，它们的一个主要目的是维护著作者权益。这些组织的成立是中国职业作家队伍发展的要求。

第三节　现代版权观念的形成

依法治理是现代政府对出版业管理的主要手段。20 世纪以来，随着《著作权法》等一系列法律法规的出台，出版界和著作界法制观念大为增强。这主要体现在以下几方面：

一、版权纠纷的法律解决

如前所述，中国古代没有稿费制度，知识分子著书重在"立言"，将著作流传后世，主流价值观不屑于谈论经济利益，不屑于将著作商品化换取钱财。但是，随着西方版权观念的引入，出版业规模的扩大，中国著作权法等法律的制定实行，以及职业作家的出现，20世纪前期的中国著作者们开始重视经济收益，理直气壮地为自己争取应得的报酬。如周作人曾仔细计算过所译《爱情小说》一书的字数，发现出版者所计算的字数过少，这样影响了自己所得的稿费收入，周作人的"锱铢必较"使他追回"大洋十几元几角几分"。此外，著作者为版税和稿费与出版者发生争执甚至诉诸公堂的事件时有发生，这充分反映了现代版权观念的形成和著作者法制观念的增强。

在中国第一部著作权法颁布之前，租界仿西方惯例对著作权予以一定的保护。1905 年，《官场现形记》作者李伯元曾因书籍被盗版翻刻向上海公共租界的会审公廨提起诉讼，以维护著作权。著作权法律颁布以后，提起诉讼的版权纠纷就更多了。鲁迅与北新书局老板李小峰私交甚好，而且有师生名分，但是在 1929 年，因北新书局拖欠鲁迅巨额版税，鲁迅试图通过法律手段维护自己的著作权①。关于北新书局拖欠鲁迅版税数额，据李小峰晚年自述是 8,200 余元②，另据陈明远对鲁迅经济状况的研究，这次版税冲突中，北新书局拖欠鲁迅版税达国币两万多元（合今 70 万元）。鲁迅曾委托律师杨铿向北新书局索取版税，庭外合解后双方达成协议，鲁迅于当年（1929）剩下的四个月内索回版税约 8,300 元，第二年又继续追回 1 万多元。

二、中外版权纠纷

作为一个后发外生型现代化国家，在现代化进程的初期，中国自

---

① 陈明远：《鲁迅生活的经济背景》下，《社会科学论坛》2001 年第 3 期。

② 李小峰：《鲁迅先生与北新书局》，《出版史料》1987 年第 2 期。

身的经济文化均比较落后，从务实的角度来看，中国需要外国作品远甚于外国对中国作品的需求，如果中国与发达国家相互承诺允以对方国民在本国的版权保护，那么，事实上便是外国版权人从中获得更多利益，而中国版权人很少能从中获利。出于这种考虑，20 世纪前半期中国一直没有加入国际性版权保护组织。20 世纪前期中国先后颁布的几部著作权法都没有对外国著作权予以保护。20 世纪初，美国、日本强烈要求在续修通商行船条约中加入著作权保护内容的条款，但是经过中方的竭力争取，1903 年，只达成这样的版权保护协议，即专备为中国人所用美日两国作品，日本人的作品还必须以中国文字写成，在中国受到保护，不得翻印，其余作品在中国不享有版权。

1908 年，日本商人斋藤秀三郎向上海会审公廨提起诉讼，称自己于 1900 年编译出版的《正则英文教科书》（用日、英两国文字）被上海至诚书局私自翻译成中文出版，要求赔偿，并将所译图书的书版，充公销毁。上海书业商会代表至诚书局向会审公廨做了申辩，抓住《中日通商行船续约》第五款仅规定"日本臣民为中国人备用起见，以中国语文著作书籍以及地图、海图"在中国享有版权保护，而此书原为日本人所作，而且不是用中国文字写成，所以依法不在保护之列，会审公廨认为上海书业商会有理，拒绝受理斋藤秀三郎的控告①。此后的一系列中外版权纠纷案，中方大都照此辩解，包括1911 年美国经恩公司控商务印书馆翻印《欧洲通史》侵权案，1923

① 周林、李明山主编：《中国版权史研究文献》，北京：中国方正出版社，1999 年，192 ～ 198 页。

年美国米林出版公司控商务印书馆译编《英汉双解韦氏大学字典》侵权案①等，因为那些未经得外国著作者和出版者同意在中国翻译出版的图书并非专备中国人所使用的，其结果，外国出版者和著作者的诉讼只能徒劳无益。

　　20世纪前半期这些中外版权纠纷体现了中国出版业对外联系的加强，翻印外国出版物以教科书为最多，这主要是因为中国当时的经济、教育和学术水平还比较落后，现代教育的发展需要大量的新式教科书，但是外国的教科书在中国售价高，非一般中国人有能力购买，于是中国出版者的翻印和翻译本便大有市场。正是因为有这样的经济利益驱使并在道义上肩负扶助文化教育事业的责任，中国出版者在20世纪前期强烈反对中国加入国际性版权保护组织，为了保护本国的出版业，中国政府也务实地采取了不加入国际性版权保护组织的做法，但这也是现代化起步和初级阶段的一种暂时性策略。中国最终在20世纪末加入了两个国际著作权公约——《伯尔尼公约》和《世界版权公约》，1991年6月实施的《中华人民共和国著作权法》规定，"外国人在中国境外发表的作品，根据其所属国同中国签订的协议或者共同参加的国际条约享有的著作权，受本法保护"。这以后，中国的版权保护突破中国的范围，开始与世界众多国家一起谋求国际性的版权保护秩序。

---

　　①　此案判决结果是商务印书馆译的《英汉双解韦氏大学字典》并不侵害著作权，但是因封面设计雷同，侵犯了商标权，被判罚银1500两。

三、出版者维护出版权的实践

盗版、抄袭、仿冒等行为不仅侵害了原著作者的著作权，也侵害了出版者的专利出版权。20世纪30年代出版界盗版现象非常严重。为了维护自己的出版权，不少出版机构采取各种方式维护自己的出版权。

1937年，上海仿古书店翻印开明书店和北新书局发行的由巴金、周作人、谢婉莹（冰心）、叶绍钧等所撰的《巴金短篇小说集》等数十种书籍，被开明书店和北新书局两个出版机构联合以"缘此项书籍，曾经原著作人与发行人呈请注册立案，禁止翻版"为理由，控告仿古书店侵害著作权①。

据《中国新书月报》1931年的有关报道，由于盗版书猖獗，商务印书馆、中华书局、世界书局、开明书店和北新书局在北京的分部负责人联名上书北平市政府和公安局，要求依法严厉打击北平的盗版活动，并拟具了七条取缔盗版书的具体办法，供北平市政府参考。北平市政府应他们的要求批复公安、社会、教育三局联合打击盗版活动，取得了一些成绩②。

因仿冒和抄袭引起官司的案例最著名的莫过于1930年开明书店与世界书局的英文教科书版权纠纷。开明书店约请林语堂编的《开明英文读本》（3册）是一套中学程度的英文教科书，由于质量高，在出

---

① 《申报》1937年4月25日，第15版。

② 《中国新书月报》第1卷第10、11号合刊，1931年11月，转引自李明山：《中国近代版权史》，开封：河南大学出版社，2003年，213～215页。

版后被许多学校采用，成为畅销书。世界书局为了争夺中学英文教科书的市场份额，请林汉达编了一套《标准英语读本》（3 册）。林汉达的书与林语堂的书在内容和形式上有许多雷同之处。开明书店知道后首先致信世界书局老板沈知方，抗议世界书局的英语读本侵权，要求谈判解决。在世界书局不予理睬后，开明书店委托律师向世界书局发出严重警告，要求停止侵权，并赔偿损失。但沈知方认为著作权侵权是两书作者的事，与出版者无关，况且世界书局已经为此书投入了成本，所以继续采取不理睬的态度。不料随后，开明书店于在上海《申报》《新闻报》等报纸上大登广告（1930 年 8 月 28 日），题为《世界书局承认〈标准英语读本〉抄袭〈开明英文读本〉之铁证》。舆论为之哗然，沈知方再也不能坐视不理，于是也登报对开明书店加以驳斥和警告，开明书店又立即在报纸上予以回击，就这样双方不断登报进行争论。与此同时，沈知方重金聘请上海法学院院长、女律师郑毓秀办理此案，在上海特区法院提起诉讼，控告开明书店诽谤罪。在第一次开庭审讯时，法官明显偏袒世界书局。开明书店为了摆脱不利的处境，立即向手握教科书审定权的教育部求救，把两部书内容与形式相似的地方逐条列出，进行对照，上书教育部，请求予以著作权保护。当时正值教育部教科书编审处审查林汉达《标准英语读本》之际，教育部的编审们为此开了几次会，经过几次辩论，最后表决的结果是："确有抄袭冒效开明英文教本之处，不予审定并禁止发行。"开明书店得到这个重要批示后，立即做成大幅广告在各大报纸上刊登。尚在进行之中的版权官司的审判受到了教育部审查结果的影响，法庭最后判决开明书店对世界书局诽谤罪成立，但予以从轻处罚，仅判开明书店罚款 30 元。开明书店对判决不服，继续利用报纸等宣传工具，向公众宣称自己被侵权，还有许多采用世界书局版《标准英语课本》的学校，纷纷向世界书局要求退款，最后世界书局被迫与开明书店讲和，这起闹得沸沸扬扬的纠纷最终以世界书局交出《标准英语读本》的纸型给开明书店负责销毁而告终。

通过以上事例，我们可以看出，20 世纪前期，中国出版界为了维护自己的合法权益，已经采用多种手段，如法律手段、请求行政干预、制造社会舆论进行监督等，这充分表现了 20 世纪以来，出版界法律意识不断增强，版权观念逐步深入人心。

第七章　现代出版企业制度的形成

在这一章，笔者试图解决这样的问题：现代出版企业制度与原有的出版企业制度有什么不同？现代出版企业制度在哪些地方优于传统的企业制度？在建立现代出版企业制度过程中，国家政策对出版企业组织形式、经营行为、行业结构具有什么样的影响？

第一节　出版企业组织形式的现代化：股份公司的兴起

企业的三种组织形式是私人业主制、合伙制和公司制。从历史和逻辑的角度看，这三种形态企业之间存在着演进关系，即私人业主制企业逐渐发展成为合伙制企业，合伙制企业又逐渐发展成为公司制企业，即股份有限公司和有限责任公司[①]。但是它们之间并不存在完全取代的关系，即使是在 21 世纪的今天，私人业主制和合伙制企业仍大量存在。

中国出版企业的组织形式演变过程遵循企业组织形式演进的一

---

① 李维安等：《公司治理》，天津：南开大学出版社，2001 年，16～17 页。

般规律。中国传统的出版企业产权制度以产权主体单一、两权合一为特点，包括单一业主制出版企业和合伙制出版企业，由单一业主出资或几个合伙人联合出资组成出版企业，出版企业的组织比较简单，产权主体单一，老板就是经理，所有权和经营权两权合一。出版企业的资本规模较小，内部分工程度低，如编辑、印刷和销售合一的情况经常存在，外部协作的程度也比较低，企业活动范围较窄，由于交通落后，企业处于半封闭状态，大多带有家族特色，这从一些书坊的名称也可以看出来，这个阶段的企业有很多采用企业主的姓名来命名，比如，唐代用雕版刻书的民间书坊有"成都府樊赏家""龙池坊卞家""西川过家""京中李家"①等。

　　单一业主制和合伙制出版企业最主要的缺陷是具有无限责任的风险。当企业出现亏损时，单个业主对企业的欠债具有无限责任，直到倾家荡产。即使是多个业主（通常是家族成员）合伙组成的企业，每一合伙人对整个合伙制企业的债务也具有无限责任。即使这个合伙人在企业中只占很小的份额，但是如果企业失败了，而且其他合伙人无力赔偿他们所占份额的时候，这个只占很小份额的合伙人也有责任赔偿全部份额。这种无限责任使人们在投资时必然非常谨慎，从而限制了人们的投资行为，成为大规模投资的障碍。

　　一种创新的企业制度在 17 世纪的西欧出现了，这种制度使投资人所担负的风险成为有限的，如果企业失败，投资人的损失不超过他对该企业的投资，从而鼓励了分散投资。1855 年，英国议会认可

---

　　①　肖东发:《中国编辑出版史》，沈阳: 辽宁教育出版社，1996 年，215 页。

了公司的有限责任制。股份公司在西方世界得到了迅速发展，到 19世纪末已经成为资本主义经济中占主导地位的企业组织形式。

现代企业制度的主要代表就是股份公司。股份公司是现代市场经济中最重要、最典型的企业组织形式之一。股份公司出现以后，随着公司规模的扩大，股权的分散，出现了所有权和经营权的分离，即公司的管理权从私人所有者转移到具有专业管理技能的经理人员手中，经理人员为股东工作，从企业利润中领取报酬。传统的企业产权制度使企业过分依赖于个别企业主的财富和智慧，而现代企业制度有利于集中社会的财富和智慧。

《申报》创办人英国商人美查（Ernest Major）原本在上海经营洋布业，生意折本之后，打算改营他业，他的买办陈莘庚借鉴《上海新报》的成功建议他开设报馆。美查采纳了他的意见，于 1871年，邀请友人伍华德（L.Woodward）、普莱亚（W.B.Pryer）和瓦其洛（J.Wachillop）等四人投资报馆，订有合约，规定股款由四人分摊，每人出银 400 两，合计资本 1,600 两，但因美查负实际的经营责任，凡盈余及亏损都划为三份，其中美查占两份，其他三人合占一份。第二年 4 月 30 日，《申报》正式创刊。创办后，聘赵逸如为买办，第二年改聘席裕祺为买办。申报馆不仅主营报业，而且还出版期刊和图书，除报馆出版部出版图书以外，报馆还创办了申昌书局、点石斋印书局、图书集成局等企业。1889 年，美查将申报馆下属所有企业包括工厂、报馆和三家书局，改组为美查兄弟有限公司，招收中国人入股。早期的申报馆以《申报》为龙头，形成了报纸、期刊和图书同步发展、相互促进的出版集团，在创办时不过资本 1,600 两，美查于 1889 年回国时收回本利银 10 万两，这种现代出版企业的规模非传统时期的出版企业可比。

19 世纪后期，西方现代印刷机器引入中国，降低了劳动力成本，使出版业收益增长，具有更强的市场竞争力。但是采用现代印刷机器，需要较大的投资，只有那些大规模的出版企业才拥有足够的经济实力。而前现代时期的出版企业一般规模比较小，手工操作，不需要太大的投资，个人或两三个亲密的伙伴（或家族成员）就可以开办一个出版机构。七八十年代以后，在外国商人在中国集股办公司以及中国其他行业尝试创办股份公司的启发下，中国出版业出现了集股办出版企业的情况，即把公司资本分为若干等额的股份，主要向亲友集资，持股人可按所持股票获取股息。股份制主要有两个方面的优越性：一方面，这种方式可以利用高股息来刺激人们的投资行为；另一方面，这种集资方法，由于不用偿还，对于企业发展有利。早期的出版业股份制公司采取的企业制度是一种新旧并存的制度，虽然采取集股的形式，但是对于股份制公司的性质是有限责任还是无限责任，并没有明显的规定，也没有通过一定的程序建立股东大会、董事会和监事会等机构的制度，股东人数一般也比较少。1882 年徐润等在上海集股创办同文书局，采用石印等新式出版技术，规模较大，有石印机 12 部，雇员 500 余人。1889 年，美查将《申报》及所属企业改组为美查兄弟有限公司，从公司名称来看，美查强调了其公司的有限责任。有限责任制是现代企业制度的重要内容。

中国现存最早的出版社商务印书馆成立于 1897 年，由夏瑞芳、鲍咸恩等 7 人 ① 合股创办，他们都是亲友，当时的资金只有 3,750 元。创立之初，它以印刷业为主，也少量出版图书，如 1898 年出版了英文教科书《华英初阶》和《华英进阶》。夏瑞芳为了扩大商务印书馆的规模并增强编辑力量，力邀翰林出身、当时在南洋公学主持译书工作的张元济加盟。张元济接受了邀请，于 1901 年投资商务印书馆，1902 年进馆担任刚成立的编译所所长。与张元济同时投资商务印书馆的还有经营日本布的商人印有模。1901 年商务印书馆资本估计在原有资本 3,750 元基础上升值 7 倍，为 26,250 元，张、印两位新的投资者共投资 23,750 元，共为 5 万元。

　　1903 年 10 月 1 日（农历），日本金港堂书店创办者原亮三郎、总务部长（相当于编译所所长）加藤驹二等投资 10 万元于商务印书馆，商务印书馆原有资产 5 万元，另招新股 5 万，吸收严复、谢洪赉、沈知方、鲍咸亨等作者和职员的股份 ②，中日合资，股本共计 20 万元，正式成立商务印书馆有限公司（1914 年初收回日资），这时股东不

---

　　①　商务印书馆初创时的股东及认股情况：鲍咸恩、鲍咸昌、夏瑞芳、郁厚坤各一股 500 元，沈伯芬（伯曾）两股 1,000 元，高凤池半股 250 元，还有某外国人一股 500 元，后转让给张桂华。以上共计 3,750 元。鲍咸恩、鲍咸昌是兄弟，张桂华、夏瑞芳为连襟关系，都是鲍氏兄弟的妹夫，以上 4 人都是半工半读性质的清心学堂（后改为清心中学）的学生，高凤池与他们是同学，这所学堂是美国北美基督教长老会在上海办的。郁厚坤是鲍咸昌妻子的弟弟。沈伯曾是张桂华在电报局高等学堂的同事，信天主教。从清心学堂出来后，鲍咸恩、夏瑞芳曾在英文《捷报》馆当排字工人，鲍咸昌入美华印书馆当西文排字工人，高凤池入美华印书馆工作，后来升至经理。据汪家熔：《商务印书馆馆史及其他》，北京：中国书籍出版社，1998 年，8～10 页。

　　②　高翰卿：《本馆创业史》，高崧等编选：《商务印书馆九十五年》，北京：商务印书馆，1992 年，8 页。

少于 24 位 ①。印有模、夏瑞芳、原亮三郎、加藤驹二被推举为第一届董事，总经理由夏瑞芳担任。

商务印书馆的股东数，由最初的 7 人，到 1903 年中日合资时至少 24 人，1932 年达到 2,745 户。1903 年中日合资后，推举 4 名董事，1906 年 2 月增加董事 1 名，1909 年 4 月，董事增加到 7 位，于是成立董事局（即董事会）。董事名额后增至 15 位。

商务印书馆改组为股份有限公司的实践在政府颁布《公司律》之前。在 20 世纪初清末"新政"时期，清政府制定了一套比较全面的符合资本主义经济发展的法规，对现代企业制度的建立和发展起到了鼓励和引导作用。

在中国传统的价值观里，工商业被视为末业，这限制了工商业的发展。鸦片战争以后，中国官员和士绅鉴于西方工商业的强大，逐渐重视发展工商业。中国第一批现代企业是官办的。《马关条约》签订后，日本等国获得了在中国投资设厂的权利，此后，政府也没有理由限制民间自由设厂。19 世纪末以后，民间出现了私人投资办企业的高潮。据上海书业公所 1906 年的记录，当时上海有出版机构 119 家 ②。1903 年 8 月，清政府正式设立商部，作为管辖全国工商实

---

① 汪家熔：《商务印书馆史及其他》，北京：中国书籍出版社，1998 年，38 页。

② 上海商务总会要求上海书业总会将上海各同业牌号、地址等详细查明，呈报总会，以便商部察核。上海书业总会于是在《申报》1906 年 3 月 21 日首版刊登"紧要广告"，要求上海各同业将有关资料送交书业公所，这些原始材料保存在上海市档案馆，名为《清朝书业公所同业挂号原函汇存簿》，档案号 S313–1–76。转引自潘建国：《档案所见 1906 年上海地区的书局与书庄》，《档案与史学》2001 年第 6 期。

业的最高领导机关，表明了政府对工商业在经济中的重要地位的正式承认[①]。1904 年 1 月，清政府仿西方颁布了第一部《公司律》，共131 条，对公司种类、创办呈报、股份、股东权利、董事、股东会议等做出了规定，这是中国关于资本主义工商企业设立、组织与活动等方面的最早立法。

《公司律》规定，"凡凑集资本共营贸易者，名为公司"，共分四种：合资公司（二人或二人以上集资营业，公取一名号者）；合资有限公司（二人或二人以上集资营业，声明以所集资本为限者）；股份公司（七人或七人以上创办，集资营业者）；股份有限公司（七人或七人以上创办，集资营业，声明资本若干，以此为限）。

清政府还颁布了《奖励华商公司章程》（1903 年）、《商人通例》（1904 年）、《公司注册试办章程》（1905 年）、《破产律》（1906 年）等。1914 年 1 月，北京政府颁布了《公司条例》，共 251 条，详细规定了公司的各种形式、设立的条件、集股条件、股东的权利义务、对外营业的法律责任及解散清算等事项。此后，农商部又颁布了《公司条例施行细则》《商业注册规则》和《施行细则》，明确了呈请注册的条件，降低注册收费，简化注册手续，公司注册规定县知事必须于 5 日内予以办理。1904～1908 年，向清政府登记的公司约 272 家，其中 153家是现代的股份有限公司。它们占全部资本积累额中的绝大部分[②]。

---

① 刘佛丁、王玉茹：《中国近代的市场发育与经济增长》，北京：高等教育出版社，1996 年，94 页。

② ［美］费正清（John King Fairbank）编，中国社会科学院历史研究所编译室译：《剑桥中国晚清史：1800～1911 年》下册，北京：中国社会科学出版社，1993 年，483～484 页。

1913 年的调查，全国公司共有 1,110 家，资本金共 90,522,172 元，公积金共 1,675,287 元[①]。

政府对创办公司进行鼓励，并用法律引导建立现代企业制度，在这样的背景下，现代出版企业制度逐步建立起来。

继商务印书馆于 1903 年改组为股份有限公司之后，中华书局于 1913 年 4 月改组为股份公司，世界书局于 1921 年夏改组为股份有限公司，大东书局于 1924 年改组为股份公司，开明书店于 1929 年改组为股份有限公司。股份公司在募集资本、扩大规模等方面的优势使它对出版者有着巨大的吸引力。中华书局初创时仅有 2.5 万元资本，1912 年 10 月扩充资本，向创办人和社会有条件开放，资本增加到 7.5 万元，而 1912 年商务印书馆的资本数已经达到近 80 万元，但是中华书局决心与资本雄厚的商务印书馆展开各方面的竞争，大量编印新式教科书，在全国各主要城市开办分支机构等，这些都需要大量的资金，为了扩充资本，于是中华书局积极向社会招股。1916 年和 1936 年两次在《申报》上刊登增集股本的通告[②]。一些小书局如北新书局，1929 年向社会招收外股十万元[③]。20 世纪二三十年代，创造社出版部、现代书局、良友图书印刷公司、大东书局等都曾在《申报》上刊登招股广告[④]。在"有限责任"的法律保障下，股份公司成

---

① 柳诒徵编著：《中国文化史》，上海：东方出版中心，1988 年，850 页。

② 分别见 1916 年 6 ～ 7 月份的《申报》广告和 1936 年 12 月的《申报》。

③ 《申报》1929 年 10 月 15 日。

④ 分别见《申报》1925 年 12 月 19 日，1931 年 8 月 16 日，1931 年 10 月，1932 年 11 月 28 日。

为资本集中的一种有效手段。

股份公司组织形式鼓励分散投资，随之带来股权分散的问题。如商务印书馆在 1932 年股东数达到 2,745 户，产权高度分散。大小不等、数以千计的股东怎样来管理公司呢？股东通过一定的法律形式和程序，挑选出一批能代表他们利益的董事，由这些董事依法组成董事会，董事会选聘总经理，专门从事企业的经营管理活动。这样就建立起了产权高度分散、经营权与所有权分离的现代出版企业产权制度。现代企业制度从本质上讲就是企业产权制度的现代化。

第二节　中国现代出版企业制度建立的特点

20 世纪前半期，各出版机构采用的企业组织形式并不相同，大的出版机构一般采取股份有限公司形式。这一时期是中国现代企业逐步建立的时期，中国现代出版企业制度建立过程中，呈现以下特点：

（一）出版机构创建之初，多是由个人独资或少数人集资创办，规模比较小。三大出版机构商务印书馆、中华书局和世界书局在创办之初，规模都比较小。

商务印书馆于 1897 年创办时，投资人只有 7 位，资本共 3,750 元。

1912 年 1 月，中华书局初创时为陆费逵、戴克敦、陈寅等三人的合资公司，资本为 2.5 万元，2 月，沈颐、沈继方加入，成为五人合资公司，公司资本 7.5 万元。6 月以后，改为股份无限公司。1913 年 4 月，经股东会议决，始定为股份有限公司。

沈知方个人创办世界书局的时间是在 1917 年[①]，由于营业额逐年增加，资金不够运用，1921 年夏，沈知方在朋友的帮助下将世界书局改组为股份有限公司，沈知方既是董事也是总经理，这时公司资本也不过是 2.5 万元。

开明书店最初是由章锡琛和章锡珊两兄弟创办，除他们俩出资以外，吴觉农、郑振铎、周建人等人也尽力资助，共筹得资金 5,000 元，最初雇用的职员不过五六人。1928 年，由夏丏尊、杜海生、丰子恺、吴仲盐、胡仲持等共同发起，将开明书店改组为股份有限公司，资本总额为 5 万元，1929 年公司正式成立。1930 年增资 5 万元，1931 年增资 10 万元，1933 年增资 5 万元，1936 年增资 5 万元，共计股本 30 万元。

（二）无限责任公司与有限责任公司并存，大量的小公司与少数拥有数千股东的股份有限公司并存，少数的大型现代企业拥有大量的资本。

出版业准入成本（创造产品和购买设备的费用等）很低。1934 年 5 月，张静庐创办上海杂志公司，创办费仅仅 20 元。5 个月后，赢利几千元，又从朋友处凑了一些钱，正式呈请实业部注册成立上海杂志股份无限公司。张静庐就是负无限责任的股东[②]。采取这样的组织形式的出版机构往往是一些小规模的出版社。20 世纪 20 年代末，上海书业公会会员单位 40 多家，资本共 900 多万元，其中商务印书

---

① 《十年来的世界书局》，《世界杂志增刊：十年》，上海：世界书局，1931 年，302 页。

② 张静庐：《在出版界二十年》，汉口：上海杂志公司，1938 年，164 页。

馆占 500 万元，中华书局 200 万元，世界书局 70 万元，大东书局 30 万元[①]。这四家股份制公司的资本额之和就占了书业公会 40 多家出版机构资本总额的八成以上。

　　据上海市教育局调查，1935 年上海市 261 家出版机构中，资本在 10 万元和 10 万元以上的 17 家：商务印书馆、中华书局、大东书局、世界书局、开明书店、中美图书公司、民智书局、神州国光社、良友图书公司、华通书局、有正书局、汉文正楷印书馆、北新书局、现代书局、新亚书店、广智书店、儿童书局。这 17 家出版机构可以称为大型出版机构。资本在 1～10 万元的有 52 家，包括生活书店，资本 2 万元。这 52 家出版机构可以称为中型出版机构。1 万元以下的有 192 家，包括亚东图书馆，资本 9,000 元。这 192 家出版机构可以称为小型出版机构。小型出版机构虽然为数众多，约占出版机构总数的 75%，但是资本额所占的比例却很小，它们的总资本还抵不过商务印书馆这样的大型出版机构一家的资本额。从出版中心上海大致可以窥见中国的全貌。因为上海集中了中国数量众多的出版机构，而且抗战以前，实力最强的出版机构也基本上集中于此。

　　现代大型出版股份公司的出现，具有积极的意义。在前现代时期，出版业中经营主体过于分散，流通环节过多，除了政府办的出版机构规模较大以外，民营企业规模普遍比较小，经营者为了减小自己的风险，其经营取向必然是追求暂时、投机的利益，大量的资金和活动流向流通领域，出版企业对可能带来长期效益的项目如更

---

　　① 　张静庐辑注：《中国出版史料补编》，北京：中华书局，1957 年，279 页。

新印刷设备、投资大型出版项目等缺少兴趣和动力。这不利于现代市场的发育和出版业的进步。19世纪末以来，中国出版业的一个重大变化就是股份公司以及大资本出版集团的建立。出版业中那些大型的股份制企业，有能力兼办印刷、编辑和销售，它们附设印刷厂，实行产销结合的经销商制，在全国各主要城市广建分支机构和特约经销处，使其出版物发行深入内地，减少了从生产到销售的市场中间环节，通过公司内部的协作来完成这些环节，节省了成本。而且这些大型出版公司交易规模很大，交换规模扩大使得用于市场的单位费用也下降了，从而也降低了交易成本。交易成本的下降有利于现代出版企业的进一步发展。"以股份公司为代表的现代企业制度的建立，使企业协调经营机制代替市场协调机制的改革进一步得到发展，从而大大降低了交易费用。"[①] 现代大型纵向一体化出版企业出现以后，它们资本雄厚，编辑—印刷—销售相结合，在全国各主要城市广建分支机构，有效地减少了市场的中间环节，降低了交易成本，并着眼于长远利益，积极引进和改良现代印刷技术，改进经营管理方法，积极推行大型出版项目，在出版技术进步、教科书编辑质量提高、促进中国现代学术进步等方面发挥了重大作用。

　　不仅主要的大型出版机构都采取股份有限公司的组织形式，一些中型出版机构也采用股份有限公司的形式，如资本2万元的生活书店。

　　与占出版业主导地位的股份有限公司比较起来，一些独资或合

---

① 　刘佛丁主编：《中国近代经济发展史》，北京：高等教育出版社，1999年，166页。

伙的企业仍然存在，这与出版业的特点有关，行业进入成本很低，1949 年前出版业行业准入门槛也很低（对创立出版机构的限制很少），这使这一行业内的企业数量非常之多，不过因而竞争也很激烈，能够长期存在的比较少。1932 年，中华书局的创办人陆费逵在《六十年来中国之出版业与印刷业》一文中提到，清末创办的为数不少的出版社留存到 1932 年的只有商务印书馆和广益书局等少数几家，其他的出版社或关门或出盘。1912 年开办的中华书局在经历了危机之后经过努力发展才得以继续，而"其他与中华书局先后开办的，现在一家都不存在了"[①]。

　　要了解出版业进入成本之低，以张静庐创办出版社为例，张静庐等曾以 25 元创办光华书局。后来张静庐又以 20 元创办上海杂志公司，创办费低得只够买一些文具和招牌。那么，这样的出版企业是如何运营呢？书稿的来源可以找到一些好友赞助，无须先付稿费；图书的印刷，可以靠个人信誉找到一家印刷厂先印出来，待销售后收回款项再偿还；至于图书的发行，小资本的出版机构当然不可能自行建立分销机构，于是寻找别家出版机构的分销机构代销或寄销。如此一来，开办并运转一个出版机构，的确不需要太多的资本。但是这个行业既然准入的门槛极低，而且日常运营的资本也很小，熟悉出版业的印刷工人（如商务印书馆的创办者夏瑞芳等为印刷工人）、编辑（商务印书馆的编辑陆费逵、章锡琛分别创办了中华书局

---

① 陆费逵：《六十年来中国之出版业与印刷业》，俞筱尧、刘彦捷编：《陆费逵与中华书局》，北京：中华书局，2002 年，480 页。

和开明书店）和作者（鲁迅等也创办过出版社）为个人兴趣和商业前景所吸引，都可能投资开办出版社，所以这一行业存在的出版机构非常多，竞争非常激烈。在这种情况下，经营者个人的经营管理能力显得非常重要。

（三）现代企业制度是逐步建立的。

中国出版企业建立现代企业制度有一个过程。早在 19 世纪末，一些出版企业以集股的名义创办起来，但是其现代企业制度不可能一蹴而就。最早以集股名义建立起来的出版企业，对于责任是有限还是无限并无明确的规定，在公司治理结构方面也没有什么革新。随着 20 世纪初清政府《公司律》等一系列法律的颁布，政府对建立现代企业制度进行鼓励和引导，大量的公司包括股份有限公司建立起来，但是不少股份有限公司仍然是名不符实的，与旧式合资商号没有什么区别，股东的权利没有得到足够的保障，大股东兼任总经理，总经理的权力得不到有效的监督。出版企业要能够获得长期的发展，靠人治即少数具有聪明的出版家的家长式管理是不够的，它需要依靠制度来管理，最重要的，莫过于建立一套合理的公司治理结构。在众多出版企业中，商务印书馆在大多数时期，其治理结构是优秀的。中华书局、世界书局的治理结构则要稍逊一筹。

第八章　出版业同业组织的现代化

第一节　出版业同业组织的建立与发展

早在南宋时，经营木刻书业的从业者在都城临安橘园亭成立了出版业行会"书房"[①]。清代苏州、杭州、北京、长沙、武冈、桃源、上海、南京等地建立了书业行会组织。其中苏州、北京等地的书业行会组织建立得比较早。上海、武冈、桃源等地的书业行会组织是在19世纪中叶以后建立起来的。

出版业同业组织是出版业研究的一个重要领域，但是现在这方面的研究还非常少，更多的资料有待发掘和研究。下面对苏州、北京、上海、重庆、桂林等地在各时期建立的出版业同业组织做一个简单的梳理。

一、苏州的出版业同业组织

清康熙七年（1668），在出版业发达的苏州城内，扫叶山房的

---

① 《北京地区的书业公会》，《出版史料》1990年第2期。

老板席治斋集合苏州的同业，在城北组织崇德书院（又称崇德公所），为书业"订正书籍讨论删原之所"，供奉梓潼帝君（即文昌帝君①），并购筑义冢，埋葬在苏州病故无力返乡的贫寒同业②。乾隆四年（1739），苏州的刻印业也成立了行会——剞劂公所③。在1860年太平军进占苏州前后，崇德书院毁于战火。1874年，金国琛（小酉山房主人）、席威（扫叶山房主人）、吴寿朋（绿荫堂主人）等发起重建书业行会，禀县立案，成立书业崇德公所。民国以后，在崇德公所的基础上，成立了图书文具业同业公会。

表8-1　清代书业同业组织表

建立时间	地区	同业组织名称	附记	出处
1668年	苏州	崇德书院（又称崇德公所）	扫叶山房的老板席治斋集合苏州的同业，在城北组织崇德书院（又称崇德公所），为书业"订正书籍讨论删原之所"，供奉梓潼帝君（即文昌帝君）。1860年毁于太平天国战火。1874年，重建崇德公所。	《重建崇德公所征资小引》（苏州，1874年），《出版史料》1987年第4期；陈乃乾：《上海书业公会史》，《出版史料》2001年第1期。

---

① 相传文昌帝君主宰人间的功名利禄，他原名张育，生活在4世纪。元仁宗延祐三年（1316）敕封他为辅元开化文昌司禄宏仁帝君，即文昌帝君。元明以后，读书人奉祀文昌帝君逐渐成为一种习俗。在农历二月初三文昌帝君神诞之日，官府和文人学士往往要举行祭祀等纪念活动。

② 《重建崇德公所征资小引》（苏州，1874年），《出版史料》1987年第4期。

③ 吉少甫主编：《中国出版简史》，上海：学林出版社，1991年，202页。

续表

建立时间	地区	同业组织名称	附记	出处
1864 年以前	北京	文昌会馆	江西帮书商在北京琉璃厂东门路北，建有文昌馆，具体建立时间不详。大约在清末已不存在。	
1864 年	北京	北直文昌会馆（又名北直书行文昌圣会）	因江西人把持的文昌会馆排斥北方书业同人的参与，北方人徐志泏等发起，于 1864 年在琉璃厂小沙土园另建北直文昌会馆。1933 年，改名北平书行进德会。	《文昌会馆碑文》（1908 年）；《书业进德会整理登记启》（1947 年）。载孙殿起辑：《琉璃厂小志》，北京古籍出版社，1982 年。
1886 年以前	杭州		《创建书业公所启》（上海，1886 年）中提到：苏州、杭州书业已经建立了公所。	《创建书业公所启》（上海，1886 年），《出版史料》1987 年第 4 期。
1900 年（一说是 1890 年）	上海	上海书业崇德堂公所	1886 年，上海书业界的朱槐庐、黄熙庭、卫辅堂仿苏州成例，用崇德堂名义在同业中募捐，购买地产，但是书业公所的组织并没有建立起来。1900 年，沈静安、葛直卿邀请原来经办公所的朱槐庐、黄熙庭共同组织上海书业崇德堂公所，办事处设在英租界鼎新里，但仅维持了两年便停办。	

续表

建立 时间	地区	同业组织 名称	附记	出处
1904 年	湖南 武冈		1904 年，书业同业公 议条规	《中国工商业行 会简表》，彭泽益主 编：《中国工商行会 史料集》下册，北京： 中华书局，1995 年， 1037 页。
1905 年	上海	上海书业 公所		
1905 年 底	上海	上海书业 商会		
1908 年	长沙	文林公会	1908 年长沙书业创立 了书业公所，经同人公议， 制定了书业条规。1909 年， 修改书业条规，改会名为 "文林公会"。	《书业条规（长 沙）：1908、1909 年》， 彭泽益主编：《中国工 商业行会史料集》上 册，北京：中华书局， 1995 年，282～285 页。
1909 年	湖南 桃源	文昌会	桃源书业向有文昌会 的同业组织，因旧规紊乱 已久，1909 年另编新章。	《书肆简章（桃 源）：1909 年》，彭 泽益主编：《中国工 商行会史料集》上 册，北京：中华书局， 1995 年，287 页。
不详	南京	书铺公所	地址在贡院西街	彭泽益主编： 《中国工商行会史料 集》下册，北京：中 华书局，1995 年， 1047 页。

二、北京的出版业同业组织

北京琉璃厂在乾隆年间，就形成了繁华的书市。"琉璃厂书市发展时期，当在乾隆三十八年（1773）四库开馆之日起。当时参与工作者，多系翰詹中人，且多寓居宣南，而琉璃厂地点适中，与文士所居密迩，又小有林泉，可供游赏，故为文人学士所常至，书市乃应其需要而设。"[1] 乾嘉以来，琉璃厂书业多由江西人经营，同乡加同业的关系使他们形成一个集团。江西书商在琉璃厂东门路北建立了文昌馆，每年农历二月初三文昌诞辰，书业师徒前来拈香致敬。因为书业做的是读书人的生意，读书人多敬奉文昌帝君（主宰功名利禄的神），所以出版业行会组织也视文昌帝君为自己的神。后来，在北京经营书业的河北人逐渐增多，他们彼此引荐子侄到北京加入此行谋生。但是江西人把持的文昌会馆不允许北方书业同人参加祭祀和开会，于是，1864 年，北方人徐志洳等发起集资购买琉璃厂小沙土园火神庙一座，扩建为北直文昌会馆。主要目的与江西人建立的文昌会馆大致相同，即供奉同业共同的神（文昌帝、火神[2]），联络同业的感情，每年公推会首管理。1933 年，北直文昌会馆改名北平书行进德会[3]。

1904 年末 1905 年初，北京书业商会成立[4]。

---

① 孙殿起辑：《琉璃厂小志》，北京：北京古籍出版社，1982 年，4 页。

② 因书业惧怕火灾所以供奉火神，希望得到火神佑护。

③ 《书业进德会整理登记启》（1947 年），孙殿起辑：《琉璃厂小志》，北京：北京古籍出版社，1982 年，282 页。

④ 《北京书业商会》，《大公报》1905 年 3 月 3 日。

北伐战争后期，北京书业署以"文昌会馆"为基础，成立书业进德会；到 1931 年改为"北平市书业同业公会"。工作任务包括：促进书业的发展、通报政府有关政策、协调同业的大体分工、商议图书的合理定价；调解同业间的纠纷。1948 年北平市书业公会共有会员 260 余户①。

三、上海的出版业同业组织

上海于 1843 年开埠以后，迅速崛起。太平天国的战火使文化发达的江南地区受到很大的破坏，大量的移民包括苏州的出版家移居上海。他们中有不少人从此在此定居下来。上海不仅吸引了江南的出版者，也吸引了外国出版者，墨海书馆、美华书馆等先后在此开办或从外地迁来，西方的现代印刷技术不断输入中国，使中国原来盛行的手工雕版印刷受到很大冲击，石印术在 19 世纪后期风行一时，新式出版业日渐繁荣，与此同时，出版业发展过程中不正当的竞争，行业秩序混乱等问题比较严重。于是有人提议成立书业公所性质的组织。虽然在 1872 年上海纸业公所这样的相关行会已经建立起来，但是书业的同业组织晚了几十年。

1886 年，朱槐庐、黄熙庭、卫辅堂仿苏州成例，用崇德堂名义在同业中募捐，购买地产，但是书业公所的组织并没有建立起来。1900

---

① 《北京地区的书业公会》，《出版史料》1990 年第 2 期。

年①，沈静安、葛直卿邀请原来经办公所的朱槐庐、黄熙庭共同组织上海书业崇德堂公所，办事处设在英租界鼎新里，但仅维持了两年便停办。1905 年，叶九如等重新发起成立上海书业同业组织，称上海书业公所，经投票选举席子佩为总董，张金城、俞仲还、傅子濂和夏颂来四人为副董②，黄润生等八人为议董，并于1906 年订定了章程，分总纲、办法、职员及其责任、职员权限、经济、会期、预谋公益、附则等八章，规定"以联合同业、厘定规则、杜绝翻印、稽察违禁之私版、评解同业之繆輵为宗旨。"公所设正董事一名，对外代表公所，对内综理全所事务，如召集会议，由公所成员按民主原则议事等。副董事四人辅助正董事，正董事有事不到时，由副董事代理。设议董 8 名，职责是商议公所应办事宜及评议同业交涉事件。会计董事 1 名，管理公所中一切款项出入及产业契据。调查员 8 名，公所议决应调查的事宜，随时委托调查员稽查，干事员 6 名，每日到所办公，凡公所议决应办的事，由干事员办理。"本公所正副董事、议董、会计董事及各职员皆由投票选举"，一年一任。章程还规定有选举权的公所职员必须是各坊、局有全权之人③。1911 年，上海书业公所向民政部注册，此时会

① 此据《记上海市书业公会》，载《出版史料》1987 年第 4 期。另据陈乃乾《上海书业的团体》，沈静安、葛直卿、朱槐庐和黄熙庭四人组织书业崇德堂公所的时间是 1890 年。陈的文章原载 1946 年 5 月上海《大晚报》，《出版史料》2001 年第 1 辑转载，题名更改为《上海书业公会史》。

② 席子佩、张金城、傅子濂是 1905 年全体同业投票选举产生的，俞仲还、夏颂来是 1906 年春"同人续举"。据《上海书业公所职员名单》，《出版史料》1987 年第 4 期。

③ 《上海书业公所初次订定章程》(1906 年)，《出版史料》1987 年第 4 期。

员在 500 多家，其中印书局 58 家，装订作坊 72 家①。

1905 年底，又一个书业同业组织在上海成立了，即上海书业商会。由商务印书馆、文明书局、广智书局、昌明公司、新智社等组成，推举俞仲还为会董、夏颂、席子佩为副会董，何擎一、陆费逵、楼卓儒、夏瑞芳为评议员，陆费逵为书记。在农工商部、学部、商务总会注册。上海书业商会成立后创办了《图书月报》，出版了三期以后停刊。据 1906 年出版的《图书月报》第 1 期载，当时加入上海书业商会的出版机构有商务印书馆等，共 22 家。上海书业商会与书业公所两个书业同业组织同是上海总商会的团体成员，但互不统属，同时并存了 20 多年，有些出版机构既参加书业商会，又参加书业公所。它们的区别主要在于书业公所主要代表用雕版木刻、石印等方法出版旧式出版物的出版者利益，而书业商会主要代表以铅印方式编译新式出版物的新派出版者的利益。因为旧式出版物基本上不涉及版权问题，而新兴的出版机构更多地出版翻译和新著图书，较多地涉及版权问题，所以书业商会与书业公所分别成立。

1928 年秋，张静庐、沈松泉联络同业组成上海新书业同业公会，主要想代表新创办的主要出版新文学作品的出版机构，参加筹务会的有赵南公（泰东书局）、李志云（北新书局）、洪雪帆（现代书局）、汪孟邹（亚东书局）等十一二人，到会的唯一的大出版机构的代表是商务印书馆的王云五。会后新书业公会向社会局申请备案，社会

---

① 会员数 500 多家，据宋原放为陈乃乾《上海书业公会史》所做的文后辑注第 5 条，《出版史料》2001 年第 1 期。

局因为一个行业不能有两个同业公会组织，要求新书业参加老的书业公会。因此，这个新书业公会没能正式成立。

　　1930年，上海市商人团体整理委员会要求上海书业商会与书业公所合并，7月，统一的上海书业同业公会宣告成立，召开会员代表大会，通过书业公会章程，选举陆费逵、丁云亭、张叔良、李志云、周蔼如等15人为常务委员，陆费逵为主席。这时，入会的会员单位共44家。会员代表共51人，会员单位雇员总数共1,413人，资本总额为6,592,200元。抗日战争时期上海出版业衰落，上海书业公会生存困窘。抗战胜利后，后方的出版机构逐渐迁回上海，上海书业公会又活跃起来，1948年，会员单位增至635家。上海书业同业公会一直延续到1956年结束。

四、重庆的出版业同业组织

　　1937年抗日战争爆发后，随着战事推移，上海等地的许多出版机构纷纷向后方迁移，这使战争时期桂林、重庆等后方城市的出版业繁荣发展。后方城市出版业的繁荣使同业公会组织也在这些地方建立起来。

　　1943年，重庆市出版商业同业公会成立，《章程》规定，"本会以维持增进同业之公共利益及矫正弊害为宗旨。"并规定同业公会的任务是：处理主管官署及商会委办事项，开展同业调查研究工作，兴办同业劳工教育及公益事业，对会员营业中的弊害进行矫正，在必要时维持会员营业，等。

重庆市出版商业同业公会的入会有强制性。"凡在本区域（笔者注：指重庆市行政区域）内营出版事业之公司或经注册之商店，曾出版具有著作权之书籍十种以上，且设有发行机关者"；"凡在本区域内经营图书业，其总店系经营出版事业之公司或经注册之商店，曾出版具有著作权之书籍十种以上者"① 均应加入公会，成为成员。《章程》第 14 条规定，"公司商店不依法加入本会，或不缴纳会费，或违背章程及决议者，得经理事会之决议，予以警告；警告无效时，得按其情节轻重，依照商业同业公会法第 26 条规定之程序"，予以 5,000 千以下罚款或有限期停业或永久停业的处分。会员退会也是不自由的，《章程》第 12 条规定，会员除非废业或永久停业或迁出本区域，不得退会。

公会的组织，设理事 15 人组成理事会，监事 5 人组成监事会，均由会员大会在会员代表中用无记名选举办法选举产生，理事和监事的任期为四年，每两年改选半数，不得连任。每一个会员单位可派会员代表一人，担负会费满 5 个单位的，可以加派代表一人，以后每增 10 个单位加派一人，但一个会员单位最多只能派 7 个会员代表。会员代表可以是经理人、主体人或店员。理事会的主要职责是：执行会员大会决议案；召集会员大会；执行法令及公会章程所规定的任务。理事会设常务理事 5 人，监事会设常务监事 1 人，分别由理事会、监事会就理事、监事中用无记名选举法产生。常务理事的职

---

① 《出版商业同业公会章程》，张静庐辑注：《中国现代出版史料丁编》下卷，北京：中华书局，1959 年，619 页。

责为：执行理事会议决案，处理日常事务。监事会的职责为：监察理事会执行会员大会的决议，审查理事会处理的会务，稽核理事会的财政出入。

五、桂林的出版业同业组织

1942 年茅盾在桂林作《雨中杂写》，其中提到：桂林这座城市并不大，然而桂林的"文化市场"特别大。加入"书业公会"的书店、出版社，将近 70 家，每月出书约 280 种。

第二节　现代出版同业公会的功能

现代出版同业公会是同业公会的一种，与其他同业公会一样，它的出现和存在具有重要的意义，正如朱英在谈论同业公会价值时讲到的：

> 同业公会是中国近代特别是民国时期普遍成立的新式工商行业组织，它的产生称得上是中国工商行业组织从传统的行会向现代行业组织发展变化的一个标志。同业公会成立之后，不仅在各个行业的自治与自律、整合与管理过程中起着不可或缺的重要作用，而且在维护各行业的同业利益，促进各行业发展乃至整个社会经济生活的运转进程中也发挥了令人瞩目的影响，同时在很大程度上又是新的

历史条件下政府进行经济调控与管理的重要市场中介组织。以更为宏观的历史眼光看，同业公会既是新式行业经济组织，也是近代中国林林总总的众多社团中的一类独特团体，其活动内容与影响常常突破经济范围而渗透到社会生活中的诸多领域，从而在近代中国社会变迁的过程中也不无作用和影响。[①]

出版业同业公会主要有三方面的功能：行业管理、社会功能、政治功能。下面，主要以上海出版业同业公会组织（含上海书业公所、上海书业商会和1930年以后的上海书业同业公会）为例来讨论。

（一）制定书业业规，呈请有关部门审核备案，通告同业各会员和非会员均应遵守业规。上海书业公会曾指定商务印书馆、生活书店等起草书业业规，然后正式通过，并呈请市社会局审核，准予备案。通告各会员和非会员均应遵守业规。并推商务、中华等十三家组成业规实施委员会，督促各同业执行。对不守业规者进行制裁，具有较大的威慑力。

（二）调解同业间的版权纠纷。上海书业公会先后调解涉及本市和外地同业之间的版权纠纷53件[②]。

（三）处理涉外版权纠纷。中国出版业现代化的一个表现是中国出版业的国际联系日渐加强。20世纪初，由于翻译图书的增多，中

---

① 朱英：《同业公会：中国近现代社会经济史研究的新领域》，《华中师范大学学报》（人文社会科学版）2004年第3期。

② 原放：《记上海市书业公会》，《出版史料》1987年第4期。

国出版业涉外版权纠纷也日渐增多。单个出版机构面临涉外版权纠纷，往往显得力量弱小，经验不足。上海书业商会多次代为处理与上海出版机构有关的涉外版权纠纷。

1908～1909年，上海书业商会就日本正则英文教科书案，上书会审公廨、上海道等，代表至诚书局进行辩解，说明依据《中日通商行船续约》（1903年），中方不构成侵权，并将此案缘由上书外务部、学部、农工商部、两江总督和江苏巡抚，希望他们命令各地方官，如遇此类涉外版权案件，均应据约驳斥。上海书业商会的努力最终使原告的要求没能如愿。1910年，美国经恩公司指控商务印书馆翻印《欧洲通史》侵权，1911年，上海书业商会代表商务印书馆向上海道解释，据《中美续议通商行船条约》有关版权保护规定，美国经恩公司指责商务印书馆翻印该公司出版的《欧洲通史》侵犯版权不能成立，并指出"美总领事违约要求，意存尝试。若不据约驳斥，此风一开，不惟商业受其影响，教育前途亦将大有阻碍。且又损失国权，他日遇有交涉，更无援引辨（辩）论之地。"因此要求地方政府"根据条约，严词驳拒"①。1919年，美国商会指控中华书局、商务印书馆翻印美国教科书，上海书业商会又具文呈交农商部、教育部和外交部，结合前案，请求中国政府对美国的无理要求予以驳斥和拒绝，获得了成功。1923年，美国米林公司控告商务印书馆《汉英双解韦氏大学字典》侵犯其版权与商标权，商务印书馆聘请律

---

① 《上海书业商会呈上海道文》（1911年），周林、李明山主编：《中国版权史研究文献》，北京：中国方正出版社，1999年，178～179页。

师进行辩护，上海书业商会因担心此案审判结果将影响今后同类案件的审理，从而影响同业利益，另聘律师罗杰参加辩论。

上海书业同业公会组织在同业涉外版权纠纷中体现了很强的法律意识，有效地维护了中国出版者的权益。它还将一些主要的涉外版权纠纷案的重要文件汇编成书，如《重订翻印外国书籍版权交涉案牍》（1923 年 7 月增订印行），供各同业参考，对它们处理涉外版权事宜起到积极的指导作用。

（四）维护版权，打击盗版。翻印盗版图书就是出版行业的假冒伪劣商品，它侵害了循规守法的出版者的利益，仅靠市场和政府调控，都是不够的，解决翻印盗版问题，出版业同业公会的作用是很重要的。上海书业商会及后来的书业公会对于翻版事件非常重视，如有发生，即调查清楚，辨别真伪，"劝戒兼施，主张公道"，其结果能起到有效的抑制作用，使"社会上始知版权受法律保护，书业因而大进"①。这对于维持正常的行业经营秩序，以及版权观念在中国的形成有重要的推动作用。

（五）代表同业集体利益，与政府交涉，要求修改或解释与出版有关的法律，反对过早加入国际版权同盟。上海书业商会 1916 年向政府请愿，要求修改《著作权法》；1922 年又请愿要求修改《著作权法》《出版法》；1928 年、1935 年两次呈请解释《著作权法》；书业公所认为《大清印刷物件专律》剥夺出版业权利，集议对策（1906 年）；等。

---

① 上海市档案馆藏：《书业商会十年概况》，S313-1-4，转引自彭南生：《近代工商同业公会制度的现代性刍论》，《江苏社会科学》2002 年第 2 期。

　　1913 年，美国不满足于 1903 年签订的《中美续议通商行船条约》中有关版权保护的条款，向中国提出共同建立版权同盟的要求。上海书业商会认为，中美文化及出版物发展水平相差太大，过早加入国际版权同盟不利于中国文化教育及出版业的发展，请求政府予以拒绝。这一意见得到了政府的赞同。

　　1916 年，即北洋政府颁布《著作权法》的第二年，上海书业商会认为该法对出版业限制束缚太多，提出四条修改意见，向国务院和内务部提交请愿书，政府没有理睬。1922 年，上海书业商会又将这一意见书呈送国务院、内政部，并递交"国会"。

　　1920 年，上海书业商会因英、法等国要求中国加入国际版权同盟，上书教育部、外交部、农商部，详细申明中国不应加入国际版权同盟的理由，要求政府拒绝参加，这一主张得到了政府的支持。

　　上海书业商会多次强烈要求上海公共租界工部局取缔印刷业附件，在社会各界的同情和支持下，此件终于未能施行（1919 年，1921 年，1924 年）。

　　出版业同业组织在争取出版自由方面也做了不少努力。1930 年和 1931 年国民政府颁行《出版法》及《出版法施行细则》，对出版自由做了很多限制。1932 年，在国民政府召开会议期间，上海书业公会组织了 49 家出版机构联名请愿，要求废除束缚出版自由、阻碍文化事业的《出版法》和《出版法施行细则》，并停止党政军各机关对于图书的检查，以尊重人权，裨益文化。上海书业公会将请愿提案提交会议，要求会议表决。

　　（六）影响或参与制定政府对出版业的经济政策。1915 年，上海书业商会代表同业向政府申请免征书籍转口税，后来政府仅同意自印的书籍免征转口税。1947 年，上海书业公会申请豁免书籍的营业税，财政部同意教科书及参考书免征，其他书籍减半征收。

1911 年，上海书业商会要求政府书籍邮资不得加价，政府同意邮费减半；1922 年再次抗议邮局增加印刷邮资，并派代表赴京请愿，没有效果。

1936 年以前，出版业普遍存在图书定价虚高、销售时任意打折、边远地区以运费高为由高抬售价、故弄玄虚举办打折摸奖等促销活动进行不正当竞争的情况。例如 20 世纪 30 年代，上海书业界出现了"一折八扣书"，即图书定价一元，门市卖一角，批发只作 8 分[①]，贩卖者将书运到外地销售，按四五折或更高折扣销售，获利不少却依然可以打着大折扣的虚假幌子。据平襟亚《上海滩上的"一折八扣书"》，20 世纪 30 年代前期，上海几乎每家都在举行大廉价或大拍卖活动。有的弄虚作假，有的挂起"秋季大廉价"的旗子，一直挂到年底。还有一家国华书局，举办摸奖大赠送活动，规定买书满一元的顾客都可以摸奖，一等奖赠品是一架风琴，二等奖是一台留声机，等等，凡参加者都有奖，最低的奖也有一支铅笔。摸奖活动开展的前几天生意十分红火，但是其实这不过是故弄玄虚，因为摸奖木箱里根本就没有一二等奖，这种欺骗行为说明了书业市场的不规范。为此，1936 年初，教育部通过上海市教育局向上海书业同业公会下达训令：

---

① 平襟亚：《上海滩上的"一折八扣书"》，《出版史料》1982 年第 1 期。

　　　查各书业所出教科图书定价殊欠敷实，故出售时，任意折扣，甚至有以折扣为市情啖利之具者；已失时效之旧教科图书，则往往运往边远省，公然销行，经售者更借口增加运费，往往任意抬高售价，而又伸缩折扣，从中渔利；似此弊窦丛生，对于教育不无重大影响，殊有整顿必要。合亟令仰该局转饬书业公会迅即召开会议，拟定教科图书售价及运费标准，并订定划一出售教科图书及禁止运销旧教科书等办法，转呈本部备案。①

　　上海书业同业公会立即召集执行委员会议，商量整顿办法，并且认为图书统一按定价出售应该不限于教科书，而应该规定所有图书都应标明实价，在全国范围均按统一定价出售，3 月 16 日，上海书业同业公会将拟定的整顿办法通过上海市教育局转呈教育部，教育部仅做了少量修改，于 4 月 4 日向全国颁布了这份由上海书业同业公会草拟的《教科图书及其他图书划一出售办法》，规定所有图书一律标明定价，照定价发售，等等，由教育部通令全国出版者及贩卖书籍者一律遵从，如有违反，各地同业公会或任一同业可呈请地方官厅进行制裁。这个《教科图书及其他图书划一出售办法》，是教育部委托上海书业同业公会拟定，然后由教育部下令全国出版者遵从，对于规范图书市场具有重要的作用，上海书业同业公会直接参与制定了这个图书统一

---

　　① 　郑泽青、倪红编选：《旧上海工商业同业公会评议价格史料》，《档案与史学》1994 年第 2 期。

售价办法，显示了同业公会的行业管理才能，与政府单方面制定行业政策相比，书业公会的参与使政府对行业的管理更加专业化，更加符合行业的需要，从而更加有利于行业的发展。

（七）扫黄。上海书业公所曾组织书业正心团，由唐驼、叶九如等主持，常年搜购有伤风化的图书，把它们销毁。江苏教育厅蒋维乔曾题赠"正本清源"匾额，以示嘉许。

（八）职业培训。上海的书业同业组织曾举办艺徒补习所，举办职业培训也是出版业同业组织的职能之一。

此外，出版业同业组织所做的工作还包括举办慈善活动，积极参与公益事业，组织同业的抵制日货活动等。

第三节 出版业同业组织从传统到现代的转型

行会的产生与存在是商品经济发展和市场范围扩大的结果。20世纪以前，出版业同业组织并不多，尤其是19世纪中期以前，只有苏州、北京等少数城市设有出版业同业组织。19世纪中叶特别是19世纪末以来，新式出版业获得了很大的发展，但与此同时，盗版等问题困扰着出版业的正常经营，为了维护同业利益，促进行业发展，上海等地的新式出版业同业组织在20世纪成立了。20世纪初，中国的出版业同业组织逐渐从传统向现代转型。但是这种转型不是一蹴而就的，而是逐渐演进的，而且在不同区域演进的速度也很不相同，在出版业发达的城市如上海，出版业同业组织非常活跃。1905～1930年，上海出现了三个出版业同业组织，主要的两个组织上海书业公所和上海书业商会长期并存，它们开展的一些工作有效地发挥了行业管理的职能和社会职能，有利于推进出版业的繁荣。但是在一些边远地区，即使能够按《工商同业工会法》（1929 年）等要求成立出版业同业公会之类的组织，但同业公会的现代职能并不能如愿地发挥。

一、出版业同业公会从传统到现代转型的动力

20 世纪出版业同业公会从传统向现代逐渐转型的主要动力，可以从以下几方面分析：

（一）在通商口岸城市，按资本主义方式发展起来的新式出版印刷机构在组织形式、规模等方面都发生了很大变化。这使按传统组织方式建立的行会在进行行业管理时力不从心，不能满足需要，如旧出版业行会对添收学徒、增雇员工、新店开业等方面都有限制，如 1904 年，湖南武冈书业同业订立的书业条规规定：学徒期为三年，中途而废者，同行不得雇用[①]。湖南桃源文昌会 1909 年新订的《书肆简章》规定：新开书坊书社，必须先捐文昌祀典钱 10 串，并备入帮酒四席。旧出版业行会对于新出现的版权纠纷尤其是中外版权纠纷等问题很少涉及，缺乏解决途径。然而，力量不断壮大的新式出版业主拥有集体的行业利益，他们需要新式的同业组织来进

---

① 《书业条规（武冈）：1904 年》，彭泽益主编：《中国工商行会史料集》上册，北京：中华书局，1995 年，286 页。

行行业管理，并代表同业利益对国家有关政策法律发挥影响力。在中外版权纠纷中怎样维护民族工商业的利益，国家政策和法律的制定，如《著作权法》的制定以及中国是否加入国际性版权同盟组织等，都与它们的生存关系重大，然而单个的出版机构难以处理这些问题，并影响国家政策的制定，旧有的出版业同业组织也很少关注这些问题，于是就出现了这样的现象：新式出版业同业组织建立，旧式出版业同业组织按现代化要求改组。例如，1905年底，上海以编译新式出版物为主的出版机构便另起炉灶，在原有上海书业公所之外，成立了上海书业商会。上海书业商会在处理中外版权纠纷、保持中国出版者利益方面发挥了重要作用。20世纪30年代，上海书业商会和书业公所合组成为上海书业同业公会，1936年，它受教育部委托草拟了《教科图书及其他图书划一出售办法》，然后由教育部下令全国出版者遵从，上海书业同业公会直接参与制定了国家有关行业政策，体现了其很强的影响力。但是，有必要指出的是，20世纪初直到30年代初，中国出版业同业组织处在从传统到现代的转型过程之中，这种转型是渐进的，在这个过程中，某些非现代的因素或多或少得到了继承，而且在不同区域，这种同业组织的现代化演化进程是不一样的，在出版业发达地区，其演化速度快，反之，则慢一些。

（二）政府通过制定相关法律推广新式出版业同业公会组织的建立、促进传统同业组织的现代化。

20世纪初以来政府颁布的一系列有关商会、工商同业公会的法律，对工商同业公会的宗旨、机构、活动、职员、会议、经费等问题做出了规定，这对于同业公会组织的现代化提供了重要的法律依据。

1904 年 1 月，清政府颁布《商会简明章程》，开始在全国劝办商会，在劝办商会的同时也劝办同业商会。商会是一种跨行业的组织。商会接收同业组织作为会员，如上海书业公所和上海书业商会都是上海总商会的成员。商会这种现代化跨行业组织对行会组织的现代化有很大的影响。一些出版业同业组织模仿商会的组织模式组建，如 1905 年成立的上海书业公所和上海书业公会，其组织模式明显受到了商会组织模式的影响。

1918 年 4 月，北京政府农商部颁布《工商同业公会法则》及《工商同业公会规则施行办法》，这是中国历史上第一个关于同业组织的正式制度安排。其规定，全国重要城市的工商业必须按行业建立同业公会，同时就工商同业公会的宗旨、职能、政府与工商同业公会的关系做出具体规定。这就从法律上推动了工商同业公会在全国的建立。此法颁布后，全国各地出现了组织同业公会的热潮，可以推定出版业的同业公会也因此在全国更多地设立起来。

1927 年 11 月南京国民政府农工部颁布《工艺同业公会规则》，规定"各种同业公会，均为法人"，从而确定了同业公会的法人地位。

1929 年，南京国民政府颁布《工商同业公会法》，并于次年 1 月公布《工商同业公会法施行细则》。这次立法强制要求工商业必须加入同业公会，并对旧有行会组织实行强制改组。随后，政府在各大商埠设立商人团体整理委员会，对现存同业组织进行登记，并依据《工商同业公会法》及《工商同业公会法施行细则》进行整合，这一工作在 1931 年大体完成，标志着现代同业公会制度的正式确立 [①]。如 1930 年，上海书业商会与上海书业公所就是遵照上海市商人团体整理委员会要求合并，改组成为上海市书业公会组织。20 世纪 30 年代初南京政府依法进行的商人团体改组工作"意味着同业公会制度的不可逆转性"[②]，从此，同一区域一行多会、互不统属的局面不复存在，大多数商人被纳入同业公会组织，参与行业的管理，享有行业章程规定的权利和义务。民国政府自上而下地强制改组新旧并存的出版同业组织，此举对于同业组织的现代化有积极作用。行会制度在 20 世纪 30 年代初完成了它向现代同业公会制度的转变 [③]。

（三）清末民初西方民主思潮的广泛传播、出版业中现代企业制度的建立，都有助于出版业同业组织的现代化，如采取更加规范的民主制度，建立体现现代精神的健全的组织机构等。

二、出版业同业组织现代化的主要方面

出版业同业组织从传统到现代的转变，主要体现在以下三个方面：

（一）从组织体制看，行会设置会首（也称总管、总理）、副首、司年（任期一般为一年）、司月（任期一月）等职位。会首多采用推

---

① 彭南生：《近代中国行会到同业公会的制度变迁历程及其方式》，载《华中师范大学学报》（人文社会科学版）2004 年第 3 期。

② 同上。

③ 同上。

举制，常推举同行中有名望的殷实商人担任。司年、司月常常由同业轮流担任，这体现了旧式行会活动机制的随意性，其议事、办事也具有较大的随意性。1886 年上海书业崇德公所创议的八条条规中规定："司事宜轮流也。举同业中公正之人，挨季轮当以稽出入；另定司月，经理收捐、给发钱洋诸务。"①

新式出版业同业公会组织比行会有更加规范的民主制度，组织机构比较健全，有会长制、董事制、委员制等，20 世纪 40 年代以后采取理事制。20 世纪初重新建立的上海书业公所采取董事制，设总董一人，协董两人，董事若干人。上海书业商会在 1927 年改组前采用会长制，设会董（相当会长）一人，副会董 2 人，评议员若干人，会长制下的评议员与董事制下的董事职责相当。1927 年，上海书业商会奉政府命令改组，采取委员制，推选张叔良等三人为常务委员。1930 年，上海书业商会和书业公所合并为上海书业同业公会，采用委员制组建，召开会员代表大会，选举陆费逵等 15 人为常务委员，陆费逵为主席。1932 年，增选张叔良等 5 人为监察委员，使其实行的委员制更加完善。20 世纪 40 年代上海书业公会改行理事制。1943 年成立的重庆市出版商业同业公会采取的是理事制，设理事长一人，常务理事 5 人，常务监事 1 人，理事 15 人组成理事会，监事 5 人组成监事会。作为执行机关的理事会与作为监督机关的监事会分立。理事会和监事会均由会员代表大会选举产生。理事会从理事中选举产生常务理事，理事会又从常务理事中选举产生理事长。监事

---

① 载《出版史料》1987 年第 4 期。

会从监事中选举产生常务监事。理事会的主要职责是：执行会员大会决议案；召集会员大会；执行法令及公会章程所规定的任务。常务理事的职责为：执行理事会议决案，处理日常事务。监事会的职责为：监察理事会执行会员大会的决议，审查理事会处理的会务，稽核理事会的财政出入。重庆市出版商业同业公会事务所设书记一人，雇用办事人员处理日常事务，分总务、财务、组训三股办事。

中国的出版业同业公会组织从传统到现代的转型，始自 20 世纪初。在组织制度方面，20 世纪 30 年代以前，出版业同业组织尝试过会员制、董事制等，1930 年后采取委员制，40 年代采取理事制，实行理事会和监事会平行机制，使执行权和监察权分立，从理论上解决了团体领导人权力缺乏监督的问题，从而在制度上更加完善，出版业同业公会组织在选举方式、议事制度、办事规则、经费收支等方面逐渐有了明确的制度和规范。

（二）从成员构成来看，传统的出版业行会由书坊主人、从事手工印刷业的师傅和学徒等组成，他们之间有的以地缘关系为纽带，如北京由经营书业的江西人组建文昌会馆，由河北人组建北直文昌会馆等。

新式出版业同业组织是出版家的同业组织，打破了传统行会有关同乡的限制。随着资本主义的发展，旧式出版业行会分化为以出版业主为主要成员的出版同业公会和以雇工为主要成员的工会。出版同业公会组织一般规定，一个会员单位只能派一名会员代表参加（必须多缴会费才能增加一定的会员代表数），所以参加的一般是经理或店东，即使像重庆市出版商业同业公会规定店员也可以作为会员代表参加，但是会员代表必须获得会员单位的委托，所以即使出版发行机构委托店员作为会员代表，实际上会员代表都代表的是业主的利益。出版业同业公会组织不仅是出版者的同业组织，而且主要反映了大业主的愿望和要求。如上海书业公所按会员入会费和月捐数不同将会员分为 6 等（见下表），最高等的特等会员可拥有选举票数 6 权，而最低等的丁等会员只拥有选票 1 权。1943 年成立的重庆市出版商业同业公会在《章程》①中也规定，各会员单位根据担负会费不同，可派会员代表 1 ～ 7 人不等，即财力雄厚的大出版机构可以在会员代表大会上拥有更多的投票权。

表 8-2　上海书业公所入会费、月捐数与选举权数表

等级	入会费（单位：元）	月捐费（单位：元）	选举票数（单位：权）
特等	200	30	6
超等	150	20	5
甲等	100	10	4
乙等	50	5	3
丙等	30	3	2
丁等	10	1	1

资料来源：上海档案馆藏：《上海书业公所现行章程（癸亥 1923 年重订）》，S313-1-1，转引自彭南生：《近代中国行会到同业公会的制度变迁历程及其方式》，《华中师范大学学报》（人文社会科学版）2004 年第 3 期。

———————————

① 《出版商业同业公会章程》，张静庐辑注：《中国现代出版史料丁编》下卷，北京：中华书局，1959 年，619 页。

（三）活动内容方面，行会的主要活动包括大型的祭祀活动。行会多推崇自己的神或祖师，组织祭神活动是行会的主要工作之一。出版业及相关行业（如纸业、刻字业）以读书人为主要客户，他们认为主宰功名利禄的神（文昌帝君）为他们带来生意，所以多尊崇文昌帝君，甚至在行会名称中也体现了这种崇拜，如北京的文昌会馆。长沙同义公所（纸业行会）尊蔡伦为祖师，祭祀蔡伦及福禄财神和梅葛二仙，每年举行两次大型祭祀活动，大摆酒席[1]。

行会所规定的行规一般对开店规模、学徒、新店开业等多有限制。新式出版业同业公会组织的职能由旧行会的限制型转变为倡导促进型。如上海书业商会以"联络商情、维持公益"为宗旨，并围绕这一宗旨开展三个方面的工作：遵照《著作权法》，维持版权；联络会内会外及他处同业；谋同业之公共利益。通过上一节，我们知道上海书业商会和书业公会开展了许多工作，为业主创造了良好的生产经营环境，充当了现代市场建设的主角和同业经济利益的现代保护神[2]。出版业行业公会组织通过整合商业习惯，订立业规，经政府机关批准后生效，行使行业自律和自治功能，这有利于补充国家政策和法律的盲区，因为国家的法律和政策不可能涵盖商业活动的各个微小方面。业规是在民主制的基础上订立的，这使它能符合本行业大多数会员的利益，并保证会员在实现自身利益的同时不得损害其他会员的正当利益。

---

[1]　《行帮林立的长沙纸业》，http://www.changsha.gov.cn/web4/alishi208.htm

[2]　彭南生：《近代工商同业公会制度的现代性刍论》，《江苏社会科学》2002年第2期。

区域性同业组织有了一定发展之后，中国出版界已经有人注意到建立统一的全国性出版协会组织的重要性。1931 年，李泽彰提出中国应该仿效国外出版业发达国家建立全国出版协会组织的办法，建立同类组织，共同推动全国出版业的发展①。这一提议是符合出版业现代化需要的。然而由于二十世纪三四十年代中国出版业多灾多难，屡遭战火，被迫迁徙，打乱了正常的发展秩序，所以这种全国性的出版业同业组织没能在 1949 年前建立起来。

---

① 李泽彰：《三十五年来中国之出版业》，张静庐辑注：《中国现代出版史料丁编》下卷，北京：中华书局，1959 年，394 页。

第九章　现代编辑家出版家的形成

钱穆在《中国历史研究法》中指出："历史是人事的记录，必是先有了人才有历史的。""向来被认为正史的二十四史的体例，特别重要是列传。可见中国人一向以人物为历史中心。""如其不懂得人，不懂得历史人物，亦即无法研究历史。固然也有人脱离了人和人物中心而来研究历史的，但其研究所得，将总不会接触到历史之主要中心，这是决然可知的。"①因此，我们为了尽量接近现代出版业的主要中心，须得从那些曾活跃在历史舞台上的编辑家和出版家着手来研究。出版家的主要职责是把握出版社总体的经营方向以及协调各方的力量以确保出版目标得到执行，编辑家则主要负责具体图书的推陈出新。

写本书时代书肆的主要功能是传抄和售卖图书，很少涉及编辑工作。印本书时代的书坊更多地参与图书的出版环节，分工比写本书时代更为细致，许多书坊设有刻印作坊，拥有写工、刻工和印工，有些书坊主人还组织文人从事编纂，但是编辑职业化的过程非常缓

---

① 钱穆：《中国历史研究法》，北京：生活·读书·新知三联书店，2001年，93～94页。

慢。19世纪以来，现代报纸在中国兴起，报馆聘请主笔，西方传教士在中国办的出版机构，分工精细，大量聘请编译人员，这些报馆主笔和出版机构的编译人员可以凭自己的工作获得不低的薪金报酬，他们是中国第一批现代编辑家。在中国出版业现代化过程中，编辑成为普遍被认可的一种职业。

但是，在本书所探讨的一百多年的出版史中，编辑家与出版家也不能绝然区分开。如王韬、张元济、王云五、陆费逵、章锡琛、邹韬奋、顾颉刚等，他们既编书，又经营出版机构，所以既是出版家，又是编辑家。所以可以统称为编辑家出版家。本章重在探讨这些编辑家出版家的出版理念、生存状况以及他们与作者、读者的关系。

19世纪中期到20世纪中期，这一时期的编辑家出版家有着不同的教育背景、复杂的个性，在当时出版业的准入门槛非常低的情况下，他们怀抱着各自不同的目标投身出版业。在这个新旧交替、风云际会的年代，他们相会于出版业的大舞台，有着不同的表演。有的坚持不过数月，没有挣到钱就关门了；有的前后相继，做成了很大的事业。有些出版社最初是几个亲朋好友凑资合办，最后却滋生怨愤，甚至反目。不研究这些出版人物，不了解他们的出版理念、市场意识、生存状况等，就不可能对这一时期的中国出版业做正确的把握。

第一节　现代编辑家出版家的出版理念

民国时期，开办出版社的法律程序十分简单，只要很小额的资本便可以注册并运营一个出版社。在这样的情况下，一批批编辑出版家怀抱着各种动机在这里风云际会。探讨他们的出版理念，可以了解他们投身出版业的动机以及他们对出版这个行业的认识。

（一）以出版谋文化发展与学术、教育的进步

杜亚泉曾谈到他那个时代知识分子聚集商务印书馆办出版业的原因："时张菊生、蔡鹤卿诸先生，及其他维新同志，咸以编译书报为开发中国急务，而海上各印刷业皆滥恶相沿，无可与谋者，于是咸踔于商务印书馆，扩大其事业，为国家谋文化上之建设"[①]。这一代中国知识分子传承了传统士人的国家责任感，在新的时期，将这种责任感转化到具体的事业中去，出版业是这些事业中的一种。投身出版业的中国现代知识分子，在道义上具有厚重的责任，"为国家谋文化上之建设"这样的宣言便是一种很好的概括。而且这种出版理念的确渗透在他们的编辑出版实践中。张元济曾简洁地用两句诗概括他投身出版业的动机："昌明教育平生愿，故向书林努力来。"认识到出版业在促进教育进步方面大有可为，并以出版为职志的人不止张元济一个，后起之秀陆费逵也是其中一个。1924 年，陆费逵在《书业商会二十周年纪念册·序》中写道："我们希望国家社会进步，不能不希望教育进步；我们希望教育进步，不能不希望书业进步，我书业虽然是较小的行业，但是与国家社会的关系，却比任何行业大些。"[②]

---

① 杜亚泉：《记鲍咸昌先生》，蔡元培等著：《商务印书馆九十年》，北京：商务印书馆，1987 年，9～10 页。

② 陆费逵：《书业商会二十周年纪念册·序》，俞筱尧、刘彦捷编：《陆费逵与中华书局》，北京：中华书局，2002 年，440 页。

在深重的民族存亡危机面前，编辑出版家立足出版本位，在"文化救国""学术救国"等口号的指引下，做出了自己的贡献。王云五策划《大学丛书》，一个重要的口号便是"学术救国"。1932年"一·二八"事变后，商务印书馆因日军炸弹击中和日本浪人纵火，损失达到1,600万元。当年10月，王云五致函大学丛书委员会各委员说，"敝馆遭难以后，益觉学术救国实为要图；大学丛书之出版，不容再缓"，"敝馆以为吾国专门学术之不能长足进步，原因虽多，而缺乏本国文之专门著作，实为主因之一"①。

开明书店最重要的杂志《中学生》因抗日战争爆发而被迫停刊，1939年5月，已停刊20多个月的《中学生》在桂林复刊，叶圣陶在《复刊献辞》里写道："在复刊之始，我们愿意和中学生诸君共相勖勉的——第一是努力追求文化与智慧。用文化和智慧的光辉，消灭世界上野蛮与疯狂的侵略者……"②在民族危机的关头，"开明人"表现出的是一种"文化救国"的理念。

出版业与文化关系密切，为文化而投身书业，就像一个有号召力的座右铭，吸引着一批批不同信仰、不同理想的人聚在一起，为之努力。巴金在文化生活出版社从事了十四年（1935～1949）编辑出版工作，全是义务的，他晚年回忆这段编辑出版生涯时说："我们

---

① 王云五：《创编大学丛书致大学丛书委员会各委员函》，《岫庐论学》，台北：台湾商务印书馆，1975年，383页。

② 叶圣陶：《中学生复刊献辞》，转引自徐登明：《编辑出版家叶圣陶》，北京：中国书籍出版社，1994年，43页。

工作，只是为了替我们国家、我们民族做一点文化积累的事情"[①]。

（二）为开创便利的发表园地而办出版

1927 年，曾朴与长子曾虚白在上海合开真美善书店。它出版过曾朴译的《嚣俄戏剧全集》（嚣俄今译雨果）、《钟楼怪人》（即《巴黎圣母院》）以及其他法国文学家的作品。创办真美善书店的目的，据曾虚白说是："一方面借此发表一些自己的作品，一方面也借此拉拢一些文艺界的同志，朝夕盘桓，造成法国式沙龙的空气"[②]。办个出版社以方便出版自己或朋友的作品，这一出版动机在当时的知识界是较普遍的。吴朗西和伍禅于 1935 年创办文化生活出版社，最初的动因便是他们的朋友、散文家丽尼翻译了一本纪德的名作《田园交响乐》，却找不到一家出版社愿意出版。

中国文人学者有结社的传统，为了方便发表自己的主张，并提供自由的发表天地，社团往往需要一种刊物作为自己的出版阵地。如李小峰谈到《语丝》周刊时说，"有几个朋友当时为报刊写文章感到约束太大，希望有个自由抒发意见的园地，于是成立了'语丝社'，出版了《语丝》周刊"[③]。后来在北京大学新潮社与语丝社的基础上，李小峰创办了北新书局，继承和发展了这两个社团的出版业务。

①　巴金：《上海文艺出版社三十年》，《随想录》，北京：生活·读书·新知三联书店，1984 年，489 页。

②　曾虚白：《曾孟朴先生年谱未定稿》，魏绍昌编：《孽海花资料》，上海：上海古籍出版社，1982 年。

③　李小峰：《鲁迅先生与北新书局》，《出版史料》1987 年第 2 期。

为了出版自己的作品，社团另创出版社和杂志社固然是一种形式，此外，社团与已有的出版社和杂志合作，也有成功的范例。1921 年初，"五四"新文学的第一个社团——文学研究会成立，它幸运地与当时中国最大的出版社商务印书馆达成合作，该馆创刊于1910 年的《小说月报》被他们接办，随着《小说月报》的革新，文学研究会声名日隆。

（三）出版业为知识分子下商海弄潮提供了舞台

顾颉刚晚年回忆朴社成立缘起时说：

> 　　在上海的时候，我同沈雁冰、胡愈之、周予同、叶圣陶、王伯祥、郑振铎、俞平伯等人晚上常常在郑振铎主办的"文学研究会"所租的一所房子里开会或闲谈，算作一个俱乐部。自从我加入之后，也讨论些古史和民歌问题。有一次由郑振铎发言，说我们替商务印书馆编教科书和各种刊物，出一本书，他们可以赚几十万，我们替资本家赚钱太多了，还不如自己办一个书社的好。大家听了他的话，都说很好，于是办了"朴社"。①

19 世纪中叶以来，中国社会处于新旧变革的时代，新的职业不

---

① 　顾颉刚：《我是怎样编写〈古史辨〉的？》，《古史辨》第 1 册，上海：上海古籍出版社，1982 年，20 页。

断出现，人才变换职业的概率也很大，这使知识分子可以尝试不同的职业。知识分子下商海弄潮办出版社就是在这种背景下产生的。

（四）出版是政治宣传的重要阵地

1920 年 9 月，毛泽东在长沙创办文化书社，参加发起和投资的除新民学会许多会员以外，还有教育界、工商界等方面的人士[①]。文化书社初时集资总额共约 400 余元。毛泽东任书社"特别交涉员"，经理是易礼容。文化书社主要发行宣传马列主义的书刊，从思想、经济和交通联络上，对共产党的建立发挥了重要的推动作用。

出版社作为重要的宣传阵地，一直受到各政党的重视。共产党办的出版机构有上海人民出版社、新青年社、平民书社、中国青年社、上海书店、华兴书局、启阳书店、无产阶级书店等。以上海书店为例，1923 年 11 月，共产党中央派徐白民负责在上海建立上海书店，主要负责印行共产党对外宣传刊物。因为这家出版社以政治宣传为主要目的，它出版的刊物"一般只是打一分利润，到了二分利算是最高的了，有些宣传性刊物，仅仅只图收回成本"[②]，因为不是以赢利为目的的商业出版机构，据主持者徐白民回忆，上海书店在创立之初不能自负盈亏。

南京国民政府成立后，为了维护自身的统治，执政党国民党先

---

① 李维汉：《回忆新民学会》，《文史资料选辑》第 59 辑，北京：文史资料出版社，1979 年，13 页。

② 徐白民：《上海书店回忆录》，张静庐辑注：《中国现代出版史料》甲编，北京：中华书局，1954 年，63 页。

后开办了数十家出版社，其中最重要的是正中书局。1931 年 10 月
10 日，陈立夫（1900～2001）在国民政府的首都南京创办正中书局，
主要目的在于宣传三民主义，而"不必借手他人"。1933 年国民党中
央决定筹设文化出版机构，陈立夫将正中书局全部资产献给国民党。
国民党中央增拨资金，指派要人管理[①]。由于受到官方的支持，这个
国民党党营出版机构很快晋升为民国期间六大出版社之一，并在 20
世纪 40 年代，教育部厉行国定本教科书制度时，始终获得最大承印
比例。虽然正中书局也曾出版学术专著、普通读物和儿童读物等，
但它从陈立夫私营时期到党营时期，一个主要的工作任务就是为国
民党宣传自己的政治主张服务。

（五）因爱书而投身书业

中国古代三大刻书系统之一的私刻，其主持者大多是一些学
者文人和藏书家，他们主要出于对图书的热爱而刻书，这一出版
理念在出版业现代化过程中得到了继承。中华书局创办人陆费逵
回忆说，他十九岁那一年（1904 年）与几个好友因为买书困难，
在武汉合办新学界书店，这样一方面可以营业赚钱，另一方面也
可以保证自己有书可看[②]。经营书业不是一项能赚大钱的生意，然

---

① 以上关于正中书局史料参见：台湾正中书局 1991 年出版《正中书局六十年》《正
中书局大事记》等。转引自熊复主编：《中国抗日战争时期大后方出版史》，重庆：重庆出
版社，1999 年，23 页。

② 陆费逵：《我为甚么献身书业》，俞筱尧、刘彦捷编：《陆费逵与中华书局》，北京：
中华书局，2002 年，459 页。

而有许多编辑出版家始终以一种极大的热情投身其中，很大程度上，爱书是他们的共同爱好，也就是他们投身出版业的原动力。正如张静庐在自传中写道的："如其说我有着想做个出版家的企图，毋宁说是我有着爱书的嗜好。"[1] 因为爱书，所以投身出版，这种朴素的出版理念给许多编辑出版家带来了巨大的乐趣。林语堂曾为大东书局成立十五周年纪念册题写"刊书至乐"四个字，表达的正是这样一种心境。

第二节　现代出版家的市场意识

亚东图书馆的老板汪孟邹有一句名言："我们与其出版一些烂污书，宁可集资开设妓院好些。"[2] 现代出版业的主体是民营出版机构，它们必然要追求商业利润，以达到赢利目的。为利益所驱赶，有些出版者唯利是图，盗版翻印图书，有的不顾读者利益，出版错字连篇的出版物，或者出版淫秽、迷信等出版物，但是，像汪孟邹这样具有文化责任感的出版家，并不少见。他们对于出版业中商业利益和文化责任的关系有着自己的领悟。

1922 年冬，陆费逵为国语专修学校办的国语商业夜校讲《书业商之修养》，他说：

---

[1] 张静庐：《在出版界二十年》，汉口：上海杂志公司，1938 年，89 页。

[2] 汪孟邹：《我与新书业：答萧聪先生》，《大公报·出版界》第 46 期，1947 年 8 月 24 日，转引自汪原放：《回忆亚东图书馆》，上海：学林出版社，1983 年，207 页。

书业商的人格，可以算是最高尚最宝贵的，也可以算得是最卑鄙最龌龊的。……如以诲淫诲盗的书籍，供献于世，则其比提刀杀人，还要厉害，盖杀人不过杀一人，恶书之害，甚于洪水猛兽，不知害多少人。所以我们当刊行一种书的时候，心地必须纯洁，思想必须高尚，然后才可以将最有价值的结晶品，供献于世；否则，不但于道德方面要抱缺憾，即自己良心方面亦受责罚。①

出版家的文化使命感固然令人钦佩，但那终归是理想层面的，经营书业这项商业活动，不能回避的一个话题是要挣钱。张静庐在自传中提到："'钱'是一切商业行为的总目标。然而，出版商人似乎还有比钱更重要的意义在这上面。以出版为手段而达到赚钱的目的；和以出版为手段，而图实现其信念与目标而获得相当报酬者，其演出的方式相同，而其出发的动机完全两样。"② 张静庐赞成的是这样一种出版理念：以出版为手段，实现自己的理想和信念，同时尽量运用"生意经"，赚得相当的报酬。

即使是由一帮学者办起来的朴社，挣钱的目的也是很明白地摆在台面上的。如前所述，朴社创立的缘起，可见于郑振铎的一次发言："我们替商务印书馆编教科书和各种刊物，出一本书，他们可以赚几十万，我们替资本家赚钱太多了，还不如自己办一个书社的

①　陆费逵：《书业商之修养》，俞筱尧、刘彦捷编：《陆费逵与中华书局》，北京：中华书局，2002 年，465 页。

②　张静庐：《在出版界二十年·写在后面》，汉口：上海杂志公司，1938 年，4 页。

好。"① 自办出版机构，以营造出一种良好的经济环境来支持学术研究，这便是朴社创办的初衷。虽然后来实际的经营状况并不理想，显然没有达到预期的效果。

邹韬奋以巨大的政治热情来办出版业，然而他也是一位极懂得出版业生意经的优秀出版家。1940 年，他对生活书店的文化事业性与商业性关系进行了精彩的阐述：

> 我们这一群的工作者所共同努力的是进步的文化事业，所谓进步的文化事业是要能够适应进步时代的需要，是要推动国家民族走上进步的大道。……但是在经济方面，因为我们要靠自己的收入，维持自己的生存，所以仍然要严格遵守量入为出的原则。这里便牵涉到所谓商业性。我们的业务费，我们的资金，既然要靠自己的收入，所以我们不得不打算盘，不得不赚钱。②

又说：

> 我们为着要发展事业，在不违背我们事业性的范围内（我们当然不专为赚钱而做含有毒菌落后的事业），必须尽力赚钱，

---

① 顾颉刚：《我是怎样编写〈古史辨〉的？》，《古史辨》第 1 册，上海：上海古籍出版社，1982 年，20 页。

② 韬奋：《事业性与商业性的问题》，徐诚、王一方编，邹韬奋著：《韬奋：我的出版主张》，南宁：广西教育出版社，1999 年，206～207 页。

因为我们所赚的钱都是要直接或间接用到事业上面去。[①]

出版业既是文化事业，又是商业。成功出版家的共同特征在于能两全其美。从经营角度来说，出版业必须考虑利润，这正是英国出版家哈姆林（Paul Hamlyn, 1926～2001 年）的名言"书可以像肥皂一样卖"[②] 的含义。20 世纪 30 年代，王云五对商务印书馆员工也说过类似的话，他主张书籍可以像香烟一样卖。他认为，中国人不喜欢读书，学校和社会有责任，"此外，就要责备我们出版家没有用进攻的方法逼人家读书，没有用文化侵略的方法去逼人买书，卖香烟的人所用的方法就是侵略的方法，他们的目的虽则专为营利，但手段是有效的，所以我们必须也要多做有效的宣传和推销"[③]。王云五在他的《商务印书馆与新教育年谱》一书中精确详细地公布了商务印书馆的各种营业数字，而且自豪之情不言而喻，这是"在商言商"的一面。从文化事业角度来说，在事业中看重自己的文化使命，这使出版家更能赢得文化学术界的尊重。正如美国人德索尔在《出版学概说》一书中所指出的："出版者——至少是那些为图书出版带来荣誉的人们——又有着超越单纯牟利的动机。在他们眼里，图书不

---

　　① 韬奋：《事业性与商业性的问题》，徐诚、王一方编，邹韬奋著：《韬奋：我的出版主张》，南宁：广西教育出版社，1999 年，207 页。

　　② ［日］出川沙美雄著，李长声译：《漫话世界出版社》，太原：书海出版社，1988 年，1 页。

　　③ 《王云五对商务印书馆第一届业务讲习班学员训辞》（1934 年 11 月），王云五：《商务印书馆与新教育年谱》，台北：台湾商务印书馆，1973 年，483 页。

仅仅是商品，……图书具有什么样的性质和功能，主要取决于他们的诚实正直、判断能力、情趣爱好以及敏慧才智。"①

如何把出版业的文化性和商业性很好地结合起来，这是出版家的难题。那些成功的出版家恰恰是在这方面具有非凡的才能和觉悟的人。

第三节 现代编辑家出版家的生存状况

1921 年，商务印书馆盛邀胡适南下担任该馆编译所所长，胡适虽然未能上任，但还是到商务印书馆进行了一次考察，他将当时编译所职员月薪列表②如下：

月薪	人数
300 元及以上	2
250 元以上	1
200 元以上	4
150 元以上	8
120 元以上	17
100 元以上	5
70 元以上	14
50 元以上	17
30 元以上	46
30 元以下（连学生 8 人）	62

---

① ［美］J.P 德索尔著，姜乐英、杨杰译：《出版学概说》，北京：中国书籍出版社，1988 年，1 页。

② 中国社会科学院近代史研究所中华民国史研究室编：《胡适的日记》上册，北京：中华书局，1985 年，152 页。

依上表，超过一半的编辑月薪在 50 元以下。据茅盾回忆，他从北京大学预科毕业后，于 1916 年 8 月[①] 进商务印书馆编译所时，月薪是 24 元，这是"编译"一级最低的工资。当时，担任高级编译的孙毓修月薪大约是 100 元。工作五个月以后，从 1917 年正月开始，茅盾的月薪涨到 30 元，即每月加了 6 元[②]。1918 年和 1919 年又各涨过一次，增幅都是 10 元，所以到 1919 年，茅盾的月薪已经达到每月 50 元。从 1920 年 1 月起，茅盾的月薪又涨了 10 元，达到 60 元。从茅盾加工资的轨迹看来，基本上，每年底即有一次加薪机会，以 10 元为增幅。后来因为被推至《小说月报》主编的重要岗位，茅盾的月薪增幅才脱离了每年加 10 元的常规轨迹，从 1921 年起突然跃至每月 100 元，这已经是高级编辑一级的工资了。

要对当时出版业从业人员的生存状况有更具体的认识，我们需要一定的参照系。20 世纪 20 年代至 1937 年抗日战争爆发前这一段时间里，中国物价大致平稳，人民生活相对稳定。1923～1939 年，三分之二以上的中国城市工人家庭平均年收入在 200～400 元之间，年收入 400 元以上家庭收支状况良好，生活程度较高[③]。棉纱业是当时上海最重要的一种工业，北平社会调查部等对上海纱厂工人生活状况进行的一项调查表明，1927～1928 年上海纱厂工人平均月薪为

---

① 月份是农历，下文中茅盾在回忆中提到的月份也均为农历。

② 茅盾：《我走过的道路》，北京：人民文学出版社，1981 年，115 页。

③ 张东刚：《总需求的变动趋势与近代中国经济发展》，北京：高等教育出版社，1997 年，31～32 页。

15 元，每家每月的总收入平均约为 33 元①。再与当时已经取得相当经济地位的大学教师相比较：1928～1931 年，清华大学教授的月薪是 160～360 元；1932～1937 年，清华大学教授月薪为 300～500 元，专任讲师是 160～280 元，教员 120～200 元，助教为 80～140 元②。五四期间陈独秀在北大的月薪是 400 元，1920 年陈独秀回上海后，商务印书馆请他担任馆外名誉编辑，当时这种馆外名誉编辑的月薪可高达五六百元，但陈独秀因为不愿担任过多的编辑事务，自愿拿较低的报酬，最后商定的月薪是 300 元③。至于出版社高级管理层的工资水平，1922 年初王云五担任商务印书馆编译所所长的月薪是 300 元。中华书局的工资水平比商务印书馆略低，但 1936 年舒新城在中华书局领到的编辑所所长的月薪已经超过 300 元④。1928 年，沈知方聘徐蔚南到世界书局工作时甚至开出每月 500 元的高薪⑤。如此看来，受聘于当时的大出版社工作，其工资是比较稳定的，高级编辑和高层管理者的工资水平与大学教师比较接近，与体力劳动者相比，则要高出许多倍，加上他们业余的稿酬和版税收入以及年底分到的红利，他们的生存状况还是不错的，大致可以过中等以上的

---

① 杨西孟：《上海工人生活程度的一个研究》，北平：北平英文道报社，1930 年，29～31 页。

② 清华大学校史编写组：《清华大学校史稿》，北京：中华书局，1981 年，145～146 页。

③ 茅盾：《我走过的道路》，北京：人民文学出版社，1981 年，178 页。

④ 钱炳寰：《中华书局史事丛钞》，俞筱尧、刘彦捷编：《陆费逵与中华书局》，北京：中华书局，2002 年，299 页。

⑤ 朱联保：《关于世界书局的回忆》，《出版史料》1987 年第 2 期。

小康生活，当然这是指在时局平稳的非战时环境下。

但那些在小出版社工作或自办出版社的人，经济状况往往很不稳定，待遇也偏低。1924年，张静庐与两个朋友办起光华书局，因为得到郭沫若等创造社成员的稿源帮助，发展态势很好，但当时"我们所谓老板们每一个人也只拿十元八元一月的车费，没有薪水的"①。在创办光华书局之前，张静庐曾在泰东图书局经理赵南公手下做编辑，据他回忆，待遇菲薄，"我大约每个月可拿到二十元左右，但得三元二元分几次在柜上领取"②，这大约相当于一名上海纱厂工人的月薪。

因为不需要太大的资本，进入书业这一行很容易，但是，从另一角度来说，既然入行容易，这个行业内的企业必定很多，竞争必然非常激烈，再加上这一百多年中国时局动荡，因此，出版业的生意很不容易经营。投身出版业，在经济上，如果把小康生活当作一个目标也许能够达到，但是如果要想靠做"出版商"而富甲一方，却是很难的。如果要把从事出版业的政治和经济双重风险考虑进去，编辑出版家生活上的艰辛，恰如邹韬奋的一段自白。1937年9月20日，邹韬奋为上海《立报》"创刊二周年纪念特刊"写过一篇《同道相知》的文章，他写道："时间过得真快，我这后生小子，不自觉地干了15年的编辑，为着做了编辑，曾经亡命过；为着做了编辑，曾经坐过牢；为着做了编辑，始终不外是个穷光蛋，被靠我过活的家

---

① 张静庐：《在出版界二十年》，汉口：上海杂志公司，1938年，114～115页。
② 同上，101页。

庭埋怨得要命。但是我至今'乐此不疲',自愿'老死此乡'。"[1]

1935年,朴社创始人之一顾颉刚在致王伯祥的信中写道:

> 岂特《古史辨》之赢利为其吃光,即弟之版税亦为填尽。社中经理不善营业销路固不畅,然每年弟之版税总该有五六百元,则每年弟仅能取百余元,以此为人所痛惜,以为此书若交商务开明者,弟或作富家翁矣。[2]

开办朴社的一帮学人郑振铎、顾颉刚等都曾经在商务印书馆编译所工作,大家不满于商务印书馆给自己的经济回报太少,创办朴社,结果,做了出版商的顾颉刚连自己的版税都填进去了,发出了"此书若交商务开明者,弟或作富家翁矣"的感叹,由此可见,出版商的成功并非业外人士想象得那么容易。

最后让我们看一下中华书局创始人陆费逵的经济状况。自1912年中华书局创立起,陆费逵的月薪为200元,1917年公司发生严重经济危机,陆费逵停支薪金,直到1922年起恢复月薪200元,1932年,月薪加至300元,1936年加至400元[3]。作为全国第二大出版机

---

①　邹韬奋:《同道相知》,《立报创刊二周年纪念特刊》,1937年9月20日,丁景唐主编:《中国现代著名编辑家编辑生涯》,北京:中国展望出版社,1990年,81页。

②　顾潮:《历劫终教志不灰:我的父亲顾颉刚》,上海:华东师范大学出版社,1997年,176页。

③　钱炳寰:《中华书局史事丛钞》,俞筱尧、刘彦捷编:《陆费逵与中华书局》,北京:中华书局,2002年,337页。

构的创始人，陆费逵经营中华书局达 30 年之久，但身后所遗还"不如一寻常之商贾"①。他的经济生活状况尚且如此，当时出版业一般从业者的生活状况也可以大致揣度出来。尽管此路如此艰辛，献身书业、孜孜于此的人却依然不少，比如陆费逵曾提到，"我有许多机会可以做别种商业和入政界，但我始终不为所动"②，这种令人感动的执着与他们各自的信念、爱好、梦想与个性等都有关系，虽然他们很可能在实践的过程中发现先前的梦想和期待与现实有一定的差距，然而他们的努力是现代出版业发展史上最不可忽略的因素。

第四节　编辑家出版家与作者、读者

编辑家出版家是架设在作者与读者之间的一座桥梁，编辑家出版家怎样处理与作者和读者的关系，对于出版业的发展是至关重要的。

一、编辑家出版家与作者的关系

（一）倚仗作者

作者是出版社的精神产品的创造者。出版业竞争非常激烈，

---

① 金兆梓：《追忆陆费伯鸿先生》，俞筱尧、刘彦捷编：《陆费逵与中华书局》，北京：中华书局，2002 年，371 页。

② 陆费逵：《我为甚么献身书业》，俞筱尧、刘彦捷编：《陆费逵与中华书局》，北京：中华书局，2002 年，460 页。

因此，是否拥有优秀的作者资源，对于一个出版社来说，至关重要。由于创办出版社的成本很低，如果能拥有优秀的书稿，并不需要投入多少资金和人力，一个小出版社便可以异军突起。比如开明书店、北新书局的兴起，与它们得到作者的鼎力支持是很有关系的。

1924年张静庐与好友沈松泉、卢芳三人合资25元办起了光华书局，简直可以算作白手起家，这一方面靠张静庐与纸行的熟悉，赊欠到纸张和印刷费，另一方面，则靠着与郭沫若等创造社成员的私交而获得稿源上的支持。郭与他们三人曾经同在泰东图书局工作过，他愿意将新著《三个叛逆的女性》以及发表在刊物上的文章结为《文艺论集》交给光华出版，还以很低的编稿费（50元一期）帮光华书局编辑《洪水》半月刊。这样，光华书局得以发展起来。作者有时候对于友情常常比纯粹商业关系更看重，这是他们能够半义务甚至义务为出版社提供他们的精神产品——书稿的原因，这大概是中国知识分子重义轻利的一面。因此，编辑家出版家能否拥有一些够交情的作者朋友，是很重要的。比如汪孟邹与陈独秀、胡适的密切的私人关系使他的亚东图书馆受惠不少。

当然，仅仅靠友情关系来维系一个出版社的作者群，是远远不够的。据朱联保回忆，因有著作物在世界书局出版而与世界书局发生关系的编著者约在一千人以上。沈知方善于用高稿酬吸引作者，张恨水、不肖生、程小青等作者所得稿酬或版税，均在数千元或万元以上，"如张恨水的稿酬是每千字四元至十元计算（当时通俗小说稿费水平，约为每千字三元左右）。在三十几年前，一部稿子能得硬币几千元，这也表现沈知方拉拢作家的手腕。此后同业中亦有提高稿费罗致张恨水的作品，使他红极一时"[1]。足可见，出版家之间对作者的争夺也无形中提高了作者的身价，提高了他们的稿费水平，改善了他们的生活。

出版社对作者的倚仗不仅仅在他们能直接为出版社提供稿源，事实上，许多作者对于出版事务常常也有内行的见解。程瞻庐是世界书局的畅销刊物《红玫瑰》（初名《红杂志》）的台柱作者。当时程住在苏州，沈知方经常亲自送稿费到苏州，并向他请教杂志编排和内容等方面的问题。由于沈知方能够谦逊求教，程瞻庐也就慷慨直言，沈知方就把程的意见带到上海来，"从善如流，立行改革"[2]。因此，当时有人戏称程瞻庐为世界书局的"局外编辑"。这正是出版家倚仗作者的另一方面。

（二）扶持作者

对于编辑家出版家来说，能够联系到成名大家，出版他们的作品，固然是好。然而，对于著作界、对于中国文化最有贡献的，是那些扶持、发现、培养新人新作的编辑家出版家。

文化生活出版社在巴金的主持下，坚守着"编辑的成绩不在于发表名人的作品，而在于发现新的作家，推荐新的作品"[3]的原则，

① 朱联保：《关于世界书局的回忆》，《出版史料》1987年第2期。
② 郑逸梅：《红屋：世界书局》，《书报话旧》，上海：学林出版社，1983年，56页。
③ 巴金：《致〈十月〉》，《随想录》，北京：生活·读书·新知三联书店，1984年，390页。

主编综合性丛书《文化生活丛刊》，出版新作家处女作达36种之多，包括卞之琳的《鱼目集》、曹禺的《雷雨》、何其芳《画梦录》、刘白羽《草原上》、端木蕻良《憎恨》、吴伯箫《羽书》、汪曾祺《邂逅集》等。通过出版他们的作品，"为这些年轻人提供了纵马扬帆的良机，也为现代文学输入了新鲜的血液"①。

　　鲁迅发表的第一篇小说是《怀旧》，这是一篇文言小说，于1912年底由周作人寄给《小说月报》之后，第六天便收到主编恽铁樵的复信，大加赞赏。小说发表在1913年4月出版的《小说月报》第4卷第1号上。发表时，恽铁樵对这篇小说逐段加小评，篇末还用"焦木附志"加以评点。恽铁樵（1878～1935）主编《小说月报》时，提出他的录稿原则是："佳者虽无名新进亦获厚酬，否则即名家亦摈而勿录。"②在编辑过程中，能快速给作者复信，常对作者加圈点评语，这些做法对文学新人来说，无疑可以起到积极的鼓励作用。受到过恽铁樵提携的侦探小说作家程小青这样称颂他："先生之学，既由攻苦而致，故常以提携后进为怀，且富责任心，热肠古道，弥复可敬。"③现代编辑家出版家在帮助作家成功、提高作品数量和质量等方面发挥着重要作用。

---

① 孙晶：《文化生活出版社与现代文学》，南宁：广西教育出版社，1999年，12页。

② 陈江：《慧眼伯乐：恽铁樵》，高崧等编选：《商务印书馆九十五年》，北京：商务印书馆，1992年，600页。

③ 转引自王建辉：《老出版人的肖像》，南京：江苏教育出版社，2003年，76页。

（三）扶危救困

民国时期据说只有四位作家（梁启超、胡适、鲁迅和林语堂）[①]可以靠稿费生活。在这种环境下，编辑家出版家对作者的温情关怀常常令人难忘。有不少作者靠出版社借支稿费渡过难关。得到过文化生活出版社帮助的剧作家曹禺有这样的回忆："那时穷呗，有时就跑到出版社去吃饭，'打牙祭'嘛。"[②]孤傲固执的才子朱湘生活常常陷入困顿，赵景深在开明书店当编辑时认识作为作者的朱湘，此后在朱湘困难的时候赵景深多次帮助他。朱湘投江自尽后，赵景深帮助料理他的后事并整理出版他的遗稿，转交版税给朱湘遗孀，体现出一位厚道的编辑对作者的爱护和同情[③]。

1927年"四·一二"事变后，许多共产党员被迫流亡海外，他们中有不少人就靠著译为生，在这种情况下，那些愿意出版他们作品的国内出版家，便在经济上给予他们很大帮助。当时商务印书馆编辑所的共产党员杨贤江、沈雁冰等被列为拘捕对象，不得不东渡日本。就在这些流亡作者处于困境的时候，世界书局总编辑徐蔚南接受了杨贤江（笔名李浩吾）译著的《青年期的心理和教育》《教

---

① R. 洛旺塔尔（R. Loewenthal）: *The Copyright in China*（中国版权），《燕京学报》第3卷第2期，1941年8月，转引自［法］戴仁（Jean-Pierre Drege）著，李桐实译：《上海商务印书馆》，北京：商务印书馆，2000年，60～61页。除这四位作家以外，民国时期的巴金也靠稿费为生。另外，为商务印书馆编英文课本的周越然版税收入也很可观。

② 纪申：《记巴金及其他：感想·印象·回忆》，银川：宁夏人民出版社，1994年，131页。

③ 赵景深：《记朱湘》，《我与文坛》，上海：上海古籍出版社，1999年，179～180页。

育史 ABC》两稿；沈雁冰（笔名玄珠、方璧）所著的关于西洋文学、神话等稿 12 种，他们的稿费由朱联保经手汇往日本。朱联保当时在世界书局经办支付稿酬的工作，据朱联保回忆，"以我所知，世界书局对于作者脑力劳动还是相当尊重的，所致稿酬，比其它书店略高一些，至少不低于当时同业间的稿费水平"①。

曾有人撰文指出翻译家朱生豪是因世界书局稿费太薄以致贫病相迫而死，对此朱联保表示了异议，他提到，抗日战争爆发后朱生豪回家乡浙江嘉兴居住，翻译莎士比亚作品，与世界书局约定，按字取酬，并约定于出版后再按定价抽版税。朱生豪从 1938 年 11 月至 1944 年 5 月五年多时间内，共译成 31 卷，计 145.3 万字，稿费是按当时生活费用陆续调整。当时在沦陷区，世界书局自身也是在风雨飘摇中苦力支撑，稿费水平达不到战前的水平，但"此乃环境使然"，就支付朱生豪的稿费来说，"莎氏剧本在未出版前先支稿费，出版后再有版税"，并不存在不公道②。另据引荐朱生豪进世界书局工作的编辑胡山源回忆，抗战时期，朱生豪为世界书局译《莎士比亚全集》，开始时稿费每千字 2 元，当时世界书局已无力出书，所付稿费只是帮助朱生豪勉强维持生活③。事实上，在战时物价飞涨，百业凋敝的时候，世界书局支付的稿费对于维持朱生豪的生计来说，无疑是一种重要的经济来源。

以上说到的都是编辑家出版家与作者之间友好相处的一面，当

---

① 　朱联保：《关于世界书局的回忆》，《出版史料》1987 年第 2 期。

② 　同上。

③ 　胡山源：《一些痕迹：在世界书局的六七年》，《出版史料》1987 年第 2 期。

然这种关系也有恶化的时候。如鲁迅与北新书局老板李小峰本来私人交情很好，但是后来因为北新书局拖欠鲁迅巨额版税（1929年）[1]，鲁迅不得不寻求通过法律方式解决。作者与出版家之间除发生这种激烈冲突以外，还可能滋生怨愤乃至不欢而散。郭沫若曾为泰东图书局翻译《少年维特之烦恼》，在后来的回忆文字中他忍不住骂了泰东图书局经理赵南公：

　　……不过自己的心血译出了一部名著出来，却供了无赖的书贾抽大烟，养小老婆的资助，这却是件最痛心的事体。[2]

　　作者对出版家的这种怨愤，主要缘于作者认为出版家靠作者创造的作品发了财，而付给作者的稿酬太薄。那么作为出版家，他们又是如何说的呢？ 1932年，中华书局的创办人陆费逵在《六十年来中国之出版业与印刷业》一文中承认当时中国的作者稿酬较低，通常每千字二元至四元，不利于让他们安心从事著作。但另一方面，他又强调了出版家的难处：

　　或以为薄待著作者，一定肥了发行者，但是发行者得利之书很少，蚀本者很多。每一书坊开若干年，只剩些不

---

① 陈明远：《鲁迅生活的经济背景》下，《社会科学论坛》2001年第3期。

② 郭沫若：《〈少年维特之烦恼〉增订本后序》，《洪水》半月刊第2卷第20期，1926年7月，转引自刘纳：《创造社与泰东图书局》，南宁：广西教育出版社，1999年，107页。

销之书籍和无着落之欠账，便不得不关张了。前清末年的许多书坊至今存在的差不多只有商务印书馆和广益书局几家。其余不是关门，便是出盘。即民元开办的中华书局，艰险备尝，慎重紧缩，股东在近十七年中，或无利，或得利一、二，最多一年只四厘。办事人待遇也很薄，苦了二、三年，总算勉强站住了。其他与中华书局先后开办的，现在一家都不存在了。试问如此情形，资本家和事业家谁肯来经营这种事业呢？[①]

看来作者和出版家各有各的难处。他们生活之艰难是在当时中国出版业的发展状况（竞争激烈、利润微薄等）以及全社会的教育状况、经济状况之下的一种无奈。

二、编辑家出版家与读者的关系

说到底，图书出版业争夺的是读者。读者是购买者，是"上帝"，所以竞争的各方最终都会不约而同地把目光盯准读者。一方面各出版机构通过打折降价、赠品等市场竞争手段来争夺读者；另一方面，编辑家出版家处处为读者考虑的服务精神更加可贵。这种服务精神可从以下几个方面做进一步的讨论：

---

① 陆费逵：《六十年来中国之出版业与印刷业》，俞筱尧、刘彦捷编：《陆费逵与中华书局》，北京：中华书局，2002 年，480 页。

（一）图书的陈列

包括中华书局在内的许多出版者都采取发行所图书开架陈列的做法，允许读者翻阅图书。但是在 1934 年上海杂志公司成立之前，许多出版社发行所里陈列的图书是摆放在玻璃柜子里的。

像张静庐这样出身贫寒读者的出版家更能体会到那些读者希望在书店有尊严地看书的心理，他自己年轻时经常在上海出版社门市集中地带棋盘街徘徊，被称为"棋盘街巡阅使"，他是这样记述他当时的遭遇的：

> 当你一只脚跨进书店的门槛时，全铺子里伙计们几十双乌溜溜的眼睛不约而同地一齐射到你的身上来，使你没有勇气再搬动你的后面一条腿；就使放着大大方方的模样走进店去，站在某橱窗的前面，当你的一只手还没有举起来，（或许是举起来抓着头皮上发痒的），就有一位伶俐的小学徒很快的跑来，站在你的身边，牢牢地叮着，叮着，叮到你走出他店门为止。①

因为对这种想看书又买不起书的读者的处境有切身的体会，所以当张静庐创设上海杂志公司时，他对新书杂志的陈列予以了特别的注意，把所有新书杂志都开架陈列，书架外面不像其他出版社那

① 张静庐：《在出版界二十年》，汉口：上海杂志公司，1938 年，41 页。

样罩有玻璃窗，读者随手就可以取来翻阅，"绝对的并且很欢迎没有钱买书的读者自由自在地翻看他所需要的书籍和杂志"①。这使上海杂志公司发行所里挤满了来看书的读者，这一做法马上得到了包括商务印书馆在内的其他出版社的仿效。

（二）通过杂志专栏建立编读互动往来关系

1921 年杨贤江进商务印书馆编辑《学生杂志》，他很重视联系读者，从 1922 年始开设通信栏，自 1923 年 11 月始又开设问答栏，用通信和问答这些活泼的形式来解答青年们各式各样的问题。1923 ～ 1924 年，他还组织了一次规模宏大、计时数月的学生"干政"和"入党"问题的讨论。全国各地青年热烈参加，影响极大。邹韬奋曾谈及办《生活》杂志成功的诀窍是：社论与答读者问，并认为后一点更重要。杨贤江办《学生杂志》、开明书店叶圣陶等办《中学生》、邹韬奋办《生活》周刊，其成功的思路基本上都是一样的，就是以读者为本位，关心他们的问题、解答他们的问题，建立读者和编辑之间的互动，这样能更好地吸引读者，为出版物争取更多的读者。

（三）"交际博士"黄警顽的公关工作

也许现在并不太为人所知，但是在民国时期的上海，"交际博士"黄警顽曾经是一个闻名社会各界的人物。他以朋友多、交际广、乐

---

① 张静庐：《在出版界二十年》，汉口：上海杂志公司，1938 年，40 页。

于助人而闻名于上海滩。

黄警顽（1894～1979）在参加商务印书馆第一届学徒考试后于 1907 年入馆，他在商务印书馆工作了 40 年（1907～1947）。从 1913 年起，他被抽调专做交际工作。1928 年商务印书馆成立交际科，由黄警顽主持。他在商务印书馆主要从事公关工作，在为读者服务方面取得重大的成就。他接待顾客约三百万人次，有求必应，比如读者要什么样的书，问及某书的价格，某书在哪个柜台出售等问题，黄警顽都帮他们一一解决。他还负责批复读者来信，带领外地参观团参观商务印书馆及上海其他文化机关，到各级学校联络教师，推广新书。很多读者认识他，他们遇到与商务印书馆或出版无关的问题也来找他，黄警顽总是热心帮忙。比如他在五四前夕为学生游行请愿团四处奔走，南洋华侨要从国内聘请教师也经常经由黄警顽介绍。他被称为"交际博士"，并且在上海各界得到认可。黄警顽身上体现出来的服务精神是他赢得各界尊敬的主要原因。他卓有成效的公关工作使他成为"一具商务印书馆的活广告"[1]。

（四）生活书店的读者工作

邹韬奋、徐伯昕主持的生活书店的读者工作做得很有特色。邹韬奋曾坦言："其实生活书店所以能由生活周刊社的小小书报代办部发展

---

[1] 黄警顽：《我在商务印书馆的四十年》，蔡元培等著：《商务印书馆九十年》，北京：商务印书馆，1987 年，91 页。

出来，根本就是由于我们为大众服务的精神发扬光大起来。"[①] 生活书店在服务读者方面有许多措施，它的邮购业务范围很大，客户不仅可以邮购生活书店出版的书报，也可以托生活书店代办其他书局出版的书报。生活书店还首创了全国十大银行免费汇款办法，读者只要向这些银行填写一张购书单并把钱交给银行汇出，便可以委托生活书店邮购科订购书刊，不需要向银行缴纳汇费，手续很简单。到1937年"八一三"上海抗战爆发前，生活书店有邮购客户近5万[②]。生活书店以热情周到、不怕麻烦的服务与读者建立起一种充满诚信的朋友关系。除了帮读者订购书刊，生活书店还为读者生活的方方面面提供尽可能多的帮助。读者有各种大小事情会写信与生活书店商量。在他们生活中遇到困难的时候，生活书店及其分店仿佛是他们可信赖的朋友，比如买不到车票会想到托生活书店代办一张；找不到旅馆，也会往"生活"跑。

　　1939年生活书店在徐伯昕倡议下成立读者顾问部。读者顾问部的主要工作有三项：（一）涉及读书计划、方法、字句上的疑问，帮助读者解答；（二）涉及职业生活、家庭生活以及其他方面生活上的疑问，帮助读者解答；（三）每两三个月向读者提供"生活推荐书"一两册。第三项正如邹韬奋所说在中国出版界是"创举"[③]，加入生

---

　　① 韬奋：《本店参加义卖的影响》，《店务通讯》（重庆）第32号，1938年12月3日，徐诚、王一方编，邹韬奋著：《韬奋：我的出版主张》，南宁：广西教育出版社，1999年，209页。

　　② 武志勇：《韬奋经营管理方略》，北京：中央编译出版社，2000年，263页。

　　③ 韬奋：《本店设立读者顾问部的重要意义》，《店务通讯》（重庆）第47号，1939年5月13日，徐诚、王一方编，邹韬奋著：《韬奋：我的出版主张》，南宁：广西教育出版社，1999年，127页。

活书店读者顾问部的读者，只须每年交"生活推荐书"预约金 5 元，读者全年就可以阅读"生活推荐书"至少 6 册，《读书月报》（它介绍出版界的情形、读书的基本知识和其他一些问题）12 册，价值总额至少在十元以上。此外，还可以享受购买生活书店出版的杂志九折优惠的待遇。读者顾问部不仅帮助读者选择推荐读物，还使读者节省了不少购书费，进而对于读者多买书也起到了激励作用，有利于扩大生活书店的发行业务。由此看来，生活书店的读者顾问部具有现代的读书俱乐部的性质。

（五）积极参与读书运动，便利读者

20 世纪 30 年代，中国兴起过两次读书运动。1930 年 11 月，上海青年会智育部为了激发青年的读书兴趣，在青年会内举行读书运动大会四天，此间举行演讲会共三次，分别由胡适、王云五、陈钟凡演讲，听众每次均满座，反响热烈。

从规模、影响上来说，四年多后由中国文化建设协会发起的全国读书运动大会又大大超过上海青年会的这一次。1935 年 4 月 8 日至 21 日，中国文化建设协会为营造全国好学风尚，提高文化水准，举行全国读书运动大会，在这期间，总会以及各地分会邀请学者名流，按日举行播音演讲。4 月 8 日上午，陈立夫的《民族复兴与读书运动》①作为大会开幕词，由张道藩代为播讲。此外，吴铁城、吴醒亚、王云五、蔡元培等均通过广播进行演讲。

---

① 《文化建设月刊》第 1 卷第 8 期，1935 年 5 月。

在两次读书运动中，出版界都有直接的参与。

上海青年会的读书运动大会期间，举行了各书局出版物展览会。从它发布的青年读书会简章看，它也具有读书俱乐部的性质，如组织著名作家作为选书委员，每月向会员推荐好书。此外，读书会还组织名人作关于读书专题的演讲，对会员进行读书指导。

1935 年的全国读书运动同时得到了教育界、出版界、图书馆界的鼎力配合。在读书运动大会的这两周内，各图书馆举办图书展览会，全国各大中学校举行读书运动纪念周，各报刊发表读书运动专栏，全国各大出版机构本版图书五折发售。而且此间由中国文化建设协会主办的读书竞进会，分大学组和中学组两组，邀请竺可桢、陈立夫、蔡元培、潘公展等为书目选定委员，公布书目让会员阅读，最后举行读书考试，考试优秀者奖给现金和书籍。

读书竞进会选定的两组书目中，以商务印书馆出版的最多。读书竞进会在出版界获得了积极的响应。如商务印书馆、开明书店都立即刊登广告，一面为赞助这次活动而折价售书，另一面还以自己的书入选读书竞进会书目为荣，并以此来扩大本社的宣传。此外，商务印书馆主办的《出版周刊》《教育杂志》为响应读书运动都辟专版讨论读书问题。

作为出版者，王云五深知出版业的繁荣依赖于社会读书风气的兴盛，所以王云五说："本馆是一个出版家，我们的商品，就是书籍，必得人家多读书，我们的营业才可望发达。"[1]他主张出版界要成为学

---

① 《王云五对商务印书馆第一届业务讲习班学员训辞》(1934 年 11 月)，王云五：《商务印书馆与新教育年谱》，台北：台湾商务印书馆，1973 年，482 页。

校以外鼓励读书的重要力量。他认为社会读书风气差，固然有学校、社会方面的原因，但出版社也有责任，因为没有积极地鼓励读书、指导读书。他对商务印书馆营业人员说："我们必须也要多做有效的宣传和推销，我们要是能使得许多顾客有志于读书，那就是等于做民众教育的人指导社会上一般人读书，也就是等于办学校教育的人指导学生们读书，没有什么差异"。"诸位营业员卖书的时候，如果仅以能答得出书名为已足，也就是有亏你们的职守，必须能用进攻的方法去告诉和指导人们应该读的书，才可算尽了辅助教育促进文化的责任。"[①] 他强调出版社不仅要在编辑方面为教育和文化服务，还要鼓励读书，指导读书方法，以"辅助教育促进文化"。在这方面，他自己是积极的身体力行者。1930 年的青年读书运动中，王云五向青年发表了《怎样读书》的演讲。在 1935 年的全国读书运动大会中，王云五又获邀通过广播向全国讲《读书的方法》。

　　出版界积极参与社会读书运动，鼓励读书、推荐好书、指导阅读、廉价售书，种种举动均能使读者受益，并且有利于倡导优良的社会读书风气。反过来，读书运动的开展及社会读书风气的改善，亦有益于出版业营业的发达。

---

　　① 《王云五对商务印书馆第一届业务讲习班学员训辞》（1934 年 11 月），王云五：《商务印书馆与新教育年谱》，台北：台湾商务印书馆，1973 年，483、484 页。

第十章　出版业现代化对出版物的影响

现代出版业的产量大大超过前现代。通过对出版物数量和类别的统计，我们可以看到中国出版业现代化带来的显著影响。19 世纪以来，译书成为现代出版业的主要产品，1912～1937 年中国出版物总量比明代的平均年产著作数增长了 55 倍[①]。在数量增长的同时，出版物在类目分布上也出现了新情况，直接导致了中国传统的图书分类法——四部分类体系无法像前现代时期一样有效地类分所有新出版物，大量的新学科出版物无类可归，这导致了图书分类法的演进。

第一节　译书

为传播西学而翻译出版图书，自晚明时期天主教传教士来华就

[①]　根据杨家骆对中国历代著作的统计，明代（1368～1644）中国平均每年产生著作 51 种，1912～1937 年 5 月中国共出版新著 71,680 种，平均每年出版新著 2,811 种，比明代的平均年产著作数增长了 55 倍。参见杨家骆：《中国古今著作名数之统计》，《新中华》复刊第 4 卷第 7 期，1946 年。

已经开始了。从 16 世纪利玛窦（1553～1610）等耶稣会传教士来
华，至 18 世纪清政府下令禁止天主教在中国活动，两百年间，耶稣
会在中国译著西书 437 种，平均每年出版约 2 种。其中，纯宗教书
籍 251 种，占译书总数的 57%；人文科学（包括地理地图、语言文字、
哲学、教育等）书籍 55 种；自然科学（包括数学、天文、生物、医
学等）书籍 131 种[①]。明末清初的西学东渐，以天文、数学等影响较大。
随着 1717 年康熙皇帝下令禁教，1773 年罗马教廷下令解散耶稣会，
西学东渐的道路被阻断了。

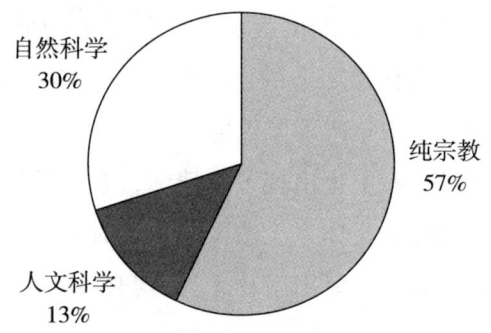

图 10-1　16～18 世纪天主教耶稣会在华译书数量
资料来源：钱存训：《近世译书对中国现代化的影响》，《文献》1986 年第 2 期。

　　从 1811 年马礼逊出版汉文译书《使徒行传》，到 1911 年清朝统
治结束，这 100 年间，中国共翻译、出版西学书籍 2,291 种。从平均
每年译书量上来看，1811～1842 年平均每年译书 1 种，还赶不上明
末清初两百年间耶稣会平均每年译书 2 种的成绩。但是 1843 年以后，

---

　　①　钱存训：《近世译书对中国现代化的影响》，《文献》1986 年第 2 期。

增长的速度非常快，19世纪末以后增长的速度更快。"自十九世纪中叶以来翻译一事成为中国政府走向现代化的一种特殊措施，因此翻译的题材和原著的来源，常常反映出近代中国思想界的大势以及政府政策的方向。至于各时期译书的性质和数量，也可看出译书的动机和知识界兴趣的一般趋势。"①1811～1911年各时期中国翻译出版西学书籍的数量变化可见下图。

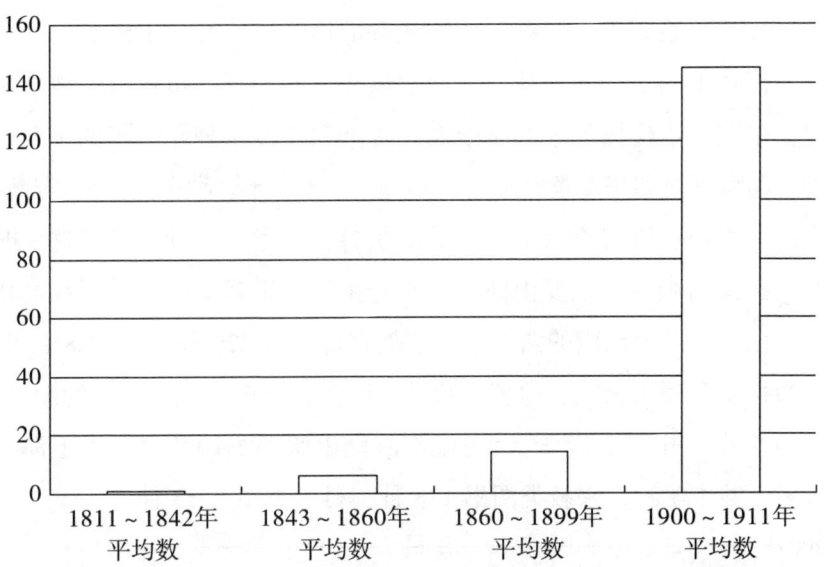

图10-2　1811～1911年各时期翻译出版西学书籍的数量

1811～1842年，共翻译出版西学书籍32种，平均每年出版1种；
1843～1860年，共翻译出版西学书籍105种，平均每年出版6种；
1860～1899年，共翻译出版西学书籍555种，平均每年出版14种；
1900～1911年，共翻译出版西学书籍1,599种，平均每年出版年均145种。

---

① 钱存训：《近世译书对中国现代化的影响》，《文献》1986年第2期。

以上所统计的西学书籍，不包括纯粹宗教书籍。

资料来源：熊月之：《西学东渐与晚清社会》，上海：上海人民出版社，1994年，14页。

鸦片战争以前，传教活动是被清政府禁止的，传教士的翻译出版活动受到很大限制，1811～1842年，马礼逊等传教士在广州和南洋一带共出版中文书籍和刊物138种。鸦片战争清政府战败之后，被迫签订一系列不平等条约，割让香港给英国，开放上海等通商口岸。传教士的活动基地从南洋向香港和通商口岸城市迁移。咸丰年间，中国西学传播的中心是上海、香港和宁波。翻译出版的主要机构是墨海书馆和华花圣经书房。1843～1860年，香港、上海、宁波、广州、福州、厦门这六个城市共出版各种西书434种。由于这一时期的翻译出版活动主要由西方传教士主持，宗教类图书占了相当比重。在六个城市出版的西书中，宗教宣传品有329种，占75.8%；其余为科学方面（天文、地理、数学、医学、历史、经济等）的图书，共105种，占24.2%。这六个城市翻译出版西书的数量，以上海为最多，共171种，宗教类图书138种，科学类图书33种。

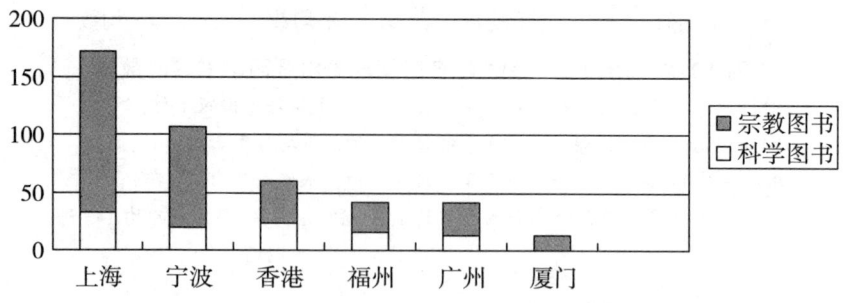

图 10-3 1843～1860 年六城市翻译出版科学书籍和宗教书籍数量

　　资料来源：熊月之：《西学东渐与晚清社会》，上海：上海人民出版社，1994年，8～9页。

　　1856～1860年第二次鸦片战争清政府再次战败。通过《中英天津条约》等，中国被迫对外开放的范围从沿海通商口岸深入内地，中国朝野进一步认识到中国与世界的差距，认识到学习西方科学技术的重要性，于是各种政府译书机构和民办的出版机构兴起，大量翻译西学书籍。除西方传教士继续翻译出版西学书籍以外，19世纪60年代开始，清政府创办京师同文馆、江南制造局翻译馆等译书机构，主动吸收西学，翻译出版西方图书，出版物以科学类为主。19世纪末，随着维新运动的兴起，时务报馆等民办机构翻译西学书籍也很多。1860～1899年，中国共翻译出版西书555种[1]，这个数字没有将纯粹宗教类书籍的数量计入。这555种翻译图书中，哲学社会科学、自然科学、应用科学等各类图书所占的比例见下图。这一时期，就译书数量而言，上海已经遥遥领先其他城市，全国译书总数77%来自上海[2]。这一时期全国最重要的三个译书机构江南制造局翻译馆、广学会和益智书会都设立在上海，上海稳稳坐住了全国译书中心和出版中心的地位。

———————

　　[1]　来自熊月之的统计，他的方法是根据徐维则《东西学书录》，截止1899年，共收西书567种（不含纯粹宗教图书），减去1860年以前出版的12种，总数为555种。参见熊月之：《西学东渐与晚清社会》，上海：上海人民出版社，1994年，11页。

　　[2]　熊月之：《西学东渐与晚清社会》，上海：上海人民出版社，1994年，12页。

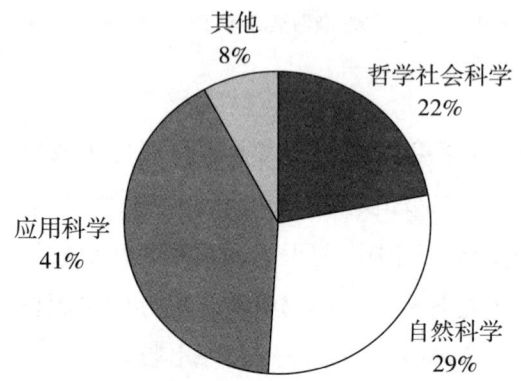

图 10-4　1860～1899 年中国翻译出版西方科学图书分类比例

哲学社会科学（包括哲学、历史、法学、文学、教育等）：123 种

自然科学（包括算学、重学、电学、化学、光学、动植物学等）：162 种

应用科学（包括工艺、矿务、船政等）：225 种

其他（包括游记、杂著、议论等）：45 种

资料来源：熊月之：《西学东渐与晚清社会》，上海：上海人民出版社，1994年，11～12 页。

　　1900～1911 年，中国翻译西书至少 1,599 种[①]。甲午战争失败后，中国出现了从日本输入西学的高潮，许多西学书籍从日文转译而来，许多新名词从日语引入中国。在此之前，中国翻译的西学图书，主要是从英文、法文、德文等翻译而来，甲午战败之后，从日本转口输入的西学数量有了很大的增长。1902～1904 三年中，中国共译西学书籍 533 种，其中日文书 321 种，占总数 60%[②]。

---

　　① 　熊月之：《西学东渐与晚清社会》，上海：上海人民出版社，1994年，13页。熊认为，实际译书数量应该超过这个数字。

　　② 　同上。

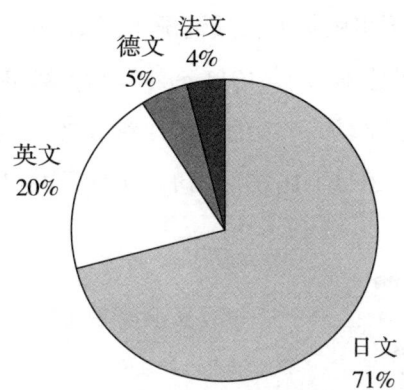

图 10-5　1902 ～ 1904 年按语种分类的译成汉语的图书比例

资料来源：熊月之：《西学东渐与晚清社会》，上海：上海人民出版社，1994 年，13 页。

第二节　图书数量的变化与图书分类法的演进

现代出版业的产量远远超过前现代，出版物类别的侧重点也有很大的不同。1949 年前，中国历年出版物数量没有一个精确的统计。《民国时期总书目》是我们可以获得的反映 1911 ～ 1949 年中国出版物的一个比较详细的资料。但是因为它是以北京图书馆（现名中国国家图书馆）、上海图书馆和重庆图书馆三个馆藏为基础编制的，而且不收录线装图书、图片、连环画、以少数民族文字和外文出版的图书，除中小学教材以外的少儿读物也有很大缺漏，台湾 1945 年后出版的图书以及偏远地区的出版物也因上述三家图书馆收录不全而有较大遗漏，所以，实际的出版物数量应该超过这个书目所载。尽管有这样的缺陷，我们仍可以利用《民国时期总书目》来研究

1911～1949 年中国出版物的大致情况（图 10-6）。

　　据《民国时期总书目》，1911～1949 年 39 年间，中国共出版图书 124,040 种 [①]。平均每年出版 3,181 种。文学、经济、政治三类图书最多，分别为 21,023、16,034、14,697 种，共计 51,754 种，合占图书总数的 41.7%。

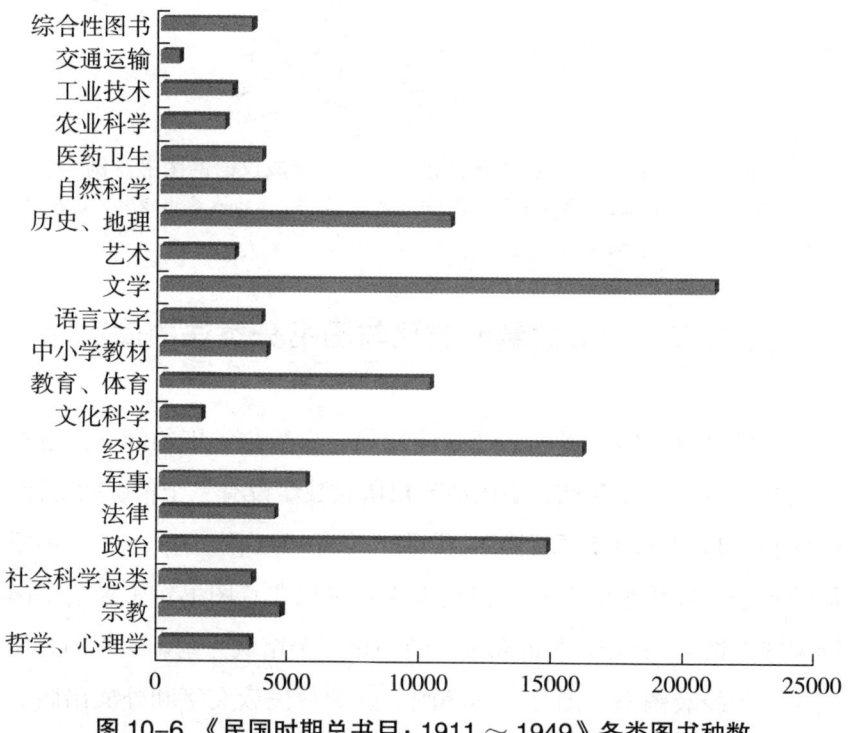

图 10-6　《民国时期总书目：1911～1949》各类图书种数

---

　　① 　统计只计新书初版，不计重版书。一种书由两家或两家以上出版机构出版，做多种处理。参见邱崇丙：《民国时期图书出版调查》，《出版史研究》第 2 辑，北京：中国书籍出版社，1994 年 11 月。

　　资料来源：《民国时期总书目·编后记》，书目文献出版社出版；邱崇丙：《民国时期图书出版调查》，《出版史研究》第 2 辑，北京：中国书籍出版社，1994年 11 月。其中语言文字类图书，以上两份资料均说图书种数为 3,861 种，但是据我对《民国时期图书出版调查》中所列语言文字类图书历年出版种数进行统计，1911 ～ 1949 年该类图书种数之和应为 3,914 种，相差 53 种。此图仍将语言文字类图书作 3,861 种绘制。

　　选择语言文字这个比较中性的类目来观察可以管窥民国时期中国图书历年的产量、出版地分布等一般情况。1911 ～ 1949 年语言文字类图书出版种数之和为 3,914 种[①]。1933 ～ 1936 年这四年是出版最多的四年，每年出版种数均超过 200 种。1937 年抗日战争全面爆发以后，再也没有哪一年的语言文字类图书能突破200 种。从出版地来看，该类出版物种数的 65% 是在上海出版的，位列第二位的北京，也仅占 7%，重庆能位居第三位，占 4%，主要原因是战时许多出版机构迁移到这里。此外，桂林、广州、长沙、南京、长春、成都六城市在上述统计中能占到 1% ～ 2%，还有昆明等城市的比例不足 1%[②]。这反映了上海作为中国出版中心的优势地位是非常明显的。

---

　　① 　邱崇丙：《民国时期图书出版调查》称语言文字类图书共 3,861 种，但是据我对《民国时期图书出版调查》中所列语言文字类图书历年出版种数进行统计，1911 ～ 1949年该类图书种数之和应为 3,914 种，相差 53 种。邱崇丙文章载《出版史研究》第 2 辑，北京：中国书籍出版社，1994 年 11 月。

　　② 　各城市出版语言文字类图书的数字依据邱崇丙：《民国时期图书出版调查》。

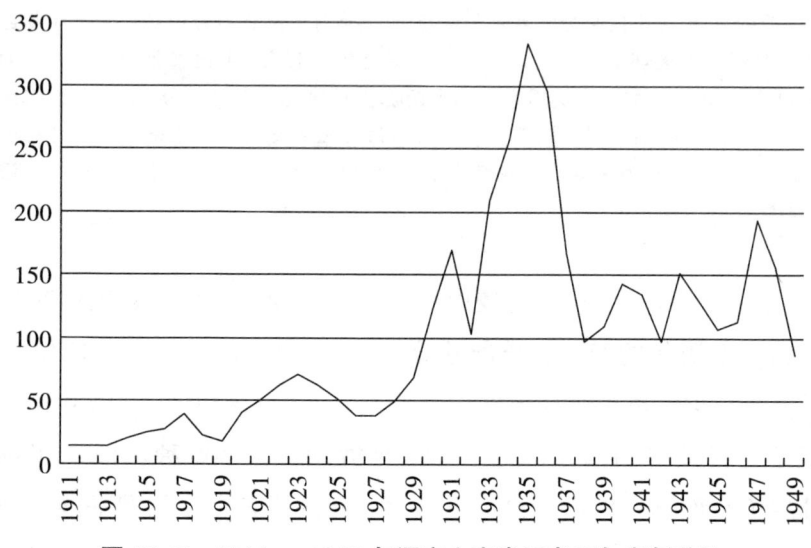

图 10-7　1911 ～ 1949 年语言文字类图书历年出版种数

资料来源：邱崇丙：《民国时期图书出版调查》，《出版史研究》第 2 辑，北京：中国书籍出版社，1994 年 11 月。

　　1934 ～ 1936 年，王云五应英文版《中国年鉴》的要求，编撰中国出版界的有关内容，他向较大的出版机构直接进行调查，又对北京、上海、南京、天津等地的几家主要日报全年登载的新书广告进行汇总，统计 1934 ～ 1936 年中国新出版物册数如下：

表 10-1　1934 ～ 1936 年中国新出版物册数

年份	全国出版物册数
1934	6,191
1935	9,223
1936	9,438

资料来源：王云五：《十年来的中国出版事业》（1937 年），《商务印书馆与新教育年谱》，台北：台湾商务印书馆，1973 年，626～628 页。

在王云五的统计中，商务印书馆、中华书局和世界书局这三家最大的出版机构 1934～1936 年的出版物总数在全国出版物总数中所占的比例大约是 65%[①]，于是王云五假定 1927～1933 年这三家出版机构出版物在全国出版物总数中也占此比例，依据三家的出版物总数，推算出全国出版物总数。他的推算结果如下：

表 10-2　1927～1933 年中国出版物总册数估算

时间	商务印书馆	中华书局	世界书局	三家总数	全国推算数
1927	842	159	322	1,323	2,035
1928	854	356	359	1,569	2,414
1929	1,040	541	483	2,064	3,175
1930	957	527	339	1,823	2,806[②]
1931	787	440	354	1,581	2,432
1932	61	608	317	986	1,517
1933	1,430	262	571	2,263	3,481

　　[①]　依据邱崇丙：《民国时期图书出版调查》，1911～1949 年上海所有出版机构出版的语言文字类图书在全国该类出版物总数中占 65%。王云五在当时的条件下，对全国出版物数量难以进行全面的统计，大型出版机构的出版数量易于获得，但是对于为数众多的小型出版机构，王云五主要依据几家主要日报刊载的新书广告进行统计，依此统计的全国出版物数字肯定是不完全的，这造成商务印书馆、中华书局和世界书局三家出版机构出版物总数占全国出版物总数比例较它们所占的实际比例偏高。

　　[②]　按王云五的推算法，以三家总数除以 0.65 为全国推算数，1930 年全国推算数应为 2,804.6 种，四舍五入应为 2,805 种，依此，1933 年全国推算数应为 3,482 种。微有出入。

资料来源：王云五：《十年来的中国出版事业》（1937年），《商务印书馆与新教育年谱》，台北：台湾商务印书馆，1973年，626～628页。

表10-3　1928～1934年内政部注册图书的种数百分比

年份	1928	1929	1930	1931	1932	1933	1934	平均
总类	67%	11%弱	67%	17%	31%	17%	11%	31%强
哲学	0	3%弱	1%弱	3%弱	3%弱	5%强	5%弱	3%强
宗教	0	0	0	0.5%	0.2%	1%弱	1%弱	0.5%弱
社会科学	4%弱	14%强	7%弱	25%弱	25%强	23%强	28%强	18%强
语文	16%强	6%弱	0	7%弱	3%强	3%强	8%强	6%强
自然科学	1%强	1%弱	2%弱	8%强	7%弱	8%弱	9%强	5%强
应用科学	0	3%强	2%弱	6%强	5%弱	11%强	7%强	5%弱
艺术	3%弱	2%弱	1%弱	6%强	3%强	3%弱	6%弱	3.5%弱
文学	3%弱	43%强	6%弱	20%强	15%强	20%强	16%强	18%弱
史地	6%强	17%强	14%强	8%强	8%强	8%强	9%弱	10%

资料来源：王云五依据1928年7月至1934年底国民政府内政部注册出版物分年所做的统计。王云五：《十年来的中国出版事业》（1937年），《商务印书馆与新教育年谱》，台北：台湾商务印书馆，1973年，629页。

表10-4　1935～1936年中国新出版各类出版物百分比

各类百分比	1935年	1936年
总类	43%强	39%强
哲学	2%弱	2%弱
宗教	2%弱	0.5%弱
社会科学	28%强	27%强
语文	2%弱	2%强
自然科学	3%弱	2%强
应用科学	4%弱	5%强

续表

各类百分比	1935 年	1936 年
艺术	3% 强	4% 弱
文学	5% 强	11% 弱
史地	6% 强	6% 强

资料来源：王云五的调查。王云五：《十年来的中国出版事业》（1937 年），《商务印书馆与新教育年谱》，台北：台湾商务印书馆，1973 年，629 页。

王云五的上述分类统计，总类图书种数在出版物总数中所占的比例较大，这是因为此类综合性大部丛书包含图书种数庞大。社会科学所占比例大约居于第二位，这类图书包括教育图书、小学教科书和儿童读物。

表 10-5　战前与战时中国新出版物册数比较表

年份	册数
1934	6,191
1935	9,223
1936	9,438
1941	1,891
1942	3,879
1943	4,408

资料来源：王云五：《五十年来的出版趋势》（1944 年），《商务印书馆与新教育年谱》，台北：台湾商务印书馆，1973 年，814 页。

战争破坏是阻碍出版业现代化的一个不利因素，它对出版物的直接影响是出版物数量的减少。王云五曾举中国和英国战前和战时出版物数量进行比较，英国在战前的 1938 年出版物数量为 16,219 册，1943 年出版物为 6,705 册，是 1938 年的 41.3%。中国在民国时期出版物最盛的一年是战前的 1936 年，这一年全国新出版图书 9,438 册，1941 年出版物册数降至 1936 年的 20.0%，此后每年有所上升，1943 年全国出版物册数为 1936 年的 46.7%。

表 10-6   中国和英国战前与战时出版物册数比较

出版物册数	1936 年	1938 年	1939 年	1940 年	1941 年	1942 年	1943 年
中国	9,438				1,891	3,879	4,408
英国		16,219	14,904	11,053	7,581	7,241	6,705

资料来源：王云五：《五十年来的出版趋势》（1944 年），《商务印书馆与新教育年谱》，台北：台湾商务印书馆，1973 年，814 页。

中国出版业现代化过程促进了图书数量的增加与内容的多样性，同时也带来了图书分类法的变更。出版物数量不断增长以及类目的消长，使传统图书分类法不敷使用。中国古代的分类法从汉代刘向、刘歆父子编制《七略》，到清代《四库全书总目》中"经史子集"四分体系，经历了数千年的发展，不断有所进步。

《四库全书总目》代表了四部分类法的最高成就。分 4 部 44 类，类目如下：

经部十类：易类、书类、诗类、礼类、春秋类、孝经类、五经总义类、四书类、乐类、小学类史部十五类：正史类、编年类、纪事本末类、别史类、杂史类、诏令奏议类、传记类、史钞类、载记类、时令类、地理类、职官类、政书类、目录类、史评类

子部十四类：儒家类、兵家类、法家类、农家类、医家类、天文算法类、术数类、艺术类、谱录类、杂家类、类书类、小说家类、释家类、道家类

集部五类：楚辞类、别集集、总集类、诗文评类、词曲类

图书分类法总是随着图书数量和类目的发展而发展的，张之洞在《书目答问》中，于经史子集四部之外另设"丛书"一部，虽然并没有彻底打破四部分类的本质，但已经表明四部分类法有修改的必要。中国的四部分类法主要是在类分中国传统的出版物基础上创制的，到晚清时期，它受到西学图书及西方学科分类的挑战，大量的西学图书在四部分类法中难以找到准确的类目。

1880 年，傅兰雅编撰江南制造局翻译馆的译书目录，完全放弃了四部分类法，按译书主题，设置了 15 个并列的一级类目，图 10-8 所列只有 11 类，另外 4 类当时虽有图书正在翻译中，但尚未出版，它们是：造船等书、国史等书、交涉公法等书和零件等书。在 98 种全部已出版的译书中，算学测量等书 22 种（52 册）、水陆兵法等书 15 种（41 册），这两类出版物在种数和册数上是最多的。这 15 类多数属于自然科学和应用技术，反映了当时清政府引进西书的重点所在。傅兰雅的分类方法受所收书籍的限制（只有 98 种），类目设置

并不科学严谨，体系也不完整，但这是将中国图书分类法按现代学科门类改造的一种有益的尝试。

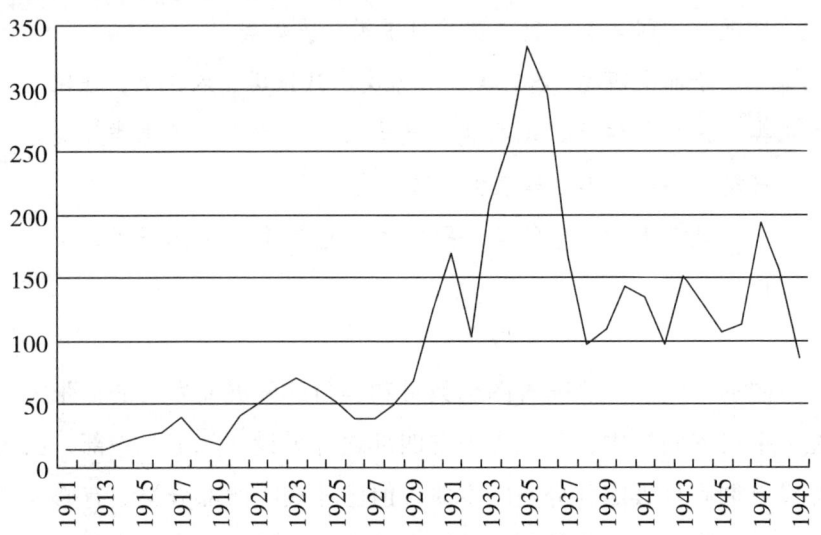

图 10-8　1871～1880 年江南制造局翻译馆出版各类译书数量

资料来源：［英］傅兰雅：《江南制造总局翻译西书事略》，《格致汇编》，[1880 年]，第 5～8 卷。

　　1896 年，梁启超编《西学书目表》，感叹道："西学各书，分类最难。"[①] 这部书目将译书分为三类：学、政和教。事实上，他还在这三类以外，另设了一个杂类。这部书目不收录教类图书，收录学类、政类和杂类图书共 352 种，具体情况如下：

　　　　学类子目：算学（22 种）、重学（4 种）、电学（3 种）、

---

① 梁启超：《西学书目表·序例》，时务报馆，[1896 年]，2 页。

化学（12 种）、声学（3 种）、光学（5 种）、汽学（3 种）、天学（6 种）、地学（9 种）、全体学（11 种）、动植物学（7 种）、医学（39 种）、图学（6 种）。

政类子目：史志（25 种）、官制（1 种）、学制（7 种）、法律（13 种）、农政（7 种）、矿政（9 种）、工政（38 种）、商政（4 种）、兵政（55 种）、船政（9 种）。

杂类子目：游记（8 种）、报章（6 种）、格致（11 种）、西人议论之书（11 种）、无可归类之书（18 种）。

杂类之"无可归类之书"主要包括政治、经济、文化、教育、体育、哲学、宗教、文学、饮食等书，如《佐治刍言》《辨学启蒙》《幼学操身》《昕夕闲谈》《百年一觉》《造洋饭书》等。

20 世纪以后，新式出版物大量出现，种类繁多，中国传统的图书分类法无法有效地容纳和类分大量增长的新式图书。20 世纪初，中国的图书馆在类分图书时，分类混乱已经成为普遍的现象，为了类分无法按传统的四库分类法归类的图书，一些图书馆不得不采取临时增改类目的变通方法，这些方法五花八门，各有侧重点。例如，1904 年建立的古越藏书楼，其分类法为拆散经史子集四部，仿梁启超《西学书目表》分学、政、教三类的方法，将图书分"学部""政部"两大门。在各部之下，将中国传统学科与西方新学科目杂糅在一起：

学部：易学、书学、诗学、礼学、春秋学、四书学、

孝经学、尔雅学、群经总义学、性理学、生理学、物理学、
天文算学、黄老哲学、释迦哲学、墨翟哲学、中外各派哲学、
名学、法学、纵横学、考证学、小学、文学

　　政部：正史兼补表补志考证、编年史、纪事本末、古史、
别史、杂史、载记、传记、诏令、奏议、谱录、金石、掌故、
典礼、乐律、舆地、外史、外交、教育、军政、法律、农业、
工业、美术、稗史①

　　1910 年，孙毓修在《教育杂志》上连载的《图书馆》率先向中
国人介绍了美国杜威的十进分类法。这部图书分类法以西方科学分
类为基础，将图书划分为十大类：

　　　　000–099 总类
　　　　100–199 哲学
　　　　200–299 宗教
　　　　300–399 社会学
　　　　400–499 语言
　　　　500–599 自然科学
　　　　600–699 应用技术
　　　　700–799 美术
　　　　800–899 文学

---

　　① 蒋元卿：《中国图书分类之沿革》，上海：中华书局，1937 年，153 页。

900–999 历史

这部图书分类法的类目涉及学科范围极为广泛，而且十分详细，与四部分类法相比较，在反映现代学科门类上更为周详，体系较为完备，能够解决大量西学译书无合适的类目可入的情况。杜威十进分类法是 20 世纪前半期对中国影响最大的西方分类法，但是杜威十进分类法是建立在类分西方图书的基础上的，它为西方图书设立了详细的类目，但是对于中国图书考虑并不周到。如它在文学类，为"英国文学"分配了 820～829 十位数码，而亚洲各国的文学却只共用 895 一位。此外，中国传统学术的一些重要门类在这里得不到反映，中国典籍中一些重要的图书如经书、词章等在这部分类法中不好归类。于是，中国人根据中国出版物的情况，参考西方建立在现代学科体系基础上的图书分类法，重新编制适合中国需要的新的图书分类法。正在这时，中国的现代图书馆学已经开始发展。1917 年，从美国学习图书馆学回国的沈祖荣与另一位早期新图书馆运动的干将胡庆生共同编制了《仿杜威书目十类法》，由武昌文华公书林印行。分类体系为：

000 经部及类书

100 哲学宗教

200 社会学与教育

300 政治经济

400 医学

500 科学

600 工艺

700 美术

800 文学及语言学

900 历史

继《仿杜威书目十类法》之后，二十世纪二三十年代，中国新编图书分类法至少有 30 多种，以杜定友编制的《世界图书分类法》（1922 年）、王云五编制的《中外图书统一分类法》（1928 年）和刘国钧编制的《中国图书分类法》（1929 年）采用较多。

王云五的《中外图书统一分类法》分类体系如下：

总类

哲学

宗教

社会科学

语文

基础科学

应用科学

美术

文学

史地

他的分类法在大类设置上几乎全仿《杜威十进分类法》，主要的创意在于三个符号，实现了中外同类图书的混合排列。王云五的图书分类法被商务印书馆设的东方图书馆采用，商务印书馆历年图书出版统计时也用它作为分类依据。

1935年，为便利图书馆及读者购书，生活书店请平心编辑《生活全国总书目》，这是一部可供书目，收录中国出版界可供图书约2万种（包括儿童少年用书），不收民国时期出版的古籍、绝版书、鸳鸯蝴蝶派小说、黑幕文学、传教图书等。这部书目按自编的图书分类法编排，分十大类：

A 总类

B 哲学

C 社会科学

D 宗教

E 自然·社会科学

F 自然科学

G 文艺

H 语文学

I 史地

J 技术知识

平心还将儿童读物单独分类，另列《全国儿童少年书目》，也分为十类：普通读物、语文、社会、公民、史地传记、自然、技术劳作、文艺美术、生理卫生、体育童军。

　　19世纪末以来图书分类法的演进，在一定程度上反映了学术的现代化。20世纪前半期中国图书分类法的变革是大量西学图书出版在图书分类法上的反映，而新创的图书分类法响应了这种需求，并实实在在地反映了现代学术在中国的发展情况。出版物在类目上的变化和增长，是出版业现代化的一个结果。

结　语

本书对 19 世纪初期至 20 世纪中期中国出版业从传统向现代的转型进行了概括，并提出了中国出版业现代化的标志，主要包括：图书流通体系的现代化、出版技术的现代化、现代出版法律的形成、现代出版企业制度的形成、出版业同业组织的现代化和现代编辑家出版家的形成等，并对这些标志进行了深入探讨。

中国出版业现代化受到多种因素的影响。影响中国出版业现代化的有利因素和不利因素分别有哪些呢？

在本书探讨的时间区域里，影响出版业现代化的不利的因素，主要有：由于传统社会内部缺乏推动技术创新的机制，印刷术发明之后长期停留在手工操作阶段，长期闭关政策、经济发展水平较低、识字率增长有限、城市化进程缓慢等限制了现代出版业的市场需求，交通邮政等基础设施滞后不能很好地满足有限的需求，政府力量始终很软弱，造成它不能对经济发展、城市化、现代教育等方面进行积极的引导，从而阻碍了出版业现代化进程。战争对出版业的负面影响更为巨大。二十世纪二三十年代，中国出版业现代化发展态势较好，但是十余年的战争对出版业现代化产生了破坏性的结果。

影响出版业现代化的有利因素：因为中央政府的效用非常有限，

其限制出版业发展的措施和审查不可能特别有效地推行，例如上海租界内的出版业很繁荣。相对宽松的政治环境在一定程度上鼓励了民营出版机构的创建和发展，现代民营出版企业在 19 世纪末 20 世纪初兴起以后，作为最有生机和活力的主体，对于中国出版业现代化起了积极推动作用。中国人口众多，这使得在中国这样一个识字率水平不高的国家，总体需求比较大，普通图书销量达到上万册并不罕见，在一定程度上有利于出版业的发展。

　　中国出版业现代化过程中还出现了一些值得注意的特点。在中国出版业现代化进程中，由于区域间的经济、文化等方面的发展水平存在很大差异，在不同地区，现代出版业发展水平也存在很大的差异。随着出版业规模的扩大和出版物发行量的激增，出版物成为能够影响舆论的力量。在中国出版业现代化进程中，一些传统的因素得到了继承，如出版业被赋予强烈的道德意义。一方面，出版业现代化受到政治、经济、文化教育等因素影响很大，但是，从另一方面来看，现代出版业的发展也促进了整个国家文化教育的发展，改变了人们的思想和生活。

　　虽然就产值和规模来说，出版业在所有国家都是一个小行业，但是出版业在传播知识和思想方面所起到的作用却是非常重大的[①]，

---

　　① 1924 年，陆费逵在《书业商会二十周年纪念册·序》中写到："我们希望国家社会进步，不能不希望教育进步；我们希望教育进步，不能不希望书业进步，我书业虽然是较小的行业，但是与国家社会的关系，却比任何行业大些。"见俞筱尧、刘彦捷编：《陆费逵与中华书局》，北京：中华书局，2002 年，440 页。G.Raymond Nunn 在《中国大陆的出版业》（*Publishing in Mainland China*）中写到："出版业在所有国家都是一个小行业。……尽管出版业规模小，但是出版业在传播知识方面扮演着至关重要的角色。"（麻省理工学院出版社，1966 年，序言第 1 页。）

这种作用使得国家对它的管理往往比对待普通工商业要严格，甚至使出版业遭到外国侵略者的仇视和报复。例如，民国时期规模最大的出版机构商务印书馆出版了大量包含抗日内容的教科书，这使它在"一·二八事件"中成为日军重点攻击的目标。1932年"一·二八"事变的第二天，日军飞机轰炸宝山路，设在这条路上的商务印书馆总厂、编译所、东方图书馆、尚公小学等均遭巨劫，炸弹引起的大火燃烧了一天。2月1日，日本浪人又潜入东方图书馆纵火，东方图书馆化为灰烬。商务印书馆在这次事件中损失达1,600万元。商务印书馆的被毁恰恰说明了日本侵略者害怕它的力量。

　　从全球出版业现代化进程来看，16世纪末在德国出现了定期刊物。1644年，英国诗人弥尔顿发表《论出版自由》，抨击出版审查制度，呼吁国会给予人民言论出版自由。英国于1679年、瑞典于1766年、丹麦于1770年、法国于1789年先后废除了出版审查制度。1709年英国议会通过《安妮法》(the Anne Act)，这是世界上第一部正式的版权法。1886年，世界上第一个国际版权公约《保护文学艺术作品伯尔尼公约》(简称《伯尔尼公约》)在瑞士伯尔尼通过。在工业革命的推动下，19世纪欧洲出版技术的革新与发明日新月异，大大改变了出版业的面貌。1815年，荷兰首先成立了非官方的全国性图书出版同业组织——荷兰书业协会。随后，德国书业协会（1837年）、法国书业联谊会（1847年）、芬兰出版商协会（1858年）、意大利出版商联合会（1869年）、比利时书业联合会（1883年）、英国出版商协会（1896年）等全国性出版业同业组织相继成立。1896年，第一个国际性出版行业组织——国际出版商联合会在法国巴黎成立。[①]19世纪，欧洲和北美人口的迅速增长以及大众化教育的出现，极大地拓展了图书市场。邮政和铁路网络的发展将出版物发行到城市以外的广大地区。

日本明治维新促使日本出版业向现代化迈进。1869年，日本政府颁布了最初的出版条例，1893年，同时颁布了出版法与版权法。1899年又颁布了单一的著作权法[②]。19世纪末，日本的年度出版图书品种达18,720种[③]，位居世界前列。

中国出版业的发展水平和成就虽然曾经在前现代世界占据着重要地位，但是到19世纪，无论是从法律、技术还是从图书市场等方面来看，中国出版业的发展水平都已经滞后于世界现代国家。就是在这种落后的情况下，一方面受到西方传教士来华办新式出版机构的影响，另一方面适合中国社会被迫对外开放的需求，中国出版业从传统逐渐向现代转型。

本书研究的时间下限是1949年。1949年以后中国出版业发生了巨大的变化。出版业被纳入计划经济体系，自由竞争的市场消失了。1956年，对私营出版业的社会主义改造完成，出版业实现全行业的"公私合营"，大陆地区的书刊编辑、印刷和发行业务，彻底被纳入国家行政性计划管理的轨道[④]。经过改造以后，出版社数量压缩到100家左右，在"文革"期间出版社数量继续下降，1971年大陆

---

① 陆本瑞：《外国出版概况》，沈阳：辽海出版社，2003年，32页。

② 同上，34～35页。

③ 同上，37页。

④ 徐雁：《中国旧书业百年》，北京：科学出版社，2005年，595页。

地区仅有出版社 46 家[①]。1950 年以后，稿酬制度几经改易，在"文革"期间被彻底取消。中华人民共和国成立以后，旧的法律体系被废除了，但新的《出版法》和《著作权法》却没有重新确立。"文革"结束以后，在改革开放的政策下，中国出版业缓慢地开始了改革的步伐，如 1990 年《著作权法》重新制定，中国在 20 世纪末加入国际性著作权公约——《伯尔尼公约》和《世界版权公约》；出版业在计划经济下形成的行政管理体制、产权所有制度等都面临改革，等。在加入 WTO 以后，中国进一步融入世界经济体系，中国出版业要与世界接轨成为当前出版业改革的重点，这涉及法制、市场、管理等许多方面，这些仍然属于中国出版业现代化话题。因此，我在本书中重点讨论的出版业现代化的标志、中国出版业与世界的接轨等问题对当前中国出版业的发展仍有重要的现实意义。尽管社会制度发生变化，但是现代化仍然是中国出版业发展的方向。

---

① 黄先蓉：《出版物市场管理概论》，武汉：武汉大学出版社，2005 年，73 页。

主要参考文献

著作：

[1] [法] 戴仁（Jean-Pierre Drege）著，李桐实译：《上海商务印书馆：1897 ～ 1949》，北京：商务印书馆，2000 年。

[2] [美] 布莱克（C. E. Black）著，周师铭等译：《日本和俄国的现代化：一份进行比较的研究报告》，北京：商务印书馆，1984 年。

[3] [美] 费正清（John King Fairbank）编，杨品泉等译：《剑桥中华民国史：1912 ～ 1949 年》，北京：中国社会科学出版社，1994 年。

[4] [美] 费正清（John King Fairbank）编，中国社会科学院历史研究所编译室译：《剑桥中国晚清史：1800 ～ 1911 年》，北京：中国社会科学出版社，1993 年。

[5] [美] 罗兹曼（Gilbert Rozman）主编，陶骅等译：《中国的现代化》，上海：上海人民出版社，1989 年。

[6] [美] 塞缪尔·亨廷顿（Samuel Huntington）等著，罗荣渠主编：《现代化：理论与历史经验的再探讨》，上海：上海译文出版社，1993 年。

[7] 陈昌文：《都市化进程中的上海出版业：1843 ～ 1949》，苏州大

学博士学位论文，2002 年。

[8] 陈明远：《文化人的经济生活》，上海：文汇出版社，2005 年。

[9] 陈平原：《二十世纪中国小说史：1897～1916》第一卷，北京：北京大学出版社，1989 年。

[10] 陈玉申：《晚清报业史》，济南：山东画报出版社，2003 年。

[11] 陈原等编：《商务印书馆九十年：我和商务印书馆：1897～1987》，北京：商务印书馆，1987 年。

[12] 大东书局编：《大东书局十五周年纪念册》，上海：大东书局，1931 年。

[13] 丁景唐编著：《中国现代著名编辑家编辑生涯》，北京：中国展望出版社，1990 年。

[14] 范慕韩主编：《中国印刷近代史：初稿》，北京：印刷工业出版社，1995 年。

[15] 高崧等编选：《商务印书馆九十五年：我和商务印书馆：1897～1992》，北京：商务印书馆，1992 年。

[16] 何休：《中国文学的现代化历程：20 世纪中国现代文学的四次潮流与发展概观》，重庆：西南师范大学出版社，1997 年。

[17] 吉少甫：《中国出版简史》，上海：学林出版社，1991 年。

[18] 靳润成主编：《中国城市化之路》，上海：学林出版社，1999 年。

[19] 来新夏等：《中国近代图书事业史》，上海：上海人民出版社，2000 年。

[20] 李华兴主编：《民国教育史》，上海：上海教育出版社，1997 年。

[21] 李家驹：《上海商务印书馆与近代知识文化的传播和塑造：

1897～1949》，北京：商务印书馆，2005 年。

[22] 李明山主编：《中国近代版权史》，开封：河南大学出版社，
2003 年。

[23] 李瑞良：《中国古代图书流通史》，上海：上海人民出版社，
2000 年。

[24] 李天英：《20 世纪前期中国著作权法研究》，北京大学硕士学位
论文，2002 年。

[25] 李文：《生活书店史稿》，北京：生活·读书·新知三联书店，
1995 年。

[26] 李雪梅：《中国近代藏书文化》，北京：现代出版社，1999 年。

[27] 黎锦熙：《国语运动史纲》，上海：商务印书馆，1934 年。

[28] 刘大军：《中国古代图书发行体系及其在近代的剧变》，北京大
学硕士学位论文，1994 年。

[29] 刘佛丁主编：《中国近代经济发展史》，北京：高等教育出版社，
1999 年。

[30] 刘洪权：《民国时期古籍出版研究》，北京大学博士学位论文，
2003 年。

[31] 刘洪权：《朴社研究》，武汉大学硕士学位论文，2000 年。

[32] 刘纳：《创造社与泰东图书局》，南宁：广西教育出版社，1999 年。

[33] 刘哲民编：《近现代出版新闻法规汇编》，上海：学林出版社，
1992 年。

[34] 柳诒徵编著：《中国文化史》，上海：东方出版中心，1988 年。

[35] 罗荣渠：《现代化新论：世界与中国的现代化进程》，北京：北京

大学出版社，1993 年。

[36] 罗荣渠：《现代化新论续篇：东亚与中国的现代化进程》，北京：北京大学出版社，1997 年。

[37] 钱炳寰编：《中华书局大事纪要：1912 ～ 1954：私营时期》，北京：中华书局，2002 年。

[38] 钱存训：《中国古代书籍纸墨及印刷术》，北京：北京图书馆出版社，2002 年。

[39] 钱存训：《中国纸和印刷文化史》，桂林：广西师范大学出版社，2004 年。

[40]《商务印书馆百年大事记》，北京：商务印书馆，1997 年。

[41] 舒新城编：《中国近代教育史资料》，北京：人民教育出版社，1961 年。

[42] 宋原放、李白坚、陈生铮：《中外出版史》，北京：北京师范大学出版社，1993 年。

[43] 宋原放等主编：《中国出版史料》，山东教育出版社、湖北教育出版社，2001 ～ 2011 年。

[44] 孙晶：《文化生活出版社与现代文学》，南宁：广西教育出版社，1999 年。

[45] 汪家熔：《商务印书馆史及其他》，北京：中国书籍出版社，1998 年。

[46] 汪原放：《回忆亚东图书馆》，上海：学林出版社，1983 年。

[47] 王建辉：《老出版人的肖像》，南京：江苏教育出版社，2003 年。

[48] 王绍曾：《近代出版家张元济》，北京：商务印书馆，1984 年。

[49] 王余光、吴永贵、阮阳：《中国新图书出版业的文化贡献》，武汉：武汉大学出版社，1998 年。

[50] 王余光：《中国现代出版业初探》，武汉：武汉大学出版社，1998 年。

[51] 王余光主编：《中国出版通史：民国卷》，中国书籍出版社，2008 年。

[52] 王云五编：《商务印书馆与新教育年谱》，台北：台湾商务印书馆股份有限公司，1973 年。

[53] 吴永贵：《中华书局与中国近代教育：1912～1949》，武汉大学博士学位论文，2002 年。

[54] 项翔：《近代西欧印刷媒介研究：从古腾堡到启蒙运动》，上海：华东师范大学出版社，2001 年。

[55] 肖东发：《中国编辑出版史》，沈阳：辽宁教育出版社，1996 年。

[56] 肖东发：《中国图书出版印刷史论》，北京：北京大学出版社，2001 年。

[57] 熊复主编：《中国抗日战争时期大后方出版史》，重庆：重庆出版社，1999 年。

[58] 熊月之：《西学东渐与晚清社会》，上海：上海人民出版社，1994 年。

[59] 许纪霖、陈达凯主编：《中国现代化史：第一卷：1800～1949》，上海：上海三联书店，1995 年。

[60] 杨寿清：《中国出版界简史》，上海：永祥印书馆，1946 年。

[61] 杨扬著：《商务印书馆：民间出版业的兴衰》，上海：上海教育出版社，2000 年。

[62] 叶宋曼瑛：《从翰林到出版家：张元济的生平与事业》，香港：商务印书馆香港有限公司，1992 年。

[63] 王建辉：《文化的商务》，北京：商务印书馆，2000 年。

[64] 叶彤：《新文学传播中的开明书店》，北京大学硕士学位论文，1996 年。

[65] 叶再生：《中国近代现代出版通史》，北京：华文出版社，2002 年。

[66] 俞筱尧、刘彦捷编：《陆费逵与中华书局》，北京：中华书局，2002 年。

[67] 虞和平：《商会与中国早期现代化》，上海：上海人民出版社，1993 年。

[68] 虞和平主编：《中国现代化历程》，南京：江苏人民出版社，2001 年。

[69] 张静庐辑注：《中国近代出版史料初编》《中国近代出版史料二编》《中国现代出版史料甲编》《中国现代出版史料乙编》《中国现代出版史料丁编》《中国出版史料补编》，上杂出版社、中华书局，1953 ～ 1957 年。

[70] 张树栋、庞多益、郑如斯：《简明中华印刷通史》，桂林：广西师范大学出版社，2004 年。

[71] 张秀民：《中国印刷史》，上海：上海人民出版社，1989 年。

[72] 郑士德：《中国图书发行史》，北京：高等教育出版社，2000 年。

[73] 中国出版科研所科研办公室编：《近现代中国出版优良传统研究》，北京：中国书籍出版社，1994 年。

[74] 中国第二历史档案馆编：《中华民国史档案资料汇编》，南京：江

苏古籍出版社，1997 年。

[75] 中国近代现代出版史编纂组编：《新民主主义革命时期出版史学术讨论会文集》，北京：中国书籍出版社，1993 年。

[76] 中国近代现代出版史编纂组编：《中国近代现代出版史学术讨论会文集》，北京：中国书籍出版社，1990 年。

[77] 中华书局编辑部编：《回忆中华书局：1912～1987》，北京：中华书局，1987 年。

[78] 钟智锦：《民国出版业经营管理研究》，北京大学硕士学位论文，2003 年。

[79] 周光庆：《汉语与中国早期现代化思潮》，哈尔滨：黑龙江教育出版社，2001 年。

[80] 周林、李明山主编：《中国版权史研究文献》，北京：中国方正出版社，1999 年。

[81] 朱联保编：《近现代上海出版业印象记》，上海：学林出版社，1993 年。

[82] 朱英：《转型时期的社会与国家：以近代中国商会为主体的历史透视》，武汉：华中师范大学出版社，1997 年。

[83] Hegel, Robert E., *Reading Illustrated Fiction in the Late Imperial China*. Stanford, Calif.：Stanford University Press, 1998.

[84] Nunn, Godfrey Raymond. *Publishing in Mainland China*. Cambridge, Mass.：M.I.T. Press, 1966.

[85] Rawski, Evelyn Sakakida. *Education and Popular Literacy In Ch'ing China*. Ann Arbor：The University of Michigan Press,

1979.

[86] Tebbel，John William. *A history of book publishing in the United States*. New York：R. R. Bowker Co.，[1972] ～ 1981.

期刊：

[1] 上海市出版工作者协会《出版史料》编辑组编：《出版史料》，上海：学林出版社、上海书店出版社，1982 ～ 1993 年。

[2] 叶再生主编：《出版史研究》（1 ～ 6 辑），北京：中国书籍出版社，1993 ～ 1998 年。

论文：

[1] [日] 大木康著，吴悦摘译：《关于明末白话小说的作者和读者》，《明清小说研究》1988 年第 2 期。

[2] [日] 尾崎秀树：《出版的近代化和日本与中国的文化交流》，《鲁迅研究月刊》1995 年第 11 期。

[3] 陈阳凤：《中国出版现代化进程探析》，《湖北大学学报》（哲学社会科学版）2002 年第 4 期。

[4] 钱存训著，戴文伯译：《近世译书对中国现代化的影响》，《文献》1986 年第 2 期。

[5] 邱崇丙：《民国时期图书出版调查》，《出版史研究》第 2 辑，北京：中国书籍出版社，1994 年 11 月。

[6]《十年来的世界书局》，《世界杂志增刊：十年》，上海：世界书局，1931 年。

[7] 史春风、李中华：《晚清出版业的近代化历程》，《滨州教育学院学报》2001 年第 2 期。

[8] 汪家熔：《出版史研究二十年印象》，《编辑之友》2000 年第 3 期。

[9] 汪家熔：《地方官书局》，《图书馆建设》2002 年第 2 期。

[10] 汪家熔：《中国现代出版起源散议》（一、二），《出版发行研究》2000 年第 4、5 期。

[11] 王建辉：《"五四"与新出版》，《文史哲》2000 年第 2 期。

[12] 王建辉：《1935～1936 年：中国近代出版的高峰年代》，《武汉大学学报》（人文社会科学版）2000 年第 5 期。

[13] 王建辉：《出版与中国近代文明》，《华中理工大学学报》（社会科学版）1999 年第 3 期。

[14] 王建辉：《近代出版的群体研究》，《江汉论坛》1999 年第 4 期。

[15] 王建辉：《近代出版与近代教育》，《编辑之友》2001 年第 6 期。

[16] 王建辉：《书业竞争：考察近代出版史的一条辅线》，《编辑学刊》1997 年第 6 期。

[17] 王建辉：《中国出版的近代化》，《华中师范大学学报》（人文社会科学版）2002 年第 5 期。

[18] 王建辉：《中国近代出版史研究的回顾与思考》，《中华读书报》2001 年 10 月 24 日。

[19] 王建辉：《中国现代学术文化的双子星座：北京大学与商务印书馆》，《北京大学学报》（哲学社会科学版）1999 年第 2 期。

[20] 王清：《技术因素对现代出版起源的作用与评价》，《新闻出版交流》2001 年第 2 期。

[21] 魏玉山：《关于中国现代出版业诞生的几个问题》，《出版发行研究》1999 年第 5 期。

[22] 吴永贵：《我国第一份近代出版合同》，《中国出版》2000 年第 4 期。

[23] 项翔：《传播视野中的近代出版》，《编辑学刊》1996 年第 4 期。

[24] 袁逸：《明代书籍价格考：中国历代书价考之二》，《编辑之友》1993 年第 3 期。

[25] 袁逸：《清代书籍价格考：中国历代书价考之三》（上下），《编辑之友》1993 年第 4、5 期。

[26] 袁逸：《唐宋元书籍价格考：中国历代书价考之一》，《编辑之友》1993 年第 2 期。

[27] 张志强：《20 世纪上半叶的出版研究》，《编辑学刊》2001 年第 3 期。

[28] 邹振环：《近百年间上海基督教文字出版及其影响》，《复旦学报》（社会科学版）2002 年第 3 期。

[29] 邹振环：《上海出版业百年历程》，《档案与史学》2001 年第 2 期。

书目和索引：

[1] ［英］傅兰雅：《江南制造总局翻译西书事略》，《格致汇编》，［1880 年］，第 5～8 卷。

[2] 梁启超：《西学书目表》，时务报馆，［1896 年］。

[3] 朱士嘉编：《官书局书目汇编》，北京：中国图书馆协会，1933 年。

[4] 平心编：《生活全国总书目》，上海：上海三联书店，1935 年。

[5]《民国时期总书目：1911～1949》，北京：书目文献出版社，1998年。

[6] 邓咏秋编：《20世纪中国图书出版业研究论文索引》，王余光：《中国新图书出版业初探》，武汉：武汉大学出版社，1998年。

[7] 刘洪权、邓咏秋、陈幼华编：《20世纪出版业研究著作目录》，未出版。

后 记

这是我在北京大学攻读图书馆学专业博士学位的学位论文（2005 年），是在王余光先生的指导下完成的。我从攻读硕士学位以来，就师从先生重点从事中国近现代出版史的研究。在 2003 年夏天，我选定了现在这个论文题目，中国出版业现代化涉及的方面很广，所以实际的写作和研究过程比想象的要艰苦。从论文开题到预答辩，北京大学信息管理系的吴慰慈教授、王锦贵教授、马张华教授和李常庆副教授等老师给予了许多富有建设性的意见。北京大学新闻传播学院的肖东发教授的课程及研究也使我得到许多启发。

从北大毕业后，我分配到北京图书馆出版社（后更名为国家图书馆出版社）工作，先做图书馆学专业图书编辑，2008 年后调到历史文献编辑部，主要致力于民国文献的整理影印出版，工作与所学能相互帮助，也是一件幸事。

近年来，我担任责任编辑出版的民国文献有：《民国时期出版书目汇编》《民国时期发行书目汇编》《民国时期出版史料汇编》《清末民国图书馆史料汇编》《民国时期音乐文献汇编》等，得以亲手摩挲、亲眼看到各种民国时期的出版物（铅印本、石印本、刻本与抄本并陈，西式与中式装帧并存）、书目、社史档案等，对民国出版业又多了一层深切的认识。还记得当初写论文时，总觉得占有资料不够多，时间不够充裕，心中曾立下宏愿，希望将来有机会能继续研究，对当年的学位论文做提升与修改。可是，离开学校后，一方面，我所做的就是为学术服务、为学者做嫁衣的编辑工作；另一方面，自己更多的业余精力和兴趣转向阅读推广工作研究，也参与主编、编写出版了《爱上阅读》《亲子阅读》《图书馆阅读推广基础工作》等图书。所以，至今遗憾的是，虽然在毕业后参与了《中国出版通史·民国卷》的部分编纂工作，但对博士论文依然没有专注地修改。

去年底，在飞机上遇到北大的王波学长，他提到：“你为什么不把自己的博士论文出版呢？我们在博士生入学考试的专业课考试时，还会遇到这样的问题呢。一般谈出版业的现代化，人们想到的是印刷技术的现代化，而你的论文把民国时期出版业现代化涉及的方面介绍得这么全面。”后来，我还真把这件事放在心上。感谢本社的支持，使我这本博士学位论文得以公开出版。希望这本书的出版为研究民国出版史、近现代出版史的学人提供一些参考借鉴。

导师王余光先生、师母钱婉约女士营造了一个“古代书院式”充满团结友爱的师门气氛，在这里，老师与学生之间、师门各学生间交流很多，我们在学业和研究上经常交流和讨论，经常从对方那里得到信息和启发。二位先生在为人治学各方面都给予我教诲和影响。求学北大的经历将是我人生中最重要的回忆之一，在这里有许

多给我影响很大的老师，也有学习和研究上难得的朋友，还有一种
难以具体形容的精神深深地感染着我。

　　书中的不当之处，敬请批评指正。

邓咏秋

2016 年 7 月